全国高职高专汽车类"工学结合-双证制"人才培养"十二五"规划教材

汽车电工电子技术基础

主　编　江　军　朱晶波　卢厚元
副主编　胡瑞明　彭桂枝　赵红鸣　江翠云　赵艳杰
主　审　包科杰

华中科技大学出版社
中国·武汉

内 容 提 要

根据高职高专院校的人才培养目标,针对"工学结合-双证制"新的高职教育教学理念,以项目教学为引领,以工作任务为主线,理论与实践相结合,知识与能力相并重,本书较为全面地介绍了汽车维修电工、电子电气维修师等所需的电工电子基础知识、基本方法和技能。本书为项目化教材,全书内容分为6个项目,共20个学习任务。项目1为直流电路的分析与检测,任务包括电路及基本元器件的分析与检测,简单电路的分析与检测,复杂电路的分析与检测,汽车电路的识读与检测;项目2为交流电路的分析与检测,任务包括单相交流电路的分析与检测,三相交流电路的分析与检测,安全用电;项目3为磁路与变压器的分析与检测,任务包括磁路的分析与检测,变压器的分析与检测;项目4为汽车电机的检测与运用,任务包括直流电动机的检测与运用,步进电动机的运行与控制,三相异步电动机的运行与控制,汽车交流发电机的检测与运用;项目5为汽车模拟电路的检测与运用,任务包括二极管的检测与运用,三极管的检测与运用,集成运算放大器的检测与运用;项目6为汽车数字电路的分析与运用,任务包括基本逻辑门电路的分析与运用,组合逻辑电路的分析与运用,触发器的分析与运用,时序逻辑电路的分析与运用。书中每个任务有任务要求、知识准备、任务实施、任务拓展等相关内容。

本书可作为高职高专院校、技工院校、普通高等院校及远程教育、培训机构的汽车电工电子技术基础教材,也可作为广大汽车检测从业人员的参考用书和职业资格鉴定考试的辅导用书。

图书在版编目(CIP)数据

汽车电工电子技术基础/江军,朱晶波,卢厚元主编.—武汉:华中科技大学出版社,2014.5(2024.1重印)
ISBN 978-7-5680-0046-8

Ⅰ.①汽… Ⅱ.①江… ②朱… ③卢… Ⅲ.①汽车-电工技术-高等职业教育-教材 ②汽车-电子技术-高等职业教育-教材 Ⅳ.①U463.6

中国版本图书馆CIP数据核字(2014)第100133号

汽车电工电子技术基础   江 军   朱晶波   卢厚元   主编

策划编辑:严育才
责任编辑:姚 幸
封面设计:范翠璇
责任校对:马燕红
责任监印:张正林
出版发行:华中科技大学出版社(中国·武汉)   电话:(027)81321913
     武汉市东湖新技术开发区华工科技园   邮编:430223
录   排:武汉市洪山区佳年华文印部
印   刷:武汉邮科印务有限公司
开   本:787mm×1092mm   1/16
印   张:18.5
字   数:467千字
版   次:2024年1月第1版第7次印刷
定   价:49.80元

本书若有印装质量问题,请向出版社营销中心调换
全国免费服务热线:400-6679-118   竭诚为您服务
版权所有 侵权必究

全国高职高专汽车类"工学结合-双证制"人才培养"十二五"规划教材

编委会

主任委员
　　张光德　武汉科技大学

委员（排名不分先后）
　　陈森昌　广东技术师范学院
　　张　健　湖北工业职业技术学院
　　侯守明　鹤壁汽车工程职业学院
　　熊其兴　武汉职业技术学院
　　彭国平　武汉城市职业学院
　　包科杰　襄阳汽车职业技术学院
　　吴纪生　江西交通职业技术学院
　　苗春龙　潍坊职业学院
　　黄经元　九江职业技术学院
　　杨进峰　广东工程职业技术学院
　　吴云溪　广东科学技术职业学院
　　张柏荣　武汉市交通学校
　　谢生伟　四川职业技术学院
　　鄂　义　武汉软件工程职业学院
　　廖中文　广东农工商职业技术学院
　　周松兵　十堰职业技术（集团）学校
　　刘照军　聊城职业技术学院
　　罗文华　盐城工业职业技术学院

序

目前我国正处在改革发展的关键阶段,深入贯彻落实科学发展观,全面建设小康社会,实现中华民族伟大复兴,必须大力提高国民素质,在继续发挥我国人力资源优势的同时,加快形成我国人才竞争比较优势,逐步实现由人力资源大国向人才强国的转变。

《国家中长期教育改革和发展规划纲要(2010—2020年)》提出:发展职业教育是推动经济发展、促进就业、改善民生、解决"三农"问题的重要途径,是缓解劳动力供求结构矛盾的关键环节,必须摆在更加突出的位置。职业教育要面向人人、面向社会,着力培养学生的职业道德、职业技能和就业创业能力。

职业教育是现代国民教育体系的重要组成部分,在实施科教兴国战略和人才强国战略中具有重要地位。通过调研我们发现当前校企合作人才培养模式存在的主要问题是:"订单式"模式,易造成学生知识结构的狭窄单一,影响其进一步深造和发展;"三明治"模式,企业对实习生的培训负担重,受益较少,积极性不高;"2+1"模式,学生长期脱离学校顶岗实习,知识学习得不到保障。总之,当前校企合作人才培养多在点上开展工作,未能建立起人才培养的长效合作机制,缺乏可持续发展的动力。针对以上问题,专家建议汽车专业高职教育必须把以过程为导向的"工学结合"和以就业为导向的"双证制教学"结合起来,实现高职学生教学和就业的直接通道。

实行"双证制教学"可以促进人才培养模式的创新,改变传统学科式教育中重理论、轻技能的人才培养模式,实现以就业为导向,对学生进行有针对性的职业技能培训和鉴定,更好地培养面向生产、建设、管理及服务第一线需要的"下得去、留得住、用得上",实践能力强,具有良好职业道德的高素质技能型人才。该制度能增强高职毕业生的就业竞争力,提高就业率,有利于提高毕业生的目标签约率和专业对口就业率,实现毕业生与市场需求的"零距离"接轨。

针对专家们提倡的"工学结合"和"双证制教学"同时引进高职学校的新教学理念,2013年,华中科技大学出版社组织全国职业院校建设适合汽车专业"工学结合-双证制"教学的系列教材,通过教材建设带动课程建设,解决课程建设资源、教材建设与市场需求和企业要求相对落后的困境。该教材力求突出工作过程和职业技能;紧扣高等职业教育教学大纲和执业资格考试大纲和标准,提高认证考试通过率。

本套系列教材有如下特点。

1. 反映教改成果,接轨职业岗位要求　紧跟任务驱动、项目导向等"教学做"一体的教学改革步伐,反映高职汽车类专业教改成果,注意满足企业岗位任职的知识要求。

2. 紧跟教改,接轨"双证书"制度　紧跟教育部教学改革步伐,引领职业教育教材发展趋势,注重学业证书和职业资格证书相结合,提升学生的就业竞争力。

3. 紧扣技能考试大纲、直通认证考试　紧扣高等职业教育教学大纲和岗位职业资格考试大纲和标准,随章节配套习题,全面覆盖知识点与考点,有效提高认证考试通过率。

4. 强调合作　针对相关认证大纲涉及多门课程内容的事实,本套系列教材的每门课程教材在定大纲时要明确在哪些认证中涉及该课程知识,以及认证对该课程的要求。

5. 创新模式,理念先进　创新教材编写体例和内容编写模式,迎合高职学生思维活跃的特点,体现"双证书"特色。

6. 突出技能,引导就业　注重实用性,以就业为导向,专业课围绕技术应用型人才的培养目标,强调突出技能、注重整体的原则,构建以技能培养为主线、相对独立的实践教学体系。充分体现理论与实践的结合,知识传授与能力、素质培养的结合。

当前,工学结合的人才培养模式和项目导向的教学模式正在深化改革中,"工学结合-双证制"人才培养模式更处于探索阶段。随着本套系列教材投入教学使用和不断得到改进、完善和提高,本套系列教材将来会为我国现代职业教育体系的建设和高素质技能型人才的培养做出积极贡献。

谨为之序。

武汉科技大学教授、博士生导师
湖北省汽车工程学会理事、常务理事
张志清
2014年4月23日

前　言

　　为了满足新形势下高素质技能型专门人才的培养要求,在总结近年来以工作过程导向的教学实践的基础上,来自湖北工业职业技术学院等多所院校教学一线的教师编写了本书。

　　在本书的编写中,在内容的选择上注意与企业对人才的需求紧密结合,力求满足后续专业课程、学科教学和社会三方面的需求;同时根据专业人才培养目标和学生就业岗位实际,并以工作过程为导向,结合高职高专学生的认知规律,确定了6个项目和20个学习任务。

　　本书为全国高职高专汽车类工学结合"十二五"规划教材,为项目化教材。本书具有以下特点。

　　1. 紧跟任务驱动、项目导向等"教学做"一体的教学改革步伐,反映高职高专汽车类专业教学改革成果,注重理论与实践相结合,注意满足企业岗位任职的知识要求。

　　2. 紧扣高等职业教育教学大纲、职业资格考试大纲和标准,全面覆盖知识点与考点,有效提高认证考试通过率。

　　3. 结合汽车专业特点,所涉内容尽可能地与汽车电器及现代汽车电控方面的实例相通,为学生学习后续汽车专业课程打下基础。

　　本书由湖北工业职业技术学院江军、长春职业技术学院朱晶波、湖北工业职业技术学院卢厚元任主编,由鹤壁汽车工程职业学院胡瑞明、江阴职业技术学院彭桂枝、鹤壁汽车工程职业学院赵红鸣、武汉市交通学校江翠云、湖北工业职业技术学院赵艳杰任副主编。项目1和项目3的任务3.1由朱晶波编写,项目2由彭桂枝编写,项目3的任务3.2由江翠云编写,项目4由赵艳杰、江军编写,项目5由卢厚元编写,项目6由胡瑞明、赵红鸣编写。全书由江军统稿,由襄阳汽车职业技术学院包科杰主审。

　　本书的编写得到了教育部高职高专汽车类专业教学指导委员会的亲切指导,以及各参编院校领导的大力支持,在此表示衷心的感谢。

　　在本书的编写中,参考并引用了相关文献,在此向其作者深表感谢。

　　由于项目化教学尚在探索之中,且编者水平有限,书中定有错讹和不足之处,恳请广大读者批评指正。

编　者

2014 年 2 月

目　　录

项目 1　直流电路的分析与检测 ··(1)
　任务 1.1　电路及基本元器件的分析与检测 ··(1)
　　1.1.1　电路的概念 ···(1)
　　1.1.2　电路的主要物理量 ···(3)
　　1.1.3　常用电子元器件 ···(9)
　任务 1.2　简单电路的分析与检测 ···(28)
　　1.2.1　欧姆定律 ···(28)
　　1.2.2　电阻元件的串联、并联和混联电路 ································(29)
　　1.2.3　电位的计算 ···(33)
　　1.2.4　电路的状态 ···(35)
　　1.2.5　惠斯通电桥及其在汽车中的应用 ···································(36)
　任务 1.3　复杂电路的分析与检测 ···(40)
　　1.3.1　电压源与电流源及其等效变换 ······································(41)
　　1.3.2　基尔霍夫定律 ···(43)
　　1.3.3　叠加定理 ···(46)
　　1.3.4　戴维南定理 ···(47)
　任务 1.4　汽车电路的识读与检测 ···(53)
　　1.4.1　汽车电路的特点及类型 ···(53)
　　1.4.2　汽车电路识读的基本方法 ··(59)

项目 2　交流电路的分析与检测 ···(67)
　任务 2.1　单相交流电路的分析与检测 ···(67)
　　2.1.1　交流电的基本概念 ··(67)
　　2.1.2　交流电的表示方法 ··(70)
　　2.1.3　单一参数正弦交流电路的分析 ·······································(72)
　任务 2.2　三相交流电路的分析与检测 ···(77)
　　2.2.1　三相对称交流电 ···(78)
　　2.2.2　三相负载的连接 ···(80)
　任务 2.3　安全用电 ···(87)
　　2.3.1　触电方式 ···(87)
　　2.3.2　安全操作细则 ···(89)

项目 3　磁路与变压器的分析与检测 ···(94)
　任务 3.1　磁路的分析与检测 ···(94)
　　3.1.1　磁场的基本物理量 ··(94)
　　3.1.2　磁路的基本定律 ···(97)

3.1.3 铁磁性物质的性质 …………………………………………………… (100)
3.1.4 电磁铁的结构、原理及类型 ………………………………………… (102)
3.1.5 继电器 …………………………………………………………………… (104)
3.1.6 霍尔传感器 ……………………………………………………………… (107)
任务 3.2 变压器的分析与检测 ……………………………………………………… (112)
3.2.1 变压器的基本结构及分类 ……………………………………………… (112)
3.2.2 单相变压器的工作原理 ………………………………………………… (113)
3.2.3 变压器的应用 …………………………………………………………… (116)

项目 4 汽车电机的检测与运用 ……………………………………………………… (123)
任务 4.1 直流电动机的检测与运用 ………………………………………………… (123)
4.1.1 直流电动机的结构及工作原理 ………………………………………… (124)
4.1.2 车用直流电动机 ………………………………………………………… (131)
任务 4.2 步进电动机的运行与控制 ………………………………………………… (136)
4.2.1 反应式步进电动机的结构及工作原理 ………………………………… (137)
4.2.2 反应式步进电动机的特性 ……………………………………………… (141)
4.2.3 步进电动机驱动控制系统 ……………………………………………… (143)
4.2.4 步进电动机系统在汽车中的应用 ……………………………………… (144)
任务 4.3 三相异步电动机的运行与控制 …………………………………………… (147)
4.3.1 三相异步电动机的结构 ………………………………………………… (148)
4.3.2 三相异步电动机的工作原理 …………………………………………… (150)
4.3.3 三相异步电动机的运行 ………………………………………………… (154)
4.3.4 三相异步电动机的控制 ………………………………………………… (159)
4.3.5 交流异步电动机在新能源汽车上的应用 ……………………………… (162)
任务 4.4 汽车交流发电机的检测与运用 …………………………………………… (164)
4.4.1 交流发电机的基本工作原理 …………………………………………… (164)
4.4.2 汽车交流发电机的结构 ………………………………………………… (165)
4.4.3 汽车交流发电机的工作原理 …………………………………………… (168)

项目 5 汽车模拟电路的检测与运用 ………………………………………………… (172)
任务 5.1 二极管的检测与运用 ……………………………………………………… (172)
5.1.1 半导体二极管及其应用 ………………………………………………… (173)
5.1.2 直流稳压电路 …………………………………………………………… (184)
任务 5.2 三极管的检测与运用 ……………………………………………………… (192)
5.2.1 三极管及其性能测试 …………………………………………………… (192)
5.2.2 三极管的开关作用 ……………………………………………………… (200)
5.2.3 三极管基本放大电路 …………………………………………………… (202)
5.2.4 多级放大电路 …………………………………………………………… (210)
任务 5.3 集成运算放大器的检测与运用 …………………………………………… (215)
5.3.1 基本知识 ………………………………………………………………… (215)
5.3.2 基本运算电路 …………………………………………………………… (218)

5.3.3　电压比较器 ……………………………………………………………………（223）

项目6　汽车数字电路的分析与运用 …………………………………………………（230）
任务6.1　基本逻辑门电路的分析与运用 ……………………………………………（230）
　　6.1.1　数字电路 ………………………………………………………………………（230）
　　6.1.2　数制与码制 ……………………………………………………………………（231）
　　6.1.3　基本逻辑门电路 ………………………………………………………………（234）
　　6.1.4　常用的复合逻辑关系 …………………………………………………………（236）
　　6.1.5　逻辑函数的表示法 ……………………………………………………………（239）
　　6.1.6　TTL集成逻辑门电路 …………………………………………………………（241）
　　6.1.7　基本逻辑门电路在汽车电气与电子中的运用 ………………………………（243）
任务6.2　组合逻辑电路的分析与运用 ………………………………………………（246）
　　6.2.1　组合逻辑门电路 ………………………………………………………………（247）
　　6.2.2　编码器 …………………………………………………………………………（251）
　　6.2.3　译码器 …………………………………………………………………………（254）
　　6.2.4　数据分配器与数据选择器 ……………………………………………………（256）
任务6.3　触发器的分析与运用 ………………………………………………………（260）
　　6.3.1　R-S触发器 ……………………………………………………………………（261）
　　6.3.2　J-K触发器 ……………………………………………………………………（264）
　　6.3.3　D触发器 ………………………………………………………………………（266）
　　6.3.4　触发器在汽车电器与电子中的运用 …………………………………………（267）
任务6.4　时序逻辑电路的分析与运用 ………………………………………………（270）
　　6.4.1　时序逻辑电路 …………………………………………………………………（270）
　　6.4.2　计数器 …………………………………………………………………………（272）
　　6.4.3　寄存器 …………………………………………………………………………（276）
　　6.4.4　555时基电路及其在汽车上的应用 …………………………………………（278）

参考文献 ………………………………………………………………………………（283）

项目1　直流电路的分析与检测

【项目导入】

本项目通过直流电路及汽车电路的识图与分析,要求学生掌握电路的基本组成、基本物理量、工作状态、基本定律以及汽车电路特点;能够识别常用电子元器件;会熟练使用万用表;能利用 Multisim 10.1 电子仿真软件对电路的三种基本状态(通路、短路、断路)进行判断;能对常用定律(基尔霍夫定律、叠加原理、戴维南定理等)进行实验分析和验证;通过对汽车后窗除霜器电路、汽车转向灯等电路的识读与检测,加深对汽车电路图的理解;掌握汽车电路的特点,实现做中学,学做合一,完成理实一体化教学目标。

任务1.1　电路及基本元器件的分析与检测

【任务描述】

了解电路和电路模型的概念;掌握电路的主要物理量;理解电压、电流的实际方向与参考方向的关系;理解电流、电压和电功率;理解和掌握电路基本元件的特性,能够识别常用电阻、电感和电容等电子元器件,并能熟练使用万用表测量电阻、电位、电压和电流等常用的电学量;能够查找、分析简单的电路故障。

【任务分析】

1. 知识目标

(1) 了解电路模型的概念。
(2) 掌握直流电路组成、基本元器件的符号。
(3) 掌握电路的主要物理量。
(4) 理解电压、电流的参考方向和实际方向的关系。
(5) 掌握电阻定律的内容。

2. 能力目标

(1) 能识别常用电子元器件:电阻、电感和电容。
(2) 能规范使用万用表测量电阻、电位、电压和电流,并能正确选择量程、测量和读数。
(3) 了解常用汽车电路故障检修工具。

【知识准备】

1.1.1　电路的概念

1. 电路

电路是由各种元器件按一定方式连接起来的总体,为电流的流通提供路径。图1-1所示为手电筒电路,图 1-2 所示为微型调频无线话筒电路。

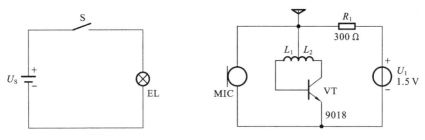

图 1-1　手电筒电路　　　　图 1-2　微型调频无线话筒电路

2. 电路的基本组成

每个电路不论其作用如何,结构多么复杂,一般都是由电源、负载(用电器)、导线和开关四部分组成。

(1) 电源　电源是把其他形式的能量转换成电能的装置,或者是供应电能的装置。常见的有干电池、蓄电池、发电机、信号源等。汽车电路中的电源主要由蓄电池和带整流器的交流发电机组成。

(2) 负载　负载是指用电的装置或设备,如电灯、电烙铁、电动机等。汽车电路中的负载很多,如照明灯、信号灯、车用点烟器、启动机、汽车音响、空调等。

(3) 导线　导线是连接电源与用电装置的金属导线,它把电源产生的电能输送到用电装置。导线的常用材料有铜、铝等。

(4) 开关　开关是控制电路接通或断开的器件,如手电筒的按钮,汽车上的点火开关、转向灯开关和各种继电器等。

如果将导线和开关组合为中间环节,则电路一般由电源、负载和中间环节三部分组成。简单电路的中间环节是由连接导线所组成,而复杂电路的中间环节则是由各种控制设备、监测仪表等所组成的网络。

3. 电路的主要功能

电路有两大类型。一类是电力电路,又称强电电路。它是发电、变电、供电系统的总称,主要研究电能的传输和应用。图 1-3(a)所示的是一个简单的电力系统电路。另一类是信号的传递和处理电路,又称弱电电路。信号处理电路的主要目的是传递和处理信号(如语言、音乐、文字、数据、图像、温度和压力等),这类电路虽然也有能量的传输和转换问题,但一般主要关心的是信号的质量,如要求不失真、准确、灵敏、快速等,图 1-3(b)所示的是一个简单的扩音机电路示意图。以传递信号为目的的电路也很多,如计算机、电视机、影碟机、通信设备中的电路等。

随着电子技术的飞速发展,强电电路和弱电电路的混合应用越来越受到重视,由信号处理电路对强电进行控制的自动化设备应用越来越普遍,如各类数控设备(数控机床)。这些设备的动力部分是典型的强电电路,但这些强电电路的通断、电流电压的控制等已不再是传统的开关的通断,而是由信号处理电路来控制大功率电子电路,由大功率电子电路来进行电能的控制,实现了设备的自动化。在电力系统中,电能的产生与传输、无功功率的补偿等也都采用了计算机和电子控制。

4. 电路模型

由理想元件组成与实际电路元件相对应、并用统一规定的符号表示而构成的电路是实际

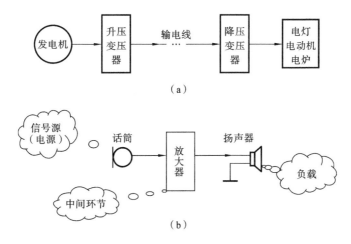

图 1-3 两种典型的电路框图
(a) 电力系统电路示意图 (b) 扩音机电路示意图

电路的模型,或称电路模型。它是实际电路电磁性质的科学抽象和概括,通过分析电路模型来提示实际电路的性能和所遵循的普遍规律。实际电路的电路原理图简称为电路图,例如,图 1-1 所示的手电筒电路。

电路是由电特性相当复杂的元器件组成的。为了便于使用数学方法对电路进行分析,可将电路实体中的各种电器设备和元器件用一些能够表征它们主要电磁特性的理想元件(模型)来代替,而对它的实际上的结构、材料、形状等非电磁特性不予考虑。几种常用的理想电路元件有理想电阻 R、理想电感 L、理想电容 C、理想电压源 U 和理想电流源 I_S 等。它们的图形符号及文字符号如图 1-4 所示。

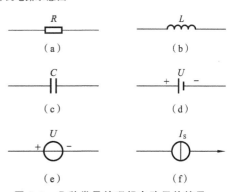

图 1-4 几种常见的理想电路元件符号
(a) 电阻 (b) 电感 (c) 电容 (d) 电池
(e) 理想电压源 (f) 理想电流源

1.1.2 电路的主要物理量

1. 电流

1) 电流的基本概念

电路中电荷沿着导体移动形成定向运动,其方向规定为正电荷流动的方向(或负电荷流动的反方向),其大小等于在单位时间内通过导体横截面的电量,称为电流强度(简称电流),用符号 I 或 $i(t)$ 表示。讨论一般电流时可用符号 i。

设在 $\Delta t = t_2 - t_1$ 时间内,通过导体横截面的电荷量为 $\Delta q = q_2 - q_1$,则在 Δt 时间内的电流强度可表示为

$$i(t) = \frac{\Delta q}{\Delta t} \tag{1-1}$$

式中:Δt 为很小的时间间隔,时间的国际单位为秒(s);电量 Δq 的国际单位为库仑(C);电流 $i(t)$ 的国际单位为安培(A)。

常用的电流单位还有毫安(mA)、微安(μA)、千安(kA)等,它们之间的换算关系为

$$1\ \text{mA}=10^{-3}\ \text{A} \quad 1\ \mu\text{A}=10^{-6}\ \text{A} \quad 1\ \text{kA}=10^{3}\ \text{A}$$

2) 直流电流

如果电流的大小及方向都不随时间变化,即在单位时间内通过导体横截面的电量相等,则称之为稳恒电流或恒定电流,简称为直流,记为 DC 或 dc,直流电流用大写字母 I 表示,可表示为

$$I=\frac{\Delta q}{\Delta t}=\frac{Q}{t}=常数 \tag{1-2}$$

直流电流 I 与时间 t 的关系在 I-t 坐标系中为一条与时间轴平行的直线。

3) 电流的方向

习惯上规定正电荷的运动方向作为电流的实际方向,并在电路中用箭头标注。在分析实际电路时,常任意假定某个方向作为电流的流向,这个假定的方向称为参考方向。

当电流的参考方向与实际方向一致时,其值为正,如图 1-5(a)所示;当参考方向与实际方向相反时,其值为负,如图 1-5(b)所示。

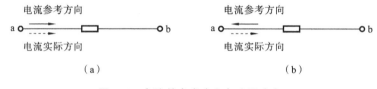

图 1-5 电流的参考方向与实际方向
(a) $I>0$ (b) $I<0$

4) 交流电流

如果电流的大小及方向均随时间变化,则称为变动电流。对电路分析来说,一种最为重要的变动电流是正弦交流电流,其大小及方向均随时间按正弦规律作周期性变化,将其简称为交流电流,记为 AC 或 ac。交流电流的瞬时值用小写字母 i 或 $i(t)$ 表示。

5) 直流电流的测量

根据电流的类别,可以选择直流电流表(或交流电流表)或万用表测量电流。下面以万用表为例说明直流电流的测量方法。

(1) 选择合适的量程 根据估计的待测直流电流大小,选择万用表直流电流挡相应的量程;如果待测电流大小未知,无法估计电流大小时,选择最大量程;然后根据测量结果进一步选择合适的量程。

(2) 测量 断开待测支路,把万用表的红、黑表笔接在断点处,即把万用表串联在待测支路中。用指针式万用表测量直流电流时注意极性(数字表可以根据测量值的正、负来判断直流电流的极性),注意红、黑表笔接线端子接入万用表相应插孔中。

(3) 读数 测量值的单位与量程保持一致(注意:指针式万用表的读数与数字表读数方法不同)。

交流电流的测量方法同上,只是在测量过程中不必考虑电流的极性。

2. 电压

1) 电压

为了表示电场力对电荷做功,引入"电压"这个物理量,用 U 表示。在数值上,电压就是电

场力把单位正电荷从一点移到另一点所做的功。

电场力将正电荷从 A 极板移到 B 极板所做的功 W_{AB} 与被移动的电荷量 Q 之比称为 A、B 两极板间的电压,则 U_{AB} 可表示为

$$U_{AB}=\frac{W_{AB}}{Q} \tag{1-3}$$

A、B 两极板间的电压在数值上等于电场力把单位正电荷从 A 极板移动到 B 极板所做的功。若功的单位为焦耳(J),电荷的单位为库仑(C),则电压的单位为伏特(V)。当电场力将电荷量为 1 C 的电荷从一点移到另一点所做的功为 1 J 时,则该两点间的电压为 1 V。

电压的国际单位为伏特(V),常用的单位还有毫伏(mV)、微伏(μV)、千伏(kV)等,它们之间的换算关系为

$$1\ \text{mV}=10^{-3}\ \text{V} \quad 1\ \mu\text{V}=10^{-6}\ \text{V} \quad 1\ \text{kV}=10^{3}\ \text{V}$$

2) 电压的参考方向与实际方向

电压的实际方向规定为从正极端指向负极端的方向。在进行电路分析时,如果电压的实际方向难以确定,也可任意假定某个方向作为电压的参考方向。这个参考方向可能与电压的实际方向不一致,当电压的实际方向与参考方向一致时,其值为正,如图 1-6(a)所示;当电压的实际方向与参考方向相反时,其值为负,如图 1-6(b)所示。

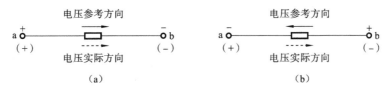

图 1-6 电压的参考方向与实际方向

(a) $U>0$　(b) $U<0$

电压的参考方向可以用以下三种方法来表示。

(1) 用"+""-"符号分别表示电压参考方向的高电位端和低电位端。

(2) 用箭头的指向表示,它由电压参考方向的高电位端指向低电位端。

(3) 用双下标字母表示。如用 U_{ab} 表示电压的参考方向,则参考方向是从 a 指向 b。

3) 关联方向与非关联方向

在进行电路分析时,对于一个元件,我们既要对电流选取参考方向,又要对元件两端的电压选取参考方向,两者是相互独立的,可以任意选取。也就是说,它们的参考方向可以一致,也可以不一致。如果电流的参考方向与电压的参考方向一致,则称之为关联参考方向,如图 1-7(a)所示;如果电流的参考方向与电压的参考方向不一致,则称之为非关联参考方向,如图 1-7(b)所示。

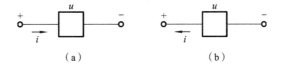

图 1-7 电压、电流参考方向的关系

(a) 关联参考方向　(b) 非关联参考方向

标注参考方向应注意以下问题。

(1) 电压和电流的方向是客观存在的。参考方向是人为规定的方向,在分析电路时需

要先规定参考方向,然后根据这个规定的参考方向列写方程式。先在电路里面标出参考方向,依据参考方向来列电路方程,再求解出未知电流(电压)。如果求出未知电流(电压)为正,则说明该电流(电压)的实际方向与规定的参考方向相同;如果为负,则说明实际方向与规定的参考方向相反。

(2) 参考方向一经确定,在整个分析计算过程中必须以此为准,不能再改变。

(3) 不标明参考方向,讨论某个电压或电流的值为正、为负没有意义。

(4) 参考方向可以任意选取而不影响结果,电压和电流的参考方向可以分别单独选取。但为了分析方便,同一段电路的电流和电压的参考方向要尽量一致(电流的方向从电压的"+"极性端流入,从电压的"-"极性端流出)。

4) 交流电压

如果电压的大小及方向都不随时间变化,则称之为稳恒电压或恒定电压,简称为直流电压,用大写字母 U 表示。如果电压的大小及方向随时间变化,则称为变动电压。对电路分析来说,一种最为重要的变动电压是正弦交流电压(简称交流电压),其大小及方向均随时间按正弦规律作周期性变化。交流电压的瞬时值要用小写字母 u 或 $u(t)$ 表示。

5) 直流电压的测量

根据电压的类别,可以选择直流电压表(或交流电压表)或万用表测量电压。下面以万用表为例来说明直流电压的测量方法。

(1) 选择合适的量程 根据估算的待测直流电压大小,选择万用表直流电压挡相应的量程;如果待测电压大小未知,无法估计电压大小时,应选择最大量程,然后根据测量结果进一步选择合适的量程。

(2) 测量 把红、黑表笔并联接在待测元件的两端,用指针式万用表测量直流电压时注意极性(数字表可以根据测量值的正、负来判断直流电压的极性)。

(3) 读数 测量值的单位与量程保持一致(注意:指针式万用表的读数与数字表读数方法不同)。

交流电压的测量方法同上,只是在测量过程中不必考虑电压的极性。

3. 电位

1) 电位的定义

电位又称电势:是指单位正电荷在静电场中的某一点所具有的电势能。它是表示电场中某一点性质的物理量,而且是相对于确定的参考点来说的。电场中某点的电位在数值上等于电场力将单位正电荷自该点沿任意路径移到参考点所做的功。

2) 电位的大小与单位

若 A 点的电位用 V_A 表示,那么,正电荷在 A 点所具有的电位能 W_A 与正电荷所带电量 Q 的比值称为电路中 A 点的电位,用 V_A 表示,即

$$V_A = \frac{W_A}{Q} \tag{1-4}$$

电位的单位是焦耳/库仑(J/C),称为伏特,简称伏(V)。且规定参考点的电位为零伏,所以参考点也叫零电位点(用符号"⊥"表示)。

3) 电位与电压的关系

两点之间电压的数值等于这两点电位的差值,如 A 点电位用 V_A 表示,B 点电位用 V_B 表

示,则 A、B 两点之间电压的数值为 $U_{AB}=V_A-V_B$,B、A 两点之间电压的数值为 $U_{BA}=V_B-V_A$。

4. 电动势

电动势是表示电源特征的物理量。电源的电动势是指电源将其他形式的能量转化为电能,电源的电动势在数值上等于非静电力把单位正电荷从低电位端经电源内部移到高电位端所做的功。电动势常用 E 表示,其单位是伏特(V)。电源力将单位正电荷从 B 极板移动到 A 极板所做的功 W_{BA} 称为 B、A 两点间的电动势 E_{BA},数学表达式为

$$E_{BA}=\frac{W_{BA}}{Q} \tag{1-5}$$

电动势的实际方向规定为从负极端指向正极端的方向。在电路中,电源的电动势的参考方向的标注同电压一样,有极性标注、箭头标注和双下标标注。如参考方向与其实际方向一致,其数值为正,否则为负值。通常情况下电源的电动势常用端电压来表示。

5. 电能与电功率

无论在哪里,我们都可以看见用电装置在工作。用电装置在一定时间内消耗的电能怎样测算?用电装置消耗的电能一样吗?

1) 电功(或电能)

(1) 电功的概念 当一段导体中有电流通过时,正电荷从高电位移向低电位端,电场力对它做了功,这个功通常称为电流所做的功,简称电功或电能,其单位是焦耳(J)。根据能量的转化和守恒定律,做功的过程对应能量的转换。电流做功过程实际上是电能转换为其他形式的能量的过程,例如电流通过电炉做功,电能转化为热能;电流通过电动机做功,电能转化为机械能和热能。

(2) 电功的计算 电流在某段电路上所做的功 W 等于这段电路两端的电压 U、电路中的电流 I 和通电时间 t 的乘积,电功的计算公式为

$$W=UIt \tag{1-6}$$

电功的单位与其他功或能的单位一样,当式(1-6)中各个量的单位是国际单位时,得到电功的单位是焦耳(J),因此计算时要注意各个物理量单位的统一。

在日常生活中,常用"度"作为电功(电能)的单位,有

$$1 \text{ 度}=1 \text{ kW·h}=3.6\times10^6 \text{ J} \tag{1-7}$$

电功的其他计算式如下。

由电流强度定义式 $I=Q/t$ 可知,$Q=It$,代入式(1-6)得

$$W=QU \tag{1-8}$$

其物理意义是:电流在某段电路上所做的功,等于这段电路两端的电压与通过这段电路电荷量的乘积。

将欧姆定律 $I=U/R$ 代入式(1-6),可得

$$W=I^2Rt=\frac{U^2}{R}t \tag{1-9}$$

但要注意,应用式(1-9)计算电功时,只对电炉、白炽灯等负载为纯电阻的电路有效。

当用以上各式计算电功时,应注意公式中各物理量是对同一段电路而言,不能"张冠李戴"。

(3) 电功的测量 测量电功,即测量电路中消耗的电能采用电能表,也称电度表。学会使用电能表,应对电能表铭牌上的所标示的参数有所了解,例如某电能表上标有"220 V,10 A"和"3 000 r/kW·h",其中"220 V"表示电能表接在 220 V 电路上使用;"10 A"表示电能表允许通过的最大电流是 10 A;"3 000 r/kW·h"表示每消耗 1 度电,电能表的转盘转 3000 转。

2) 电功率

(1) 电功率的概念 电流在单位时间内所做的功称为电功率,用 P 来表示,可表示为

$$P = \frac{W}{t} \tag{1-10}$$

可见,电功率反映了用电设备通过的电流产生的效果,如灯泡消耗的电功率大,则单位时间内电流通过灯泡所做的功多,或者说单位时间内灯泡消耗的电能多,那么灯泡的亮度就越大。

(2) 电功率的单位是瓦特,简称瓦(W),常用的单位还有毫瓦(mW)、千瓦(kW)等,它们之间的换算关系为

$$1 \text{ mW} = 10^{-3} \text{ W} \quad 1 \text{ kW} = 10^{3} \text{ W}$$

(3) 电功率的计算 有以下几种方式。

① 由电功率的定义 $P=W/t$,通过计算时间 t 内电流所做的功 W,便可求得电功率。

② 由 $P=UI$,说明电功率的大小跟电路两端电压 U 和通过电路的电流 I 两个参数有关。但不能简单认为电功率与电压成正比,与电流成正比,因为电路两端电压 U 变化时,电流 I 也随之变化。已知电路两端电压 U 和通过电路中的电流,可求出电功率,但要注意式中的 P、U、I 是对于同一段电路而言的。

③ 将欧姆定律 $I=U/R$ 代入 $P=UI$,可得到电功率的另外两个计算式,即

$$\begin{cases} P = I^2 R \\ P = \dfrac{U^2}{R} \end{cases} \tag{1-11}$$

用这两个公式计算电功率时,只对纯电阻电路才适用。

(4) 电功率的测量 利用功率表可以直接测量电功率的数值,也可以通过实验的方法——伏安法测量电功率。

(5) 根据电功率计算结果的正、负值,可以判断装置的性质是电源还是负载。

电功率因电压和电流的参考方向可以任意选取,故电功率结果会出现正、负。

① 根据 U、I 的实际方向判别。

电源: U、I 实际方向相反,即电流从"+"端流出(发出功率)。

负载: U、I 实际方向相同,即电流从"-"端流出(吸收功率)。

② 根据 U、I 的参考方向判别。

U、I 参考方向相同,$P=UI>0$ 时为负载,$P=UI<0$ 时为电源。

U、I 参考方向不同,$P=UI>0$ 时为电源,$P=UI<0$ 时为负载。

例 1-1 电路如图 1-8 所示,$U=12$ V,$I=-4$ A。试计算元件的电功率。

解 由电路图可知,此例的电压和电流为关联方向,有

图 1-8 例 1-1 图

$$P = UI = 12 \times (-4) \text{ W} = -48 \text{ W}$$

这说明，元件产生功率，而不是吸收功率，相当于电源。

6. 电气设备的额定值

为了保证电气设备和器件能安全、可靠和经济地工作，制造厂商规定了每种设备和器件在工作时所允许的最大电流、最高电压和最大功率，这称为电气设备和器件的额定值，常用下标"N"表示，如额定电流 I_N、额定电压 U_N 和额定功率 P_N。这些额定值常标记在设备的铭牌上，故又称为铭牌值。

（1）额定电压　电气设备或元器件在正常工作条件下允许施加的最大电压。
（2）额定电流　电气设备或元器件在正常工作条件下允许通过的最大电流。
（3）额定功率　在额定电压和额定电流下消耗的功率，即允许消耗的最大功率。

用电装置的额定工作状态是指用电装置或元器件工作在额定功率下的工作状态，也称满载状态。

用电装置的轻载状态是指用电装置或元器件工作在低于额定功率的工作状态，轻载时电气设备不能得到充分利用或根本无法正常工作。

用电装置的过载状态是指用电装置或元器件工作在高于额定功率的工作状态，过载时电气设备很容易被烧毁或造成严重事故。

用电装置实际工作时的电压和功率称为用电装置的实际电压和实际功率。不同的实际电压对应不同的实际功率。一个用电装置只有一个额定电压 U_N 和额定功率 P_N，而实际功率随用电装置两端所加电压的改变而变化，可以有多个值。只有当用电装置在额定电压下工作时，用电装置的实际功率才等于额定功率。当用电装置的实际电压 $U>U_N$ 时，实际功率 $P>P_N$，这时用电装置超负荷工作，导致使用寿命短，甚至被烧毁。当用电装置的实际电压 $U<U_N$ 时，实际功率 $P<P_N$，这时用电装置不能正常工作，如灯泡的亮度很小。因此，在使用各种用电装置之前，必须看清用电装置的额定电压是否与电源电压相同。如果电源电压高于用电装置的额定电压，将会把用电装置烧毁；如果电源电压低于用电装置的额定电压，用电装置也不宜接入，因为电压不足会使用电装置不能正常工作。

1.1.3　常用电子元器件

理想元件是组成电路模型的基本单元，元件上电压与电流之间的关系又称为元件的伏安特性，它反映了元件的性质。按能量特性，电路元件可分为无源元件和有源元件；按与外部连接的数目，可分为二端、三端、四端元件等；按伏安特性，可分为线性元件和非线性元件。

电阻元件、电感元件、电容元件都是理想的电路元件，属于无源元件。它们有线性和非线性之分，线性元件的参数为常数，与所施加的电压和电流无关。如无特殊说明，本书讨论线性电阻元件、电感元件、电容元件的特性。

1. 电阻元件

电阻元件是常见的二端电路元件，根据欧姆定律 $u=iR$，即电阻元件上的电压与通过的电流呈线性关系。

1) 电阻的概念

电流通过导体时，导体对电流产生的阻力称为导体的电阻。如在金属导体中，自由电子在

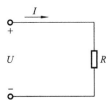

图 1-9 电阻电路

做有规律的定向运动时,电子与原子之间相互碰撞而受到阻碍。每秒钟的碰撞高达 10^{15} 次左右。这种碰撞阻碍了自由电子的定向移动,表示这种阻碍作用的物理量是电阻。电阻用 R 表示。电阻电路如图 1-9 所示。

2) 电阻定律

导体的电阻是由它本身的物理性能决定的,即导体的电阻是由它的长短、粗细、材料的性质、所处环境温度所决定的。在保持环境温度为 20℃不变的条件下,实验结果表明,用同种材料制成的横截面积相等而长度不相同的导线,其电阻与它的长度呈正比;长度相等而横截面面积不相等的导线,其阻值与它的横截面面积呈反比。这种规律称为电阻定律,其表达式为

$$R = \rho \frac{l}{S} \tag{1-12}$$

式中:ρ 为导体的电阻率,单位是 $\Omega \cdot m$;l 为导体长度,单位为 m;S 为导体横截面面积,单位为 m^2。

电阻的国际单位是欧姆(Ω),常用的单位还有千欧($k\Omega$)、兆欧($M\Omega$)等,它们之间的换算关系为

$$1 \text{ k}\Omega = 10^3 \text{ }\Omega \quad 1 \text{ M}\Omega = 10^6 \text{ }\Omega$$

3) 电阻与温度变化量的关系

导体的电阻不但与导体的性质、几何尺寸有关,还与所处环境的温度有关。大多数金属在 0~100 ℃内,电阻随温度变化的相对值与其温度变化量呈正比,即

$$\alpha = \frac{R_2 - R_1}{R_1(t_2 - t_1)} \tag{1-13}$$

$$R_2 = R_1[1 + \alpha(t_2 - t_1)] \tag{1-14}$$

式中:α 为导体材料的电阻温度系数,单位为 ℃$^{-1}$;R_1 为温度在 t_1 时导体的电阻,单位为 Ω;R_2 为温度在 t_2 时导体的电阻,单位为 Ω。

常见金属材料的电阻率和电阻的温度系数(20℃)见表 1-1。

表 1-1 常见金属材料的电阻率和电阻的温度系数(20℃)

材 料 名 称	电阻率 $\rho/(\Omega \cdot m)$	电阻温度系数/℃$^{-1}$
银	$0.016\ 5 \times 10^{-6}$	0.003 8
铜	$0.017\ 5 \times 10^{-6}$	0.004 0
铝	$0.028\ 3 \times 10^{-6}$	0.004 2
钨	$0.055\ 1 \times 10^{-6}$	0.004 5
铂	0.105×10^{-6}	0.003 89
低碳钢	0.12×10^{-6}	0.004 2
锰钢	0.42×10^{-6}	0.000 005
康铜	0.49×10^{-6}	0.000 005
铸铁	0.5×10^{-6}	0.001
镍铬铁合金	1.12×10^{-6}	0.000 13
铝铬铁合金	1.35×10^{-6}	0.000 05
碳	10×10^{-6}	$-0.000\ 5$

表1-1中列出了一些常用导体材料在20℃时的电阻率和温度系数。由表中可以看出,大多数金属材料的电阻温度系数是正值,它们的阻值随着温度的上升而增加,如银、铜、铝等。锰钢、康铜的电阻温度系数很小,常用来制作标准电阻和电工仪表中的附加电阻。

由表1-1可以看出,银的电阻率最小,导电性能最好,但它的价格昂贵,不适于作一般导电材料,只有接触器、继电器的触头等才用银来制造。铜和铝的电阻率也很小,是制造导线的常用材料。铝的价格低廉,且我国铝的储量丰富,应尽量以铝代铜。我国的架空导线常用多股铝绞线或机械强度较高的加有钢丝的多股铝绞线。一般工程中使用铜芯导线,也有使用铝芯导线的情况。

4) 电导

电阻的倒数称为电导,用符号 G 表示,即

$$G=\frac{1}{R} \tag{1-15}$$

电导的单位是西门子(S),或1/欧姆(1/Ω)。

5) 电阻元件的伏安特性

电压与电流为关联参考方向时,如图1-9所示,电压 U、电流 I 之间的关系为

$$U=IR \tag{1-16}$$

反之,电压与电流为非关联参考方向时,电压 U、电流 I 之间的关系为

$$U=-IR \tag{1-17}$$

电路端电压与电流的关系称为伏安特性。线性电阻的伏安特性是一条过原点的直线,如图1-10所示。

它表示该段电路电压与电流的比值为常数,即

$$R=\frac{U}{I}=常数 \tag{1-18}$$

6) 电阻元件的特性

(1) 基本特性　电阻元件是一种耗能元件,当电阻通过电流时,电阻所消耗的电功率可表示为

$$P=UI=I^2R=\frac{U^2}{R} \tag{1-19}$$

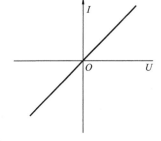

图1-10　线性电阻的伏安特性

当流过它的电流太大时,它会发热,直至烧毁。

(2) 直流和交流电路的电阻特性相同　在直流或交流电路中,电阻元件对电流所起的阻碍作用一样,即电阻元件对交流电流和直流电流的阻碍作用"一视同仁"。所以,电阻元件对直流电和交流电的作用一样,这大大方便了电阻电路的分析。

(3) 不同频率下电阻元件特性相同　在交流电路中,同一个电阻元件对不同频率的信号所呈现的阻值相同,不会因为交流电的频率不同而出现电阻值的变化,这是电阻元件的一个重要特性。因此,在分析交流电路中电阻元件的工作原理时,就可以不必考虑交流电频率对电路工作的影响。电阻元件不仅在正弦波交流电的电路中阻值不变,对于脉冲信号、三角波信号处理和放大电路中所呈现的电阻值也一样。

7) 电阻元件在电路中的重要作用

电阻元件在电路中的作用列于表1-2。

8) 电阻元件的种类

电阻元件的种类很多,表1-3所示的是电阻元件种类的说明。

表 1-2 电阻元件在电路中的作用

电阻元件在电路中的作用	电 路 图	说 明
给电路中某点添加电压	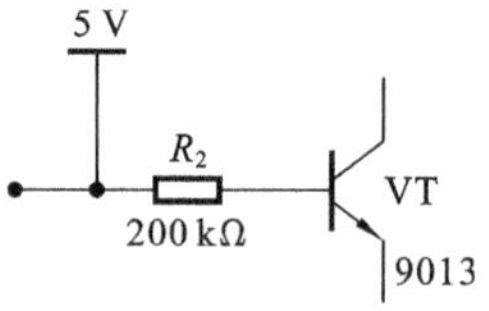 R_2 200 kΩ,5 V,VT 9013	如三极管的基极需要直流工作电压,此时可以用一只电阻元件接在直流工作电压与该三极管基极之间
给电路中某点降低电压	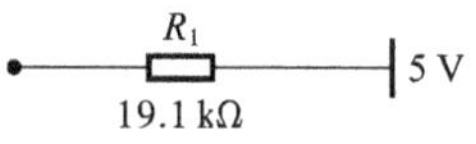 R_1 19.1 kΩ,5 V	在电源与电路中某一点之间接入电阻元件时,则该点的电压就比电源电压低
将电路中的两点隔离	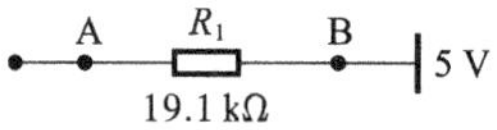 A R_1 B 19.1 kΩ,5 V	将电路中 A、B 两点之间接入电阻元件,就将这两点隔离
将电流转换成电压	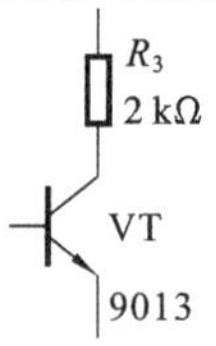 R_3 2 kΩ,VT 9013	当电流流过电阻元件时,在电阻元件两端产生电压,例如集电极负载电阻就是起这一作用
分压作用	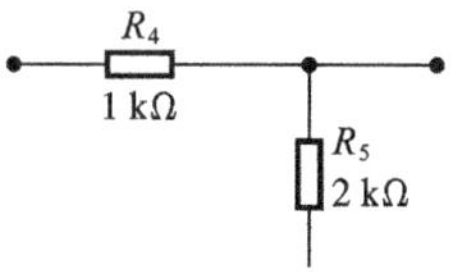 R_4 1 kΩ,R_5 2 kΩ	当电压太高时,可以用两只电阻元件串联构成分压电路,实现降压
分流作用	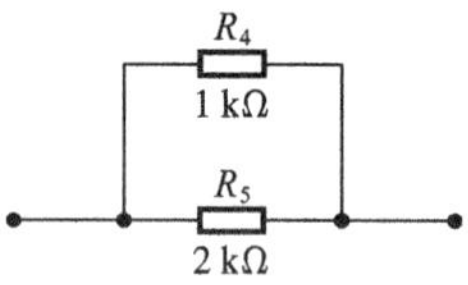 R_4 1 kΩ,R_5 2 kΩ	当流过一只元器件电流太大时,可用一只电阻元件与之并联,起到分流作用
阻尼作用	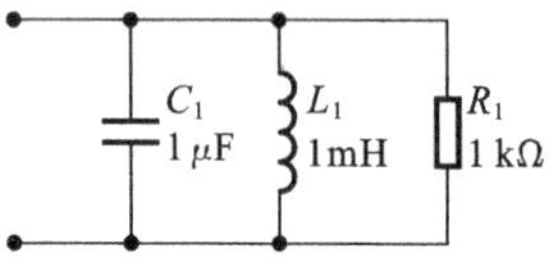 C_1 1 μF,L_1 1mH,R_1 1 kΩ	在 LC 调谐电路中接入电阻元件,可以降低品质因数 Q 值,起到阻尼作用
限流保护作用	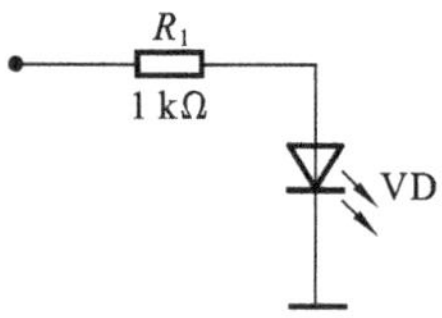 R_1 1 kΩ,VD1	防止电路中因电流太大而烧坏元器件

表 1-3 电阻元件种类的说明

按照电阻元件在电路中的性能分类	普通电阻元件:它广泛应用于电子电路中; 特殊电阻元件:它主要用于一些特殊要求的场合。例如正温度系数电阻元件可以用汽车除霜器电路,电冰箱压缩机里的启动电阻元件作为传感元器件使用,负温度系数电阻元件常用作水温传感器等

续表

按照电阻元件的参数标注方式分类	直标式电阻元件:有关参数用数字直接标在电阻元件上,这类电阻元件体积较大; 色环电阻元件:标称值等有关参数用色环标在电阻元件上,它的体积较小,目前大量使用
按照制造电阻元件的材料分类	碳膜电阻元件:使用广泛,成本低; 金属膜电阻元件; 合成膜电阻元件
按照电阻元件阻值的制造精度分类	普通精度电阻元件:常应用于民用的电子设备中; 精密电阻元件:阻值误差很小,主要用于军用和一些精度要求很高的电子设备中
根据电阻的数值是否变化分类	固定电阻元件; 可变电阻元件

电阻元件种类字母表示的含义如表 1-4 所示。

表 1-4 电阻元件种类的字母表示方法

字母	C	S	N	W	T
电阻元件种类	固体	氧化膜	金属膜	水泥	特殊(熔断)

9) 电阻元件主要参数

(1) 标称阻值 生产厂家为了使用的需要,生产了很多阻值的电阻元件。为了方便生产和使用,国际标准规定了一系列阻值作为产品的标准,即标称阻值系列。我国电阻元件的标称阻值系列共有 E6、E12、E24、E48、E96 和 E192 几种,表 1-5 所示是常用的 E6、E12、E24 标称阻值系列。

表 1-5 常用的 E6、E12、E24 标称阻值系列

允许偏差			允许偏差		
±5%	±10%	±20%	±5%	±10%	±20%
E24	E12	E6	E24	E12	E6
1.0	1.0	1.0	3.3	3.3	3.3
1.1	—		3.6	—	
1.2	1.2		3.9	3.9	
1.3			4.3		
1.5	1.5	1.5	4.7	4.7	4.7
1.6			5.1		
1.8	1.8		5.6	5.6	
2.0			6.2		
2.2	2.2	2.2	6.8	6.8	6.8
2.4	—		7.5	—	
2.7	2.7		8.2	8.2	
3.0	—		9.1	—	

表1-5中各数值×10^n可得到不同的电阻值,n代表正整数或负整数。例如1.2×10^n($n=3$)为1.2 kΩ的电阻元件。

(2) 阻值允许偏差 　在电阻元件的生产过程中,处于对生产成本的考虑和技术原因不可能制造与标称阻值完全一致的电阻,不可避免存在一些偏差。所以规定了一个允许偏差参数。

常用电阻元件的允许偏差为±5%,±10%,±20%。精密电阻元件的允许偏差要求更高,如±2%,±1%,±0.001%等。

(3) 额定功率 　额定功率是电阻元件的一个重要的常用参数。它是指在规定的大气压力下和特定的环境温度范围内,电阻元件所允许承受的最大功率。电子电路中通常使用1/8 W、1/16 W的电阻元件。

电阻元件的额定功率值在电路图上的符号如图1-11所示。

图1-11　电阻元件的额定功率值在电路图上的符号

10) 色环电阻元件

电子电路中的电阻元件主要采用色标法,因为所用电阻元件的功率多为1/8W、1/16W,体积很小,只能采用色标法。色标法根据色码环的环数,分为4环表示法和5环表示法。色环电阻元件的颜色-数码对照情况如表1-6所示。

表1-6　色环电阻元件的颜色-数码对照表

颜　色	有效数字	倍乘(乘数)	允许偏差
黑色	0	10^0	—
棕色	1	10^1	±1%
红色	2	10^2	±2%
橙色	3	10^3	
黄色	4	10^4	
绿色	5	10^5	±0.5%
蓝色	6	10^6	±0.25%
紫色	7	10^7	±0.1%
灰色	8	10^8	
白色	9	10^9	
无色	—	—	±20%
银色			±10%
金色	—	—	±5%

(1) 4环表示法　第1、2环分别表示有效数字色环,第3环为倍乘(乘数)色环,第4环为允许误差等级色环,如图1-12所示。

(2) 5 环表示法　第 1、2、3 环分别表示有效数字色环,第 4 环为倍乘(乘数)色环,第 5 环为允许误差等级色环,如图 1-13 所示。5 条色环色标电阻元件为精密电阻器。

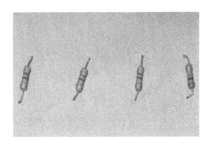

图 1-12　四环电阻元件

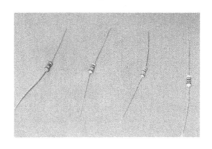

图 1-13　五环电阻元件

几种特殊情况:倍数色环为金色,则将有效数乘以 0.1;如果倍数色环为银色,则乘以 0.01;如果第 5 条色环为黑色,一般用来表示为绕线电阻器;第 5 条色环如为白色,一般用来表示为保险丝电阻器;如果电阻元件只有中间一条黑色的色环,则代表此电阻为零欧姆电阻元件。

(3) 色码含义　色环电阻元件是应用于各种电子设备的最多的电阻元件类型,无论怎样安装,维修者都能方便地读出其阻值,便于检测和更换。但在实践中发现,有些色环的排列顺序不甚分明,往往容易读错,在识别时,可运用如下技巧识别顺序。

技巧 1:先找标志误差的色环,从而排定色环顺序。最常用的表示电阻元件误差的颜色是:金色、银色和棕色,尤其是金环和银环,一般绝不用做电阻色环的第 1 环,所以在电阻元件上只要有金环和银环,就可以基本认定这是色环电阻元件的最末 1 环——误差环。

技巧 2:棕色环是否是误差标志的判别。棕色环既常用作误差环,又常作为有效数字环,且常常在第 1 环和最末 1 环中同时出现,使人很难识别哪个环是第 1 环。在实践中,可以按照色环之间的间隔加以判别:比如对于一个五条色环的电阻元件而言,第 5 环和第 4 环之间的间隔比第 1 环和第 2 环之间的间隔要宽一些,据此可判定色环的排列顺序。

技巧 3:如有的色环电阻元件两侧色环的颜色都是棕色时,在仅靠色环间距及常用误差环无法判定色环顺序的情况下,还可以对照表 1-5 电阻元件的生产系列值来加以判别。比如有一个电阻元件的色环读序是棕、黑、黑、黄、棕,其值为 $100×10^4$ Ω=1 MΩ,误差为 ±1%,属于正常的电阻系列值;若是反顺序读:棕、黄、黑、黑、棕,其值为 $140×10^0$ Ω=140 Ω,误差为 ±1%。显然,按照后一种排序所读出的阻值在电阻的生产系列中是没有的,故后一种色环顺序是不对的。

11) 电阻值的测量

测量电阻值的方法很多,下面以万用表为例,说明电阻值的测量方法。

(1) 选择合适的量程　根据估算的待测电阻大小,选择万用表电阻挡相应合适的量程;如果待测电阻值大小未知,无法估计电阻值大小时,选择最大量程测量,然后根据测量结果进一步选择合适的量程。

(2) 测量　把红、黑表笔并联在待测电阻元件两端测量。

(3) 读数　测量值的单位与量程保持一致(注意:指针式万用表的读数与数字表读数方法的不同)。

注意用万用表电阻挡测量电阻时,必须断电测量。

12)可变电阻元件和电位器的检测

可变电阻元件和电位器的形状有很多种,如图 1-14 和图 1-15 所示。

图 1-14　电位器

图 1-15　线绕电位器

(1)测量可变电阻元件的标称阻值　万用表置于电阻挡适当量程,两根表笔接可变电阻元件两根定片引脚,这时测量的阻值应该等于该可变电阻元件的标称阻值,否则,说明该可变电阻元件已经损坏。

(2)测量可变电阻元件动片与定片之间阻值　万用表置于电阻挡适当量程,一根表笔接可变电阻元件的一个定片,另一根表笔接动片。在这种测量状态下,转动可变电阻元件动片时,表针偏转,阻值从零增大至标称值,或从标称值减小到零,表明可变电阻元件正常。

注意事项:

① 若测量可变电阻元件的动片与某定片之间的阻值为 0 Ω,此时应看动片是否已转动至所测定片这一侧的端点,否则,可认为可变电阻器已损坏(在电路中测量时要排除外电路的影响);

② 若测量可变电阻元件的动片与任一定片之间的阻值已大于标称阻值,说明可变电阻元件已出现了开路故障;

③ 测量中,若测得可变电阻元件的动片与某一定片之间的阻值小于标称阻值,并不能说明它已经损坏,而应看动片处于什么位置;

④ 脱开测量时,可用万用表电阻挡的适当量程,一支表笔接可变电阻元件的动片引脚,另一支表笔接某一个定片,再用一字旋具顺时针或逆时针缓慢旋转动片,此时表针应从 0 Ω 连续变化到标称阻值。

同样方法再测量可变电阻元件另一个定片与动片之间的阻值变化情况,测量方法、测试结果应相同。这样,说明可变电阻元件是好的,否则表明可变电阻元件已损坏。

2. 电感元件

1)电感元件的结构

最简单的电感线圈就是用导线空心地绕几圈,有磁芯的电感是在磁芯上用导线绕几圈。通常情况下,电感器由铁芯(或磁芯)、骨架和线圈等组成。其中线圈绕在骨架上,铁芯(或磁芯)插在骨架内。

2)电感元件的图形符号和文字符号

实际电感线圈就是用漆包线或纱包线或裸导线一圈靠一圈地绕在绝缘管上(或铁芯上)而又彼此绝缘的一种元件,在电路中多用来对交流信号进行隔离、滤波或组成谐振电路等。电感线圈简称线圈,在电路图中用字母"L"表示,电路图中常用电感线圈的图形符号如图 1-16 所示。

3)电感元件的工作原理

电感元件的工作原理分为以下两个部分。

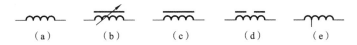

图 1-16 电感线圈的图形符号

(a) 线圈 (b) 带磁芯连续可调线圈 (c) 磁芯线圈 (d) 磁芯有间隙的线圈 (e) 带固定抽头的线圈

① 给电感元件通电后的电感元件工作过程,此时电感元件由电产生磁场。
② 电感元件在交变磁场中的工作过程,此时电感元件由磁产生交流电。

关于电感元件的工作原理说明以下几点。

(1) 给电感线圈中通入交流电时,在电感线圈的四周产生交变磁场。

(2) 给电感线圈中通入直流电时,在电感线圈的四周产生大小和方向不变的恒定磁场。

(3) 由电磁感应定律可知,磁通的变化将在导体内引起感应电动势,因为电感线圈自身电流变化(因为通的是交流电)而产生感应电动势的现象称为自感,也称电感。电感就是用来表示自感应特性的一个量。电感常用字母"L"表示。

电感线圈的电感值与线圈的尺寸、匝数以及附近的介质的导磁性能等有关,即

$$L=\frac{\mu S N^2}{l} \tag{1-20}$$

式中:S 为线圈横截面面积(m^2);l 为线圈长度(m);N 为线圈匝数;μ 为介质的磁导率(H/m)。

电感的国际单位是亨利,简称亨,通常用符号 H 表示。常用单位还有微亨(μH)和毫亨(mH),它们之间的换算关系为

$$1\ H=10^3\ mH \quad 1\ H=10^6\ \mu H$$

(4) 电感线圈周围的磁场是由交变电流产生的,这个磁场称为原磁场。

(5) 自感电动势要阻碍线圈中的电流变化,这种阻碍作用称为感抗。

4) 电感元件的分类

电感元件在电子电器中的应用不多,但种类多,表 1-7 所示为电感元件的分类方法及说明。

表 1-7 电感元件的分类方法及说明

划分方法及种类		说明
按有无磁芯分类	空芯电感元件	没有铁芯或磁芯,是一个空心线圈
	有芯电感元件	有铁芯或磁芯
按安装形式分类	立式电感元件	垂直安装在电路板上
	卧式电感元件	水平安装在电路板上
	小型固定式电感元件	有两根固定的引脚
	贴片式电感元件	引脚非常短,直接装配在铜箔线路上
按工作频率分类	高频电感元件	电感量较小,为 0.1~100 μH,用于工作频率比较高的电路
	低频电感元件	电感量较大,为 1~30 mH,电感量较大,主要应用在低频(音频)电路中

5) 电感元件的特性

电感元件的主要特性如表1-8所示。

表1-8 电感元件的主要特性

电感元件的主要特性	说　　明
通直阻交	能让直流电流畅通无阻通过,对交流电流存在感抗,起阻碍作用
感抗	感抗和频率成正比
电-磁	无论是直流电流还是交流电流通过电感线圈时,在线圈内部和外部周围都要产生磁场
磁-电	当通过电感线圈的磁通量在改变时,电感线圈在磁场的作用下产生感应电动势
线圈中的电流不能突变	当流过电感线圈的电流大小发生改变时,线圈两端会产生反向电动势,这一反向电动势阻碍线圈中的电流发生改变,因此线圈中电流不能突变

6) 电感元件的应用

电感元件通常用于电源滤波电路,与电容元件构成LC谐振电路;在车辆电气系统上,电感线圈有多种用途,例如用作点火线圈,用于继电器和电机(发电机、电动机)内;在车辆电子系统中,电感线圈用于感应式传感器内,例如曲轴和凸轮轴位置传感器。

7) 电感元件的主要参数标注方法

(1) 电感量及允许偏差　电感量表示了电感元件的电感值的大小,它与线圈的匝数、有无磁芯等有关。允许偏差表示制造过程中电感量偏差大小,通常有三个等级,如表1-9所示。

表1-9 电感量偏差的三个等级

电感量偏差等级	说　　明
Ⅰ级	允许偏差为±5%
Ⅱ级	允许偏差为±10%
Ⅲ级	允许偏差为±20%

(2) 电感元件的品质因数　电感元件的品质因数又称为Q值,Q值表示了电感元件的"品质",Q值越高,说明电感元件的功率损耗越小,效率越高。

(3) 电感元件的额定电流　电感元件的额定电流是指允许通过电感元件的最大电流,这是电感元件的重要参数。当通过电感元件的工作电流大于这一电流时,电感元件将有烧坏的危险。在电源电路中的滤波电感元件通过的工作电流比较大,加上电源电路的故障发生率比较高,所以滤波电感元件容易烧坏。固定电感元件的额定电流共有五个等级,用大写字母表示,表1-10所示的是固定电感元件中字母表示额定电流的具体含义。

表1-10 固定电感元件中用字母表示额定电流

字母	A	B	C	D	E
额定电流	50 mA	150 mA	300 mA	700 mA	1.6 A

(4) 电感元件固有电容　电感元件固有电容又称分布电容和寄生电容,它是由各种因素造成的,相当于并联在电感元件两端的一个总的有效电容。图1-17所示电感元件等效电路中

的电容 C 为电感元件的固有电容，R 为电感线圈的直流电阻，L 为电感。

(5) 电感元件的标注方法。

① 电感元件的直标法　电感元件的电感量直接在电感元件上标出其标称电感量。采用直标法的电感元件将标称电感量用数字直接标注在电感元件的外壳上，同时用

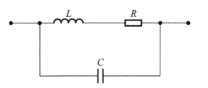

图 1-17　电感元件等效电路

大写字母表示额定工作电流，再用Ⅰ、Ⅱ、Ⅲ表示允许偏差参数。固定电感元件除直接标出电感量参数外，还标出允许偏差和额定电流参数。小型固定电感元件的标称电感量采用 E12 系列，如表 1-11 所示。

表 1-11　小型固定电感元件的标称电感量系列

系列	系列值/mH										
E12	1	1.2	1.5	1.8	2.2	2.7	3.3	3.9	4.7	5.6	6.8	8.2

表 1-11 中数值再乘 10 的 n 次方得到电感量标称值，小型固定电感元件的允许误差共分Ⅰ、Ⅱ、Ⅲ三个等级，见表 1-9。

② 电感元件色标法　在有些固定电感元件中，采用色标表示标称电感量和允许偏差，这种固定电感元件称为色码电感元件。色码电感元件的色码含义与色环电阻元件的色码含义一样。

8) 电感元件的储能

电感元件是从实际线圈抽象出来的理想化模型，是代表电路中储存磁场能量这一物理现象的理想二端元件。当忽略实际线圈的导线电阻和线圈匝与匝之间的分布电容时，可将其抽象为仅具有储存磁场能量的电感元件。

描述线圈通有电流时产生磁场、储存磁场能量的性质。

电感元件储存磁场能为

$$W_L = \frac{1}{2}Li^2 \tag{1-21}$$

即电感元件将电能转换为磁场能并储存在线圈中，当电流增大时，磁场能增大，电感元件从电源取用电能；当电流减小时，磁场能减小，电感元件向电源馈还能量。

9) 电感元件的故障分析与检测

对电感元件的检测主要有直观检查和万用表电阻挡测量直流电阻大小两种有效方法。

(1) 直观检查法　主要是查看电感元件的引脚是否断开、磁芯是否松动、线圈是否发霉等，万用表检测主要是测量线圈是否开路，其他故障（如匝间短路等）用万用表是检测不出来的。

(2) 万用表检测线圈直流电阻的方法　如用指针式万用表，选择电阻"R×1"挡，两只表笔分别接线圈的引脚，此时的电阻应为几欧姆，甚至更小。对于匝数较多、线径较小的线圈，其直流电阻会达到几十欧姆，甚至几百欧姆。通常情况下，线圈的直流电阻只有几欧姆。

3. 电容元件

1) 电容元件的结构

两个彼此靠近又相互绝缘的导体，构成了一个电容元件（电容器）。这对导体称为电容元

件的两个极板。

2) 电容元件的种类

电容元件按其电容量是否可变,可分为固定电容元件和可变电容元件,可变电容元件还包括半可变电容元件。电容元件在电路中的符号如表 1-12 所示。

表 1-12 电容元件在电路中的符号

名称	电容元件	电解电容元件	半可变电容元件	可变电容元件	双连可变电容元件
图形符号	─┤├─	─┤├─(有极性) ─┤├─(无极性)	─┤╱├─	─┤╱├─	─┤╱├─ ─┤╱├─

固定电容元件的电容量是固定不变的,它的性能和用途与两极板间的介质有关。一般常用的介质有云母、陶瓷、金属氧化膜、纸介质、铝电解质等。

电解电容元件有正、负极之分,使用时不可将极性接反或接到交流电路中,否则会将电解电容器击穿。

电容量在一定范围内可调的电容元件称可变电容元件。半可变电容元件又称微调电容。常用的电容元件如图 1-18 所示。

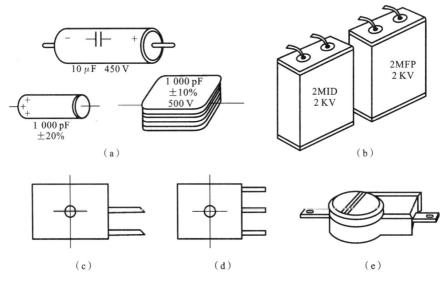

图 1-18 常用电容器

(a) 云母电容元件 (b) 金属氧化膜电容元件 (c) 单联可变电容元件 (d) 双联可变电容元件 (e) 半可变电容元件

3) 电容元件的作用

电容元件是储存和容纳电荷的器件,也是储存电场能量的器件。电容元件每个极板上所储存电荷的量称为电容元件的电量。

将电容元件两极板分别接到电源的正、负极上,使电容元件两极板分别带上等量异号电荷,这个过程称电容元件的充电过程。电容元件充电后,极板间有电场和电压。

用一根导线将电容元件两极板相连,两极板上正负电荷中和,电容元件失去电量,这个过程称为电容元件的放电过程。

4）电容的概念

当电容元件极板上所带的电量 Q 增加或减少时,两极板间的电压 U 也随之增加或减少,但 Q 与 U 的比值是一个恒量,不同的电容元件,其 Q/U 的值不同。

$$C=\frac{Q}{U} \tag{1-22}$$

电容量反映了电容元件储存电荷能力的大小,它只与电容元件本身的性质有关,与电容元件所带的电量及电容元件两极板间的电压无关。

电容量的单位有法拉(F)、微法(μF)、皮法(pF),它们之间的关系为

$$1\text{ F}=10^6\ \mu\text{F} \quad 1\text{ F}=10^{12}\text{ pF}$$

5）平行板电容元件

由两块相互平行、靠得很近、彼此绝缘的金属板所组成的电容元件称为平行板电容元件,这是一种最简单的电容元件。图 1-19 给出了平板电容元件的示意图。平行板电容元件的电容 C 与介电常数 ε 呈正比,与两极板正对的面积 S 呈正比,与极板间的距离 d 呈反比,即

$$C=\frac{\varepsilon S}{d} \tag{1-23}$$

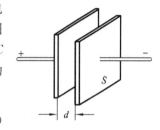

图 1-19 平行板电容元件

式中:介电常数 ε 由介质的性质决定,单位是 F/m。真空介电常数为 $\varepsilon_0\approx 8.86\times 10^{-12}$ F/m。

6）相对介电常数

某种介质的介电常数 ε 与真空介电常数 ε_0 之比称为该介质的相对介电常数,用 ε_r 表示,即

$$\varepsilon_r=\frac{\varepsilon}{\varepsilon_0} \tag{1-24}$$

表 1-13 列出了几种常用介质的相对介电常数。

表 1-13 几种常用介质的相对介电常数

介 质 名 称	相对介电常数	介 质 名 称	相对介电常数
石英	4.2	聚苯乙烯	2.2
空气	1.0	三氧化二铝	8.5
硬橡胶	3.5	无线电瓷	6～6.5
酒精	35	超高频瓷	7～8.5
纯水	80	五氧化二钽	11.6
云母	7.0	—	—

7）有关电容的说明

（1）电容是电容元件的固有特性,它只与两极板正对面积、板间距离及板间的介质有关,与电容元件是否带电、带电多少无关。

（2）任何两个导体之间都存在电容。

（3）电容元件有耐压值,当加在电容器两极板间的电压大于它的额定电压时,电容器将被击穿。

8) 电容元件的接法

（1）电容元件的串联　把几个电容元件首尾相接连成一个无分支的电路,这称为电容元件的串联,如图 1-20 所示。

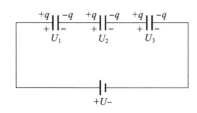

图 1-20　电容元件的串联

串联时每个极板上的电荷量都是 q。设每个电容元件的电容分别为 C_1、C_2、C_3,电压分别为 U_1、U_2、U_3,则

$$U_1=\frac{q}{C_1} \quad U_2=\frac{q}{C_2} \quad U_3=\frac{q}{C_3}$$

总电压 U 等于各个电容元件上的电压之和,所以

$$U=U_1+U_2+U_3=q\left(\frac{1}{C_1}+\frac{1}{C_2}+\frac{1}{C_3}\right)$$

设串联总电容（等效电容）为 C,则由 $C=\frac{q}{U}$,可得

$$\frac{1}{C}=\frac{1}{C_1}+\frac{1}{C_2}+\frac{1}{C_3}$$

即串联电容元件总电容量的倒数等于各电容元件电容量的倒数之和。

例 1-2　如图 1-20 所示,$C_1=C_2=C_3=C_0=200\ \mu F$,额定工作电压为 50 V,电源电压 $U=120$ V。求这组串联电容元件的等效电容是多大？每只电容元件两端的电压是多大？在此电压下工作是否安全？

解　三只电容元件串联后的等效电容为

$$C=\frac{C_0}{3}=\frac{200}{3}\ \mu F \approx 66.67\ \mu F$$

每只电容元件上所带的电荷量为

$$q=q_1=q_2=q_3=CU=66.67\times 10^{-6}\times 120\ C \approx 8\times 10^{-3}\ C$$

每只电容元件上的电压为

$$U_1=U_2=U_3=\frac{q}{C_0}=\frac{8\times 10^{-3}}{200\times 10^{-6}}\ V=40\ V$$

电容元件上的电压低于它的额定电压,因此电容元件在这种情况下工作是安全的。

（2）电容元件的并联　举例说明。

例 1-3　如图 1-21 所示,把几个电容元件的一端连在一起,另一端也连在一起的连接方式称为电容元件的并联。求等效电容。

解　电容元件并联时,加在每个电容元件上的电压都相等。

设电容元件分别为 C_1、C_2、C_3,所带的电量分别为 q_1、q_2、q_3,则

$$q_1=C_1U \quad q_2=C_2U \quad q_3=C_3U$$

电容元件组储存的总电量 q 等于各个电容元件所带电量之和,即

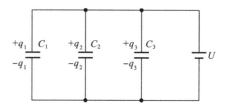

图 1-21　电容元件的并联

$$q_1+q_2+q_3=(C_1+C_2+C_3)U$$

设并联电容器的总电容（等效电容）为 C,由 $q=CU$ 得

$$C = C_1 + C_2 + C_3$$

即并联电容元件的总电容等于各个电容元件的电容之和。

9) 电容元件的充电和放电

(1) 电容元件的充电　充电过程中,随着电容元件两极板上所带的电荷量的增加,电容元件两端电压逐渐增大,充电电流逐渐减小。当充电结束时,充电电流为零,电容元件两端电压等于充电电源的电压。

(2) 电容元件的放电　放电过程中,随着电容元件极板上电量的减少,电容元件两端电压逐渐减小,放电电流也逐渐减小,直至为零,此时放电过程结束。

(3) 电容元件充放电电流　充放电过程中,电容元件极板上储存的电荷发生了变化,电路中有电流产生。其电流值为

$$i = \frac{\Delta q}{\Delta t}$$

由 $q = Cu_C$,可得 $\Delta q = C\Delta u_C$。所以

$$i = \frac{\Delta q}{\Delta t} = C\frac{\Delta u_C}{\Delta t} \tag{1-25}$$

需要说明的是,电路中的电流是由于电容元件充放电形成的,并非电荷直接通过了介质。

10) 电容元件质量的判别

利用电容元件的充放电作用,可用万用表的电阻挡来判别较大容量电容元件的质量。

将万用表的表棒分别与电容元件的两端接触,若指针偏转后又很快回到接近于起始位置,则说明电容元件的质量很好,漏电很小;若指针回不到起始位置,停在标度盘某处,说明电容元件漏电严重,这时指针所指处的电阻数值即表示该电容元件的漏电阻值;若指针偏转到零欧位置后不再返回,说明电容元件内部短路;若指针根本不偏转,则说明电容元件内部可能断路。

11) 电容元件中的电场能量

(1) 能量来源　电容元件在充电过程中,两极板上有电荷积累,极板间形成电场。电场具有能量,此能量是从电源传送过来的,储存在电容元件中。

(2) 储能的计算　电容元件充电时,极板上的电荷量 q 逐渐增加,两板间电压 u_C 也在逐渐增加,电压与电荷量成正比,即 $q = Cu_C$,如图 1-22 所示。把充入电容元件的总电量 q 分成许多小等份,每一等份的电荷量为 Δq 表示在某个很短的时间内电容元件极板上增加的电量,在这段时间内,可认为电容器两端的电压为 u_C,此时电源运送电荷所做的功为

$$\Delta W_C = u_C \Delta q$$

即为这段时间内电容元件所储存的能量增加的数值。当充电结束时,电容元件两极板间的电压达到稳定值 U_C,此时,电容元件所储存的电场能量应为整个充电过程中电源运送电荷所做的功之和,即把图中每一小段所做的功都加起来。利用积分的方法可得

$$W_C = \frac{1}{2}qU_C = \frac{1}{2}CU_C^2 \tag{1-26}$$

式中:电容 C 的单位为 F;电压 U_C 的单位为 V;电荷量 q 的单位为 C;能量的单位为 J。

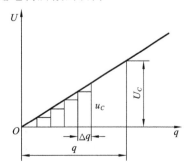

图 1-22　u_C-q 关系

电容元件中储存的能量与电容元件的电容呈正比,与电容元件两极板间电压的二次方成正比。

12) 电容元件在电路中的作用

当电容元件两端电压增加时,电容元件从电源吸收能量并储存起来;当电容元件两端电压降低时,电容元件便把它原来所储存的能量释放出来,即电容元件本身只与电源进行能量交换,并不消耗能量,因此电容元件是一种储能元件。实际的电容元件由于介质漏电及其他原因,也要消耗一些能量,使电容元件发热,这种能量消耗称为电容元件的损耗。

利用电容元件的充电、放电特性,电容元件广泛应用于汽车电路中,例如电容元件应用在汽车闪光器电路、倒车报警信号电路和传统触点式汽车点火系统的工作回路等。

13) 电容元件的主要参数

电容元件的参数比较多,这里介绍三个常用的参数。

(1) 电容元件的标称容量　电容元件同电阻元件一样,也有标称电容量参数。标称电容量也分许多系列。常用的是 E6、E12 系列,这两个系列的设置同电阻元件一样。

(2) 电容元件的允许偏差　电容元件的允许偏差与电阻元件相同,固定电容元件的允许偏差常用的是±5%、±10%和±20%,通常容量越小,允许偏差就越小。

(3) 电容元件的额定电压　额定电压是指在规定温度范围内,可以连续加在电容元件上而不损坏电容元件的最大直流电压或交流电压的有效值。额定电压是一个重要的参数,在使用中如果工作电压大于电容元件的额定电压,电容元件是要损坏的。如果因电路故障而造成加在电容元件上的工作电压大于它的额定电压时,电容元件会被击穿。

14) 电容元件参数表示方法

电容元件的标注参数主要有标称电容量、允许偏差和额定电压等。固定电容元件的参数表示方法有多种,主要有直标法、色标法、字母数字混标法、3 位数表示法和 4 位数表示法多种。

15) 电容元件的主要特性

电容元件的主要特性如表 1-14 所示。

表 1-14　电容元件的主要特性

主要特性	说　　明
隔直通交	电容元件在电路中能"识别"交流电流和直流电流,让交流电流通过,不让直流电流通过
容抗	电容元件在让交流电流通过时,存在容抗。容抗与电流频率、电容量有关;频率越高,容抗越小,反之则大;电容量越大,容抗越小,反之则大
储能	电容元件存储电场能
两端电压不能突变	电容元件在接入电路或是断开电路的瞬间,电容元件内部的电荷不能发生改变,从而电容元件两端电压不能突然改变

16) 电容元件检测的主要方法

检测电容元件质量的三种主要方法如表 1-15 所示。

项目 1　直流电路的分析与检测

表 1-15　检测电容元件质量的三种主要方法

小电容元件的检测方法	检测方法简述
万用表电阻挡检测法	使用万用表的电阻挡,通过测量电容元件两脚之间的电阻来判断其质量
代替检测法	用一只好的电容元件代替所怀疑的电容元件,如果电路功能恢复正常,说明原电容元件已损坏,否则原电容元件正常
万用表测量电容量检测法	利用数字万用表测量电容元件的容量来判断电容元件的质量

【任务实施】

任务名称	数字式万用表的使用与测量	
任务目标	1. 巩固数字式万用表的量程选择、测量和读数方法 2. 掌握常用电子元器件的识别与检测方法 3. 培养学生查阅资料、整理资料的能力	
设备器材	数字式万用表、数字电桥、色环电阻、电感、电容	
实操内容、步骤与方法	（1）电阻元件的测量　根据色环估读色环电阻元件的数值,选择数字式万用表合适电阻挡测量其电阻值,将数据填入表 1-16。 表 1-16　色环电阻元件的测量 	标称值/Ω			
---	---	---	---
电阻挡量程			
测量值			| （2）电位器的测量　选择数字式万用表电阻挡合适的量程测量电位器,将数据填入表 1-17,判断电位器质量的好坏。 表 1-17　电位器的测量 | 标称值/Ω			
---	---	---	---
量程			
测量值			| （3）电感元件的测量。 ① 利用数字式万用表测量电感元件的电阻值,将数据填入表 1-18,判断电感元件的质量好坏。 ② 利用数字电桥测量电感元件的电感量,将数据填入表 1-18。 表 1-18　电感元件的测量 | 待测电感元件	L_1	L_2	L_3	L_4
---	---	---	---	---
电感元件的电阻/Ω				
电感元件的电感量/H				
电感元件的质量						检查记录

(4) 用数字式万用表粗略检测电解电容元件质量的好坏,将数据填入表1-19。

表1-19 电解电容元件的测量

待测电容元件	C_1	C_2	C_3	C_4
电容元件的电容量/F				
电容元件的漏电阻/Ω				
电容元件的质量				

(5) 利用数字电桥测量电容元件的电容量,将数据填入表1-20。

表1-20 电容元件的测量

待测电容元件	C_1	C_2	C_3	C_4
电容元件的电容量/F				
电容元件的质量				

(6) 电位与直流电压的测量 用数字式万用表不同挡位测量直流稳压电源电压和电池的电压,将数据填入表1-21。

表1-21 直流电压的测量

待测直流电压/V	U_1	U_2	U_3	U_4
量程				
测量值				

电路如图1-23所示,用数字式万用表测量各点电位、直流电压,将数据填入表1-22。

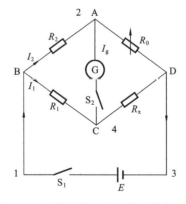

图1-23 测量电位和直流电流的电路图

表1-22 电位与直流电压的测量

参考点	V_1	V_2	V_3	V_4	U_{12}	U_{23}	U_{21}	U_{32}
1								
3								

续表

| 实操内容、步骤与方法 | (7)电路如图1-23所示,用数字式万用表进行直流电流的测量,将数据填入表1-23。
表1-23 直流电流的测量

| 待测电流 | I_{AB} | I_{BA} | I_{BC} | I_{CB} | I_{CD} | I_{DA} |
\|---\|---\|---\|---\|---\|---\|---\|
| 量程 | | | | | | |
读数							
任务总结	

【任务拓展】

1. 想一想

(1) 请写出色环电阻元件的数值。

① 绿-棕-黑-棕-金　② 橙-黄-黑-红-银　③ 棕-黑-黑-金-棕　④ 橙-白-黑-橙-棕
⑤ 蓝-红-红-金-棕

(2) 电压、电流的参考方向与实际方向有什么关系?

(3) 电阻元件、电感元件、电容元件的特性各有什么不同?

2. 做一做

(1) 利用万用表如何测量电阻元件?

(2) 利用万用表如何测量电位和电压?电位、电压的数值随着参考点的变化如何变化?

(3) 利用万用表如何测量电流?

(4) 观察指针式万用表与数字式万用表在使用时有什么不同。

(5) 查阅资料了解使用万用表时要注意哪些问题。

(6) 查阅资料了解电阻元件、电感元件、电容元件在汽车上的应用。

(7) 查阅资料了解常用电阻元件、电感元件、电容元件的系列。

任务1.2 简单电路的分析与检测

【任务描述】

认识简单电路,掌握欧姆定律,能够对简单电路进行计算。

【任务分析】

1. 知识目标

(1) 掌握欧姆定律,能够对简单电路进行计算。
(2) 熟悉电路的通路、开路、短路三种工作状态的特点。
(3) 掌握电位的计算。
(4) 掌握电阻元件的串联电路、并联电路的性质及应用。
(5) 了解惠斯通电桥的结构与工作原理。

2. 能力目标

(1) 进一步熟练使用万用表。
(2) 能够对电阻电路故障进行检测。

【知识准备】

能用电阻元件串、并联知识和欧姆定律分析的电路称为简单电路。

1.2.1 欧姆定律

1. 部分电路欧姆定律

电阻元件的伏安关系服从欧姆定律,如图1-24(a)所示,U、I为关联方向,有

$$U = RI \quad \text{或} \quad I = \frac{U}{R} = GU \tag{1-27}$$

如图1-24(b)所示,U、I为非关联方向,有

$$U = -RI \quad \text{或} \quad I = -\frac{U}{R} = -GU \tag{1-28}$$

式中:$G=1/R$,电阻R的倒数G称为电导,其国际单位为西门子(S)。

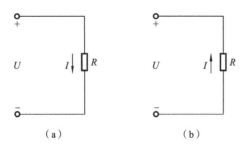

图1-24 部分电路欧姆定律图
(a) U、I为关联方向 (b) U、I为非关联方向

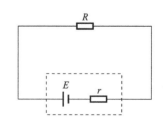

图1-25 最简单的完整全电路

2. 闭合电路欧姆定律

由电源、负载、连接导线和开关组成的电路称为全电路。图1-25所示为最简单的完整全

电路。电路中电源的电动势为 E,电源的内部电阻用 r 表示,R 表示电源外部负载。闭合电路欧姆定律的数学表达式为

$$E = RI + rI \quad \text{或} \quad I = \frac{E}{R+r} \tag{1-29}$$

外电路两端电压为

$$U = RI = E - rI = \frac{R}{R+r}E \tag{1-30}$$

显然,负载电阻 R 值越大,其两端电压 U 也越大;当 $R \gg r$ 时(相当于开路),则 $U = E$;当 $R \ll r$ 时(相当于短路),则 $U = 0$,此时一般情况下的电流($I = E/r$)很大,电源容易烧毁。

式(1-30)可知,外电路的电压降为 U,$U = IR$;rI 为内电路的电压降 $U' = rI$,也就是在该电路中,电压升之和等于电压降之和,即

$$E = U + U' \tag{1-31}$$

式(1-31)称为全电路的电压平衡方程式。

3. 负载获得最大功率的条件

如图 1-25 所示,对于一定的电源,其电动势 E 和内阻 r 看成恒量,负载 R 上的功率 P 为

$$P = I^2 R = \left(\frac{E}{R+r}\right)^2 R = \frac{E^2}{\frac{(R-r)^2}{R} + 4r}$$

由上式分析得到,负载得到最大功率的条件为 $R = r$,负载得到最大功率为

$$P_{\max} = \frac{E^2}{r} \tag{1-32}$$

电源输出的最大功率为

$$P_{\text{EM}} = \frac{E^2}{2r} = \frac{E^2}{2R} = 2P_{\max} \tag{1-33}$$

例 1-4 如图 1-26 所示,直流电源的电动势 $E = 10$ V,内阻 $r = 0.5$ Ω,电阻 $R_1 = 2$ Ω。问:可变电阻 R_P 调至多大时可获得最大功率 $P_{\max}$。

解 将($R_1 + r$)视为电源内阻,则 $R_P = R_1 + r = 2.5$ Ω 时,R_P 获得最大功率

$$P_{\max} = \frac{E^2}{4R_P} = 10 \text{ W}$$

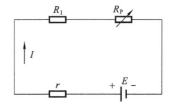

图 1-26 例 1-4 图

获得最大功率时,由于 $R = r$,所以负载上和内阻上消耗的功率相等,这时电源的效率不高,只有 50%。在电子技术中,有些电路主要考虑负载获得最大功率,效率高低是次要问题,因而电路总是工作在 $R = r$ 附近,这种工作状态一般称为"阻抗匹配状态"。而在电力系统中,希望尽可能减少内部损失,提高供电效率,故要求 $R \gg r$。

1.2.2 电阻元件的串联、并联和混联电路

1. 电阻元件的串联计算及在汽车中的应用

一个串联电路由仅有一条电流通过的一个或多个电阻元件(如负载)的电路组成。如果电路中任何元件失效,整个电路将不能工作。来自电源正极的全部电流必须通过每一个电阻元

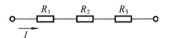

图 1-27 串联电路

件,然后回到电源的负极,如图 1-27 所示。

设总电压为 U,电流为 I,总功率为 P,串联电路的特征如下。

(1) 等效电阻为

$$R = R_1 + R_2 + \cdots + R_n \tag{1-34}$$

(2) 分压关系为

$$\frac{U_1}{R_1} = \frac{U_2}{R_2} = \cdots = \frac{U_n}{R_n} = \frac{U}{R} = I \tag{1-35}$$

(3) 功率分配关系为

$$\frac{P_1}{R_1} = \frac{P_2}{R_2} = \cdots = \frac{P_n}{R_n} = \frac{P}{R} = I^2 \tag{1-36}$$

特例:两只电阻元件 R_1、R_2 串联时,等效电阻 $R = R_1 + R_2$,则有分压公式

$$\begin{cases} U_1 = \dfrac{R_1}{R_1 + R_2} U \\ U_2 = \dfrac{R_2}{R_1 + R_2} U \end{cases} \tag{1-37}$$

在串联电路中,若一个用电装置出现故障,则整个串联电路将会受到影响。

例 1-5 有一盏额定电压为 $U_1 = 40$ V、额定电流为 $I = 5$ A 的电灯。应该怎样把它接入电压 $U = 220$ V 的照明电路中。

解 将电灯(电阻为 R_1)与一只分压电阻元件 R_2 串联后,接入 $U = 220$ V 电源上,如图 1-28 所示。

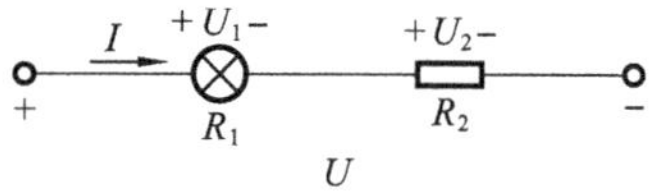

图 1-28 例 1-5 图

解法一:分压电阻元件 R_2 上的电压为

$U_2 = U - U_1 = (220 - 40)$ V $= 180$ V,且 $U_2 = R_2 I$,则

$$R_2 = \frac{U_2}{I} = \frac{180}{5} \ \Omega = 36 \ \Omega$$

解法二:利用两只电阻元件串联的分压公式 $U_1 = \dfrac{R_1}{R_1 + R_2} U$,且 $R_1 = \dfrac{U_1}{I} = 8 \ \Omega$,可得

$$R_2 = R_1 \frac{U - U_1}{U_1} = 36 \ \Omega$$

即将电灯与一只 36 Ω 分压电阻元件串联后,接入 $U = 220$ V 电源上即可。

例 1-6 在汽车多挡冷暖风机电路中,通过三个限流串联电阻元件实现电压分配,鼓风电动机能以 4 种挡位运转,如图 1-29 所示。

解 (1) 当调节开关处于"关"位置时鼓风电动机停止工作。

(2) 当调节开关处于低速挡位时:电流经三个电阻元件 R_{V1}、R_{V2}、R_{V3} 与鼓风电动机串联,实现低速运行。

(3) 当调节开关处于中速挡位时:电流经两个电阻元件 R_{V2}、R_{V3} 与鼓风电动机串联,实现中速运行。

(4) 当调节开关处于中-高速挡位时:电流经一个电阻元件 R_{V3} 鼓风电动机串联,实现中-高速运行。

(5) 当调节开关处于高速挡位时:电源电压全部加在鼓风电动机上,实现高速运行。

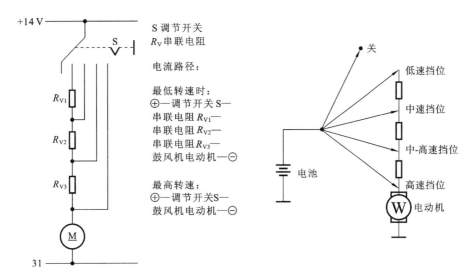

图 1-29 汽车多挡冷暖风机电路图

鼓风电动机是利用串联电阻元件分压调速原理来实现多挡调速的。

2. 电阻并联计算及在汽车中的应用

电阻元件的并联电路如图 1-30 所示。设总电流为 I,电压为 U,总功率为 P,并联电路的特征如下。

(1) 等效电导为

$$G=G_1+G_2+\cdots+G_n$$

即

$$\frac{1}{R}=\frac{1}{R_1}+\frac{1}{R_2}+\cdots+\frac{1}{R_n} \quad (1\text{-}38)$$

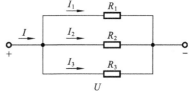

图 1-30 电阻的并联

(2) 分流关系为

$$R_1 I_1 = R_2 I_2 = \cdots = R_n I_n = RI = U \quad (1\text{-}39)$$

(3) 功率分配关系为

$$R_1 P_1 = R_2 P_2 = \cdots = R_n P_n = RP = U^2 \quad (1\text{-}40)$$

特例:两只电阻元件 R_1、R_2 并联时,等效电阻 $R=\dfrac{R_1 R_2}{R_1+R_2}$,则有分流公式

$$\begin{cases} I_1 = \dfrac{R_2}{R_1+R_2} I \\ I_2 = \dfrac{R_1}{R_1+R_2} I \end{cases} \quad (1\text{-}41)$$

并联电路的总电阻值总是小于阻值最小的单个电阻。在并联电路中,一个用电装置失灵并不影响其他用电装置的功能。大多数汽车电气系统接线是并联的。实际上,由若干串联电路组成的系统的接线是并联的。这样可使每一个系统能独立于其他系统工作。当某个系统开启或断开时,其他系统的操作不受影响。

例 1-7 如图 1-31 所示,电源供电电压 $U=220\text{ V}$,每根输电导线的电阻均为 $R_1=1\text{ }\Omega$,电路中一共并联 100 盏额定电压为 220 V、功率为 40 W 的电灯。假设电灯在工作(发光)时电阻

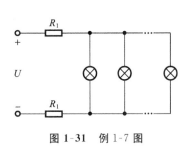

图 1-31 例 1-7 图

值为常数。试求:(1)当只有 10 盏电灯工作时,每盏电灯的电压 U_L 和功率 P_L;(2)当 100 盏电灯全部工作时,每盏电灯的电压 U_L 和功率 P_L。

解 每盏电灯的电阻为 $R=U^2/P=1\,210\,\Omega$,n 盏电灯并联后的等效电阻为 $R_n=R/n$。

根据分压公式,可得每盏电灯的电压

$$U_L = \frac{R_n}{2R_1+R_n}U$$

功率

$$P_L = \frac{U_L^2}{R}$$

(1)当只有 10 盏电灯工作时,即 $n=10$,则 $R_n=R/n=121\,\Omega$,因此

$$U_L = \frac{R_n}{2R_1+R_n}U \approx 216\text{ V}$$

$$P_L = \frac{U_L^2}{R} \approx 39\text{ W}$$

(2)当 100 盏电灯全部工作时,即 $n=100$,则 $R_n=R/n=12.1\,\Omega$,因此

$$U_L = \frac{R_n}{2R_1+R_n}U \approx 189\text{ V}$$

$$P_L = \frac{U_L^2}{R} \approx 29\text{ W}$$

例 1-8 如图 1-32 所示,分析汽车照明灯电路图。

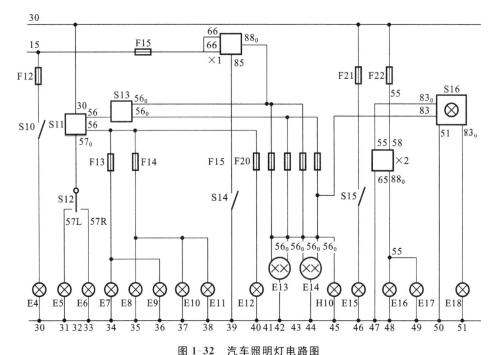

图 1-32 汽车照明灯电路图

解 每一盏汽车照明灯串联一个熔断器(起保护作用),以并联方式连接在汽车电路中,各盏汽车照明灯彼此独立工作,互不影响。

3. 电阻元件的混联

在电阻电路中,既有电阻元件的串联关系,又有电阻元件的并联关系,这称为电阻元件的混联。下面对混联电路的分析和计算举例说明。

例 1-9 图 1-33(a)所示为电阻元件的混联电路。已知每一电阻元件的阻值 $R=10\ \Omega$,电动势 $E=6\ V$,电源内阻 $r=0.5\ \Omega$。求电路上的总电流 I。

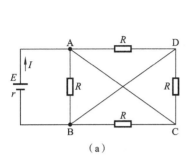
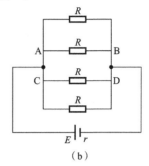

图 1-33 例 1-9 题图
(a) 例 1-9 题电路图　(b) 例 1-9 题等效电路图

解 图 1-33(a)中 A 点与 C 点等电位,B 点与 D 点等电位,因此,$U_{AB}=U_{AD}=U_{CB}=U_{CD}$,即四个电阻元件的两端电压都相等,故画出如图 1-33(b)所示的等效电路图。

$$I=\frac{E}{\dfrac{R}{4}+r}=2\ \text{A}$$

由上分析与计算可以看出,混联电路分析与计算的一般步骤如下。

步骤 1 对电路进行等效变换,也就是把不容易看清串、并联关系的电路,整理、简化成容易看清串、并联关系的电路,必要时重新画出串、并联关系明确的电路图。

步骤 2 先计算各电阻元件串联和并联的等效电阻值,再计算电路总的等效电阻。

步骤 3 根据全电路的欧姆定律,电路的电动势和电路总的等效电阻的关系来计算电路的总电流。

步骤 4 根据电阻元件串联的分压公式和电阻元件并联的分流公式,逐步推算出各部分的电压和电流。

1.2.3 电位的计算

1. 电位与电压的关系

电位是电场力把单位正电荷从某点移到参考点所做的功。移动的是单位正电荷,因此电位与所移动电荷带电量无关,从而得出结论:电位具有相对性,与所移动电荷的电量无关,仅与"某点"的位置有关,反映电场具有能的性质。

电位参考点的选择方法如下。

(1) 在工程中常选大地作为电位参考点。

(2) 在电子线路中,常选一条特定的公共线或机壳作为电位参考点。

在电路中,通常用符号"⊥"标出电位参考点。在汽车电路中,通常用汽车车身和发动机等金属体作为公用线,并与蓄电池负极相连接,视其为电路中的参考零点,也就是常说的"搭铁"。

将电位与电压进行比较,可以得出电场中某点的电位就是该点到参考点之间的电压。电路中各点电位的高低是相对的,与所设零参考点有关,电位比零参考点高的一些点,它们的电位为正值;电位比零参考点低的一些点,它们的电位为负值。而电压是两点之间的电位之差,可先分别把两点对参考点的电位分别确定后,再计算电压。

2. 电位的计算步骤

步骤1 任选电路中某一点为参考点,设其电位为零。

步骤2 标出各支路电流参考方向并计算。

步骤3 计算各点至参考点间的电压即为各点的电位。

从被求点开始通过一定的路径绕到电位参考点,则该点的电位等于此路径上所有电压降的代数和:电阻元件电压降写成$\pm RI$形式,当电流I的参考方向与路径绕行方向一致时,选取"+"号;反之,则选取"−"号。电源电动势写成$\pm E$形式,当电动势的方向与路径绕行方向一致时,选取"−"号;反之,则选取"+"号。

例1-10 如图1-34所示,分别以b和a作参考点,求图示电路中各点的电位:V_a、V_b、V_c、V_d及电压U_{ab}、U_{cb}、U_{db}、U_{ba}。

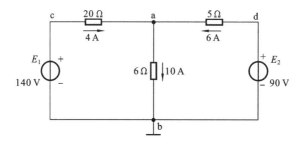

图1-34 例1-10题图

解 (1)如图1-34所示设以b为参考点,则$V_b=0$。

$$V_a=U_{ab}=10\times 6 \text{ V}=60 \text{ V} \quad V_c=U_{cb}=E_1=140 \text{ V} \quad V_d=U_{db}=E_2=-90 \text{ V}$$

$$U_{ba}=V_b-V_a=(0-60) \text{ V}=-60 \text{ V} \quad U_{ab}=V_a-V_b=60 \text{ V}$$

(2)设以a为参考点,则$V_a=0$,同理计算

$$V_b=U_{ba}=-10\times 6 \text{ V}=-60 \text{ V} \quad V_c=U_{ca}=4\times 20 \text{ V}=80 \text{ V} \quad V_d=U_{da}=6\times 5 \text{ V}=30 \text{ V}$$

$$U_{ab}=V_a-V_b=60 \text{ V} \quad U_{cb}=E_1=V_c-V_b=140 \text{ V} \quad U_{db}=V_d-V_b=(30-(-60)) \text{ V}=90 \text{ V}$$

$$U_{ba}=V_b-V_a=-60 \text{ V}$$

把例题1-10的计算结果填入表1-24中。

表1-24 各点电位与两点之间电压的数值

参考点	各点电位				两点之间的电压			
	V_a/V	V_b/V	V_c/V	V_d/V	U_{ab}/V	U_{cb}/V	U_{db}/V	U_{ba}/V
b	60	0	140	−90	60	140	−90	−60
a	0	−60	80	30	60	140	90	−60

由表1-24数据分析结论如下。

(1) 参考点的选择位置是任意的,在电路中只能选择一个参考点,参考点的电位为零。

(2) 电位数值是相对的,参考点选择的不同,电路中各点的电位也将随之改变。

(3) 由表 1-24 数值可以看出,以 b 为参考点时,电路中各点电位比以 a 为参考点时,电路中各相应点电位的数值都增加(或减少)相同的数值(本例题为各相应点电位的数值增加 60 V),由于电路中任意两点之间的电压数值等于两点电位之差,因此两点之间的电压不随参考点选取的不同而变化,即与零电位参考点的选取无关。

(4) 任意两点之间的电压等于这两点的电位差。

(5) 电压 $U_{ab}=V_a-V_b$ 与电压 $U_{ba}=V_b-V_a$ 不同,二者方向不同,电压数值互为相反数。

(6) 电位、电压的数值与选择的计算路径无关。

(7) 借助电位的概念可以简化电路作图,图 1-34 例 1-10 题图可以简化为图 1-35 所示等效电路图。

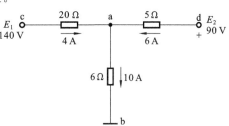

图 1-35 例 1-10 题电路图的简化画法

1.2.4 电路的状态

1. 电路的状态

电路的工作状态有三种:通路状态、断路(或开路)状态和短路状态。如图 1-36 所示。

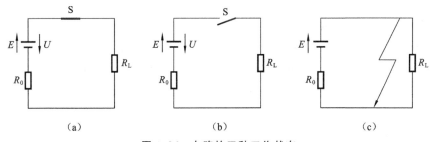

图 1-36 电路的三种工作状态
(a) 通路 (b) 断路 (c) 短路

1. 通路状态

要使电气设备工作正常,就应当使电气设备在额定电压下工作,而且当电气设备中通过的电流达到额定电流时,这种工作状态称为额定工作状态。电气设备工作在额定状态时是最经济合理安全可靠的,能够保证电气设备有一定的使用寿命。如标有"220 V,100 W"的灯泡,在使用时不能接在 380 V 的电源上,否则就可能被烧坏。如图 1-36(a)所示,开关 S 合上以后,若负载 R_L 两端的电压为额定电压,流过的电流为额定电流,则电路处在额定工作状态。由于电源电压经常波动,电气设备在实际使用时,故电流和功率不一定等于额定值。

2. 断路(或开路)状态

断路是指电源与负载没有构成闭合回路,在图 1-36(b)所示电路中,当开关 S 断开,电路就处于断路状态,此时外电路电阻可视为无穷大,因此电路特征:电路中的电流为零,即 $I=0$,$U=E$。

在汽车电路中,开路往往是导线接头因填料不足导致接触不良,如图 1-37(a)所示。

(a)　　　　　　　　　　　　　　(b)

图1-37　汽车电路中的开路、短路现象

3．短路状态

短路是指电源未经负载而直接由导线接通构成闭合回路(或当电源两端由于某种原因而被短接时)，如图1-36(c)所示，此时电路处于短路状态，负载的端电压为零，即$U=0$。

电源短路电流为最大，即$I_S=E/R_0$。

由于电源的内阻R_0都很小，所以I_S很大，大大超过额定值，造成电源及线路毁坏，甚至引发火灾事故。造成短路的原因主要有：绝缘损坏或接线不当。为了防止短路造成电气设备的损坏，可在电源输出接入熔断器和自动断路器，在出现短路故障时快速切断电源，方可避免重大事故出现。如图1-37(b)所示为汽车接触器的短路现象。

1.2.5　惠斯通电桥及其在汽车中的应用

1．惠斯通电桥的结构

惠斯通电桥是一种专门用来测量中等数值电阻值的精密测量仪器。图1-38所示为惠斯通电桥的原理图，图中待测电阻R_x和R_0、R_1、R_2四个电阻连成一个四边形，每一条边称为电桥的一个臂。检流计G连通的C、D称为"桥"。其中R_x称被测臂，R_1、R_2构成比例臂，R_0称比较臂。

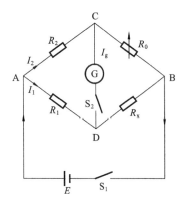

图1-38　惠斯通电桥

2．工作原理

惠斯通电桥由两个简单的串联电路组成的一种电路。通常，三个电阻元件中的电阻值完全相同，而第四个是待测电阻元件。当A、B端接上直流电源时，电桥上的检流计用来检测其间有无电流及比较"桥"两端(即C、D端)的电位大小。

当全部电阻元件的电阻值相同时，电桥是平衡的，即$V_C=V_D$。当电路中的电阻元件R_x由于某些因素使其数值发生变化时，$V_C \neq V_D$，检流计G有指示，即有电流通过。

3．工作过程

当接通按钮开关S_1、S_2后，调节标准电阻R_1、R_2、R_0，使检流计G的指示为零，即$I_g=0$，这时直流电桥处于平衡状态。

电桥平衡时，$I_g=0$，表明电桥两端C、D的电位相等，平衡条件：

$$R_x=\frac{R_1}{R_2}R_0 \qquad (1\text{-}42)$$

表明:被测电阻值　　　　$R_x=$ 比例臂倍率×比较臂读数

4. 直流电桥在汽车电路中的应用

直流电桥是用来测量电气设备直流电阻值或与电阻元件有一定函数关系的比较仪器。对中等数值($10^1\sim10^6$ Ω)电阻的测量,用直流单臂电桥(也称惠斯通电桥);对 10 Ω 以下小电阻(如变压器电压分接开关的接触电阻、油开关或其他电气设备的接触电阻)的测量,用双臂电桥(也叫凯尔文电桥)。本任务只分析前者——直流单臂电桥(惠斯通电桥)。

例 1-11　分析图 1-38 所示直流电桥,简述其工作原理,并证明电桥平衡条件。

解　图中待测电阻 R_x 与 R_0、R_1、R_2 四个电阻联成一个四边形,每一条边称为电桥的一个臂。检流计 G 连通的 C、D 两端称为"桥"。当 A、B 端加上直流电源时,桥上的检流计用来检测其间有无电流及比较"桥"两端(即 C、D 端)的电位大小。

调节 R_0、R_1、R_2,可使 C、D 两点的电位相等,检流计 G 指针为零,此时,电桥达到平衡。电桥平衡时,根据分压原理:

$$U_{AC}=U_{AD}\quad U_{CB}=U_{DB}$$

即

$$I_2R_2=I_1R_1 \qquad ①$$

$$I_0R_0=I_xR_x \qquad ②$$

因为 G 中无电流,即 $I_g=0$,所以

$$I_2=I_0\quad I_1=I_x$$

上两式相除,即②/①,得

$$\frac{R_0}{R_2}=\frac{R_x}{R_1}\quad 即 \quad R_x=\frac{R_1}{R_2}R_0$$

【任务实施】

任务名称	电阻性电路故障的检查	
任务目标	1. 学会用电压表(或万用表的电压挡)分析与检查电路故障 2. 学会用电阻表(或万用表的电阻挡)分析与检查电路故障	
设备器材	面包板及连接线(或电工实验台上)、万用表、直流稳压电源	
实操内容、步骤与方法	1. 电阻性电路实验的测试 (1)搭接电路　图 1-39 所示为电阻性实验电路,已知 $E=6$ V,$R_1=R_3=R_4=120$ Ω,$R_2=240$ Ω,按要求在面包板上或电工实验台上搭接电路,直至电路工作正常为止。 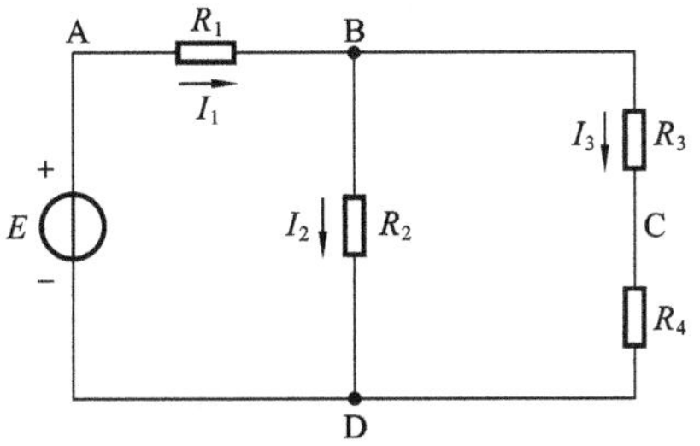 图 1-39　电阻性实验电路	检查记录

(2) 电路常态测试。

① 以 D 为参考点,用万用表的直流电压挡测图 1-39 所示电路中 A、B、C 三点的电位 V_A、V_B、V_C 及电压 U_{AB}、U_{BC}、U_{BD},测量结果填入表 1-25 中。

表 1-25 电位与电压的测量(以 D 为参考点)

电路状态	V_A/V	V_B/V	V_C/V	U_{AB}/V	U_{BC}/V	U_{BD}/V
工作正常						
B、D 短接						

② 用万用表的电流挡分别测电流 I_1、I_2、I_3,测量结果填入表 1-26 中。

表 1-26 电流的测量

电路状态	I_1/mA	I_2/mA	I_3/mA
工作正常			
B、D 短接			

③ 切断电源,用万用表的电阻挡分别测 B、D 和 B、C 两点之间的等效电阻值 R_{BD} 和 R_{BC},测量结果填入表 1-27 中。

表 1-27 电阻值的测量

序号	电路状态	R_{BD}/Ω	R_{BC}/Ω
1	切断电源,正常情况下		
2	C 点断开状态		
3	B、D 两点短接后		

(3)"断路故障"电路测试。

① 设置"断路故障"。断开图 1-39 所示电路中的 C 点,把靠近电阻元件 R_3 的一端称 C′,把靠近电阻元件 R_4 的一端称 C″。用万用表的电压挡测电路中 A、B、C′、C″四点的电位 V_A、V_B、$V_{C'}$、$V_{C''}$ 及电压 U_{AB}、$U_{BC'}$,测量结果填入表 1-28 中。

表 1-28 "断路故障"时电位与电压的测量(以 D 为参考点)

电路状态	V_A/V	V_B/V	$V_{C'}$/V	$V_{C''}$/V	U_{AB}/V	U_{BC}/V
C 点断开						

② 切断电源,用万用表的电阻挡分别测 B、D 和 B、C 两点之间的等效电阻值 R_{BD} 和 R_{BC},测量结果填入表 1-27。

(4)"短路故障"电路测试。

① 设置"短路故障"。将电路中的 B、D 两点短接,用万用表的电压挡测电路中 A、B、C 三点的电位 V_A、V_B、V_C 及电压 U_{AB}、U_{BC}、U_{BD},测量结果填入表 1-25 中。

② 用万用表直流电流挡分别测电流 I_1、I_2、I_3,测量结果填入表 1-26 中。

③ 切断电源,用万用表的电阻挡分别测 B、D 和 B、C 两点之间的等效电阻值 R_{BD} 和 R_{BC},测量结果填入表 1-27 中。

续表

实操内容、步骤与方法	提示：B、D短接后，B、C、D三点的电位都为零，支路电流 I_2、I_3 也为零。 2. 点火线圈的测试 （1）测试一次绕组是否存在故障（短路或断路）。 万用表选择在"R×1"电阻挡，万用表连接在一次绕组接线柱上，测量值填入表1-29中。 ① 读数为无穷大，表明一次绕组有断路。 ② 如果读数低于规定值，表明一次绕组短路。 大多数一次绕组电阻值为 $0.5\sim2\ \Omega$，必须把测得的读数与产品说明书提供的精确值相比较。 （2）测试二次绕组是否存在故障（短路或断路）。 万用表选择在"R×1 KΩ"电阻挡，万用表连接在二次绕组接线柱上，测量值填入表1-29中。 ① 读数为无穷大，表明二次绕组断路。 ② 如果读数低于规定值，表明二次绕组短路。 大多数二次绕组电阻值为 $8\ 000\sim20\ 000\ \Omega$，必须把测得的读数与产品说明书提供的规定值相比较。 表1-29 点火线圈绕组的电阻值测量 | 点火线圈绕组的检测 | 一次绕组的电阻 | 二次绕组的电阻 | | --- | --- | --- | | 电阻的测量值/Ω | | | | 故障判断 | | | 3. 总结 对于电阻性电路，检查故障的一般性方法如下。 （1）用电阻表（或万用表电阻挡）检查故障。首先切断电路的电源，用万用表电阻挡测量电阻的方法检查各元件引线及导线连接点是否断开，电路有无短路。如遇复杂电路时，可以断开一部分电路后再分别进行检查。 （2）用电压表（或万用表电压挡）检查故障。首先检查电源电压是否正常，如果电源电压是正常的，再逐步测量电位或逐段测量电压降，查出故障的位置和原因。 （3）用电流表（或万用表的电流挡）检查故障。可用电流表测支路中有无电流，以此来判断该支路是否发生了断路。
任务总结	

【任务拓展】

1. 想一想

（1）电路的三种状态的特点是什么？

（2）两点之间电压的数值与这两点电位数值有什么关系？电压、电位数值随着电路中的参考点变化如何变化？

（3）电路中的电位如何计算？

（4）电路中两点的电压等于两点的_____之差。电路中某点的电位就等于该点与_____之间的_____。电路中的各点_____是相对量，随参考点的改变而改变，但电路中两点之间的_____是绝对量，不随参考点的改变而改变。

（5）电路中两点的电压等于两点的_____之差。电路中某点的电位就等于该点与_____之间的_____。若电路中的 a 和 b 两点的电位分别是 V_a 和 V_b，则 a 和 b 两点间的电压 $U_{ab}=$_____；$U_{ba}=$_____。

（6）用万用表测量电阻元件的电阻时，把万用表表笔_____接在待测电阻元件两端；用万用表测量电压时，把万用表表笔_____接在待测元件两端；用万用表测量电流时，把万用表表笔_____接在待测电路中。

2. 做一做

（1）怎样用万用表查找检测电阻性电路故障？

（2）汽车鼓风机多挡调速是如何实现的？

任务1.3　复杂电路的分析与检测

【任务描述】

以欧姆定律和基尔霍夫定律内容为基础，寻求不同电路的分析方法，其中支路电流法是最基本的、直接应用基尔霍夫定律求解电路的方法，电压源与电流源的等效变换是化简复杂直流电路为简单电路的有效方法，叠加定理阐明了线性电路的叠加性和齐次性，戴维南定理在求解复杂直流电路中某一条支路的电压或电流时则显得十分方便。利用电子电路仿真软件 Multisim 10.1 进行仿真实验验证，进一步加强对定理、定律的理解和应用。

【任务分析】

1. 知识目标

（1）掌握求解复杂直流电路的基本方法即基尔霍夫定律。

（2）熟练掌握两种电源的等效变换简化电路的计算方法。

（3）掌握叠加定理和戴维南定理的应用。

（4）掌握电子电路仿真软件 Multisim 10.1 的应用。

2. 能力目标

（1）能够利用电子电路仿真软件 Multisim 10.1 进行电路的验证，使同学们加强对基尔霍夫定律、叠加定理和戴维南定理的进一步理解和应用。

（2）通过对电子电路仿真软件 Multisim 10.1 的使用,进一步熟悉电阻、电压、电流的测量,掌握虚拟仪器、仪表的使用,为实操训练打下坚实的基础。

【知识准备】

1.3.1 电压源与电流源及其等效变换

在电源中,能够独立向外电路提供电能的电源称为独立源,电压源和电流源属于独立源。不能向外电路提供电能的电源称为受控源,受控源也称为非独立源,受控电压源的电压和受控电流源的电流并不独立存在,而是受电路中其他部分支路电压或电流控制。本部分重点讨论电压源、电流源及其等效变换问题。

1. 电压源

电压源分为理想电压源(恒压源)和实际电压源两类。理想电压源如图 1-40(a)所示,基本特性是其电动势（或两端电压）保持固定不变 E,输出电压与外电路无关,内阻为零。实际电压源如图 1-40(b)所示,其输出的电流与外电路有关。实际电压源简称电压源,是含有一定内阻 r_0 的电压源。

实际应用时,电压源不允许短路使用。

图 1-40 电压源模型

2. 电流源

电流源分为理想电流源(恒流源)和实际电流源两类。理想电流源如图 1-41(a)所示,基本特性是其所输出的电流固定不变(I_S),输出电流与外电路无关,内阻为无穷大。实际电流源如图 1-41(b)所示,其两端电压与外电路有关。实际电流源简称电流源,是含有一定内阻 r_S 的电流源。

实际应用时,电流源不允许开始使用。

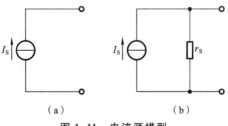

图 1-41 电流源模型

3. 两种实际电源模型之间的等效变换

实际电源可用一个理想电压源 E 和一个电阻 r_0 串联的电路模型表示,其输出电压 U 与输出电流 I 之间关系为

$$U = E - r_0 I$$

实际电源也可用一个理想电流源 I_S 和一个电阻 r_S 并联的电路模型表示,其输出电压 U 与输出电流 I 之间关系为

$$U = r_S I_S - r_S I$$

对外电路来说,实际电压源和实际电流源是相互等效的,等效变换条件是

$$\begin{cases} r_0 = r_S \\ E = r_S I_S \end{cases} \quad \text{或} \quad I_S = \frac{E}{r_0} \tag{1-43}$$

例 1-12 如图 1-42 所示的电路,已知电源电动势 $E = 6$ V,内阻 $r_0 = 0.2$ Ω。当接上 $R = 5.8$ Ω 负载时,分别用电压源模型和电流源模型计算负载消耗的功率和内阻消耗的功率。

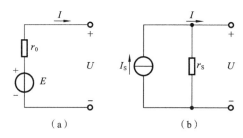

图 1-42 例 1-12 图

解 (1) 用电压源模型计算。

$$I = \frac{E}{r_0 + R} = 1 \text{ A}$$

负载消耗的功率 $P_L = I^2 R = 5.8$ W,内阻的功率

$$P_r = I^2 r_0 = 0.2 \text{ W}$$

(2) 用电流源模型计算。

电流源的电流 $I_S = E/r_0 = 30$ A,内阻

$$r_S = r_0 = 0.2 \text{ Ω}$$

负载中的电流
$$I = \frac{r_S}{r_S + R} I_S = 1 \text{ A}$$

负载消耗的功率
$$P_L = I^2 R = 5.8 \text{ W}$$

内阻中的电流
$$I_r = \frac{R}{r_S + R} I_S = 29 \text{ A}$$

内阻的功率
$$P_r = I_r^2 r_S = 168.2 \text{ W}$$

两种计算方法对负载等效,对电源内部不等效。理想电压源和理想电流源之间不能等效变换。

例 1-13 如图 1-43(a)所示的电路,已知:$E_1 = 12$ V,$E_2 = 6$ V,$R_1 = 3$ Ω,$R_2 = 6$ Ω,$R_3 = 10$ Ω。试应用电源等效变换法求电阻 R_3 中的电流。

解 (1) 先将两个电压源等效变换成两个电流源,如图 1-43(b)所示,两个电流源的电流分别为

$$I_{S1} = E_1/R_1 = 4 \text{ A} \quad I_{S2} = E_2/R_2 = 1 \text{ A}$$

(2) 将两个电流源合并为一个电流源,得到最简等效电路,如图 1-43(c)所示。等效电流源的电流

$$I_S = I_{S1} - I_{S2} = 3 \text{ A}$$

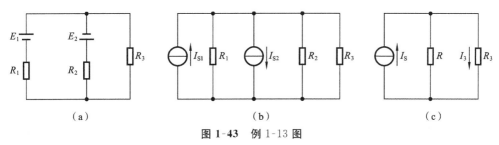

图 1-43 例 1-13 图

(a) 电路图 (b) 两个电压源等效成两个电流源 (c) 最简等效电路

其等效内阻为

$$R = R_1 /\!/ R_2 = 2 \ \Omega$$

(3) R_3 中的电流为

$$I_3 = \frac{R}{R_3 + R} I_S = 0.5 \ \text{A}$$

1.3.2 基尔霍夫定律

1. 常用电路名词

以图 1-44 所示的电路为例,说明常用电路名词。

(1) 支路 电路中具有两个端钮且通过同一电流的无分支电路。图 1-44 所示电路中的 ED、AB、FC 均为支路,该电路的支路数目为 $b=3$。

(2) 节点 电路中三条或三条以上支路的连接点。图 1-44 所示电路的节点为 A、B 两点,该电路的节点数目为 $n=2$。

(3) 回路 电路中任一闭合的路径。图 1-44 所示电路中的 CDEFC、AFCBA、EABDE 路径均为回路,该电路的回路数目为 $l=3$。

(4) 网孔 不含有分支的闭合回路。如图 1-44 所示电路中的 AFCBA、EABDE 回路均为网孔,该电路的网孔数目为 $m=2$。

(5) 网络 在电路分析范围内,网络是指包含较多元件的电路。

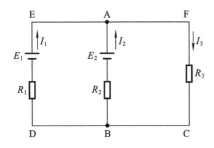

图 1-44 常用电路名词的说明

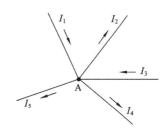

图 1-45 电流定律的举例说明

2. 基尔霍夫电流定律

(1) 基尔霍夫电流定律(KCL)的内容与公式 基尔霍夫电流定律(节点电流定律)的第一种表述:在任何时刻,电路中流入任一节点中的电流之和,恒等于从该节点流出的电流之和,即

$$\sum I_{流入} = \sum I_{流出} \tag{1-44}$$

如图 1-45 所示，在节点 A 上有
$$I_1 + I_3 = I_2 + I_4 + I_5$$

基尔霍夫电流定律的第二种表述：在任何时刻，电路中任一节点上的各支路电流代数和恒等于零，即

$$\sum I = 0 \qquad (1-45)$$

注意：在流入节点的电流前面取"+"号，在流出节点的电流前面取"－"号，反之亦可。

（2）使用基尔霍夫电流定律的注意事项如下。

① 对于含有 n 个节点的电路，只能列出 $(n-1)$ 个独立的电流方程。

② 列节点电流方程时，只需考虑电流的参考方向，然后再带入电流的数值。

为分析电路的方便，通常需要在所研究的一段电路中事先选定（即假定）电流的参考方向，通常用"→"号表示。电流的实际方向可根据数值的正、负来判断，当 $I>0$ 时，表明电流的实际方向与所标定的参考方向一致；当 $I<0$ 时，则表明电流的实际方向与所标定的参考方向相反。

（3）基尔霍夫电流定律的应用举例。

① 推广应用于广义节点　对于电路中任意假设的封闭面来说，电流定律仍然成立。在图 1-46(a)所示的电路中，对于封闭面 S 来说，可以看成一个"节点"，有

$$I_1 + I_2 = I_3$$

② 对于网络（电路）之间的电流关系，仍然可由电流定律判定。在图 1-46(b)所示的电路中，流入电路 B 中的电流必等于从该电路中流出的电流。

③ 若两个网络之间只有一根导线相连，那么这根导线中一定没有电流通过。

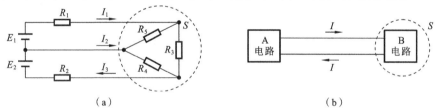

图 1-46　基尔霍夫电流定律的应用举例
(a) 电流定律的应用举例①　(b) 电流定律的应用举例②

（4）由于电流具有连续性，因此基尔霍夫电流定律实质是遵循电荷守恒定律的，即对于任何一个节点或封闭面来说，它不可能存储电荷。

例 1-14　图 1-47 所示为电桥电路，已知 $I_1=25\ \text{mA}$，$I_3=16\ \text{mA}$，$I_4=12\ \text{A}$。试求其余电阻中的电流 I_2、I_5、I_6。

解　在节点 a 上：$I_1 = I_2 + I_3$，　则 $I_2 = I_1 - I_3 = (25-16)\ \text{mA} = 9\ \text{mA}$

在节点 d 上：$I_1 = I_4 + I_5$，　则 $I_5 = I_1 - I_4 = (25-12)\ \text{mA} = 13\ \text{mA}$

在节点 b 上：$I_2 = I_6 + I_5$，　则 $I_6 = I_2 - I_5 = (9-13)\ \text{mA} = -4\ \text{mA}$

电流 I_2 与 I_5 均为正数，表明它们的实际方向与图 1-47 中所标定的参考方向相同，I_6 为负数，表明它的实际方向与图 1-47 中所标定的参考方向相反。

3. 基尔霍夫电压定律

（1）基尔霍夫电压定律（KVL）的内容与公式　基尔霍夫电压定律（回路电压定律）：在任何时刻，沿着电路中的任一回路绕行方向，回路中各段电压的代数和恒等于零，即

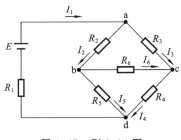
图 1-47 例 1-14 图

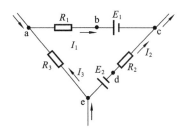
图 1-48 电压定律的举例说明

$$\sum U = 0 \tag{1-46}$$

以图 1-48 所示电路说明基尔霍夫电压定律。沿着回路 abcdea 绕行方向,有

$$U_{ac}=U_{ab}+U_{bc}=R_1I_1+E_1 \quad U_{ce}=U_{cd}+U_{de}=-R_2I_2-E_2 \quad U_{ea}=R_3I_3$$

则
$$U_{ac}+U_{ce}+U_{ea}=0$$

即
$$R_1I_1+E_1-R_2I_2-E_2+R_3I_3=0$$

上式也可写成

$$R_1I_1-R_2I_2+R_3I_3=-E_1+E_2$$

对于电阻电路来说,任何时刻,在任一闭合回路中,各段电阻上的电压降代数和等于各电源电动势的代数和,即

$$\sum RI = \sum E \tag{1-47}$$

(2) 利用 $\sum RI = \sum E$ 列回路电压方程的原则。

① 标出各支路电流的参考方向并选择回路绕向(既可沿着顺时针方向绕行,也可沿着反时针方向绕行)。

② 电阻元件的端电压为 $\pm RI$,当电流 I 的参考方向与回路绕行方向一致时,选取"+"号;反之,选取"-"号。

③ 电源电动势为 $\pm E$,当电源电动势的标定方向与回路绕行方向一致时,选取"+"号,反之选取"-"号。

(3) 基尔霍夫电压定律可推广应用于假想回路。

(4) 基尔霍夫电压定律是能量守恒定律运用在电路的结果,实质是能量守恒定律在电路中的体现。

4. 支路电流法

以各支路电流为未知量,应用基尔霍夫定律列出节点电流方程和回路电压方程,解出各支路电流,从而可确定各支路(或各元件)的电压及功率,这种解决电路问题的方法称为支路电流法。对于具有 b 条支路、n 个节点的电路,可列出 $(n-1)$ 个独立的电流方程和 $b-(n-1)$ 个独立的电压方程。

例 1-15 如图 1-49 所示电路,已知 $E_1=42$ V,$E_2=21$ V,$R_1=12$ Ω,$R_2=3$ Ω,$R_3=6$ Ω。试求:各支路电流 I_1、I_2、I_3。

解 该电路支路数 $b=3$,节点数 $n=2$,可以列出 1 个节点电流方程和 2 个回路电压方程,并按照 $\sum RI = \sum E$ 列回路电压方程的方法。

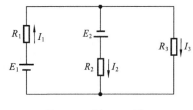
图 1-49 例 1-15 图

(1) $\qquad I_1 = I_2 + I_3$ （任一节点）
(2) $\qquad R_1 I_1 + R_2 I_2 = E_1 + E_2$ （网孔 1）
(3) $\qquad R_3 I_3 - R_2 I_2 = -E_2$ （网孔 2）

代入已知数据，解得

$$I_1 = 4 \text{ A} \quad I_2 = 5 \text{ A} \quad I_3 = -1 \text{ A}$$

电流 I_1 与 I_2 均为正数，表明它们的实际方向与图中所标定的参考方向相同，I_3 为负数，表明它们的实际方向与图中所标定的参考方向相反。

1.3.3 叠加定理

1. 叠加定理的内容

当线性电路中有几个电源共同作用时，各支路的电流（或电压）等于各个电源分别单独作用时在该支路产生的电流（或电压）的代数和（叠加）。

使用叠加定理分析计算电路时应注意以下几点。

（1）叠加定理只适合用于由独立电源和线性元件组成的线性电路（即电路中的元件均为线性元件）的支路电流或电压的计算（不能直接进行功率的叠加计算）。

（2）电压源不作用时应视为短路，电流源不作用时应视为开路。

（3）叠加时要注意电流或电压的参考方向，正确选取各分量的正、负符号。

2. 线性电路的性质

线性电路除了具有叠加性质外，还具有齐次性。在含有多个独立电源组成的线性电路中，如果所有电阻数值和连接方式保持不变，当所有独立电源同时增减相同的倍数时，各支路的电压或电流将同步增减相同的倍数，这称为线性电路的齐次性。

3. 应用举例

例 1-16 如图 1-50(a)所示电路，已知 $E_1 = 17$ V，$E_2 = 17$ V，$R_1 = 2$ Ω，$R_2 = 1$ Ω，$R_3 = 5$ Ω。试应用叠加定理求各支路电流 I_1、I_2、I_3；如果 $E_1 = E_2 = 51$ V 时，各支路电流数值如何变化？

解 （1）当电源 E_1 单独作用时，将 E_2 视为短路，如图 1-50(b)所示。设

$$R_{23} = R_2 // R_3 = 0.83 \text{ Ω}$$

$$I_1' = \frac{E_1}{R_1 + R_{23}} = \frac{17}{2.83} \text{ A} = 6 \text{ A}$$

则

$$I_2' = \frac{R_3}{R_2 + R_3} I_1' = 5 \text{ A}$$

$$I_3' = \frac{R_2}{R_2 + R_3} I_1' = 1 \text{ A}$$

（2）当电源 E_2 单独作用时，将 E_1 视为短路，如图 1-50(c)所示。设

$$R_{13} = R_1 // R_3 = 1.43 \text{ Ω}$$

$$I_2'' = \frac{E_2}{R_2 + R_{13}} = \frac{17}{2.43} \text{ A} = 7 \text{ A}$$

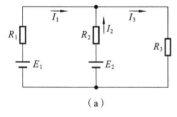

(a)

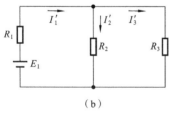

(b)

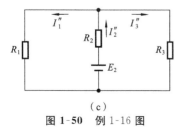

(c)

图 1-50 例 1-16 图

则
$$I''_1 = \frac{R_3}{R_1+R_3}I''_2 = 5 \text{ A}$$

$$I''_3 = \frac{R_1}{R_1+R_3}I''_2 = 2 \text{ A}$$

(3) 当电源 E_1、E_2 共同作用时(叠加),若各电流分量与原电路电流参考方向相同时,在电流分量前面选取"+"号;反之,则选取"-"号。此时有

$$I_1 = I'_1 - I''_1 = 1 \text{ A} \quad I_2 = -I'_2 + I''_2 = 1 \text{ A} \quad I_3 = I'_3 + I''_3 = 3 \text{ A}$$

(4) 根据线性电路的齐次性性质,如果 $E_1 = E_2 = 51$ V 时,各支路电流数值将同步变化为各相应支路电流数值的 3 倍,即

$$I_1 = 3 \text{ A} \quad I_2 = 31 \text{ A} \quad I_3 = 9 \text{ A}$$

1.3.4 戴维南定理

1. 二端网络的有关概念

(1) 二端网络 具有两个引出端与外电路相连的网络,又称一端口网络。
(2) 无源二端网络 内部不含有电源的二端网络。
(3) 有源二端网络 内部含有电源的二端网络。

2. 戴维南定理

戴维南定理:对外电路来说,任何一个线性有源二端电阻网络总可以用一个电压源 E_0 与一个电阻 r_0 相串联的电压源模型来替代。电压源的电动势 E_0 等于该二端网络的开路电压,电阻 r_0 等于该二端网络中所有电源不作用时(即令电压源短路、电流源开路)的等效电阻(称为该二端网络的等效内阻)。该定理又称为等效电压源定理。

例 1-17 如图 1-51(a)所示电路,已知 $E_1 = 7$ V,$E_2 = 6.2$ V,$R_1 = R_2 = 0.2$ Ω,$R = 3.2$ Ω。试应用戴维南定理求电阻 R 中的电流 I。

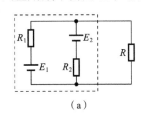 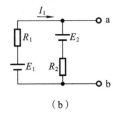 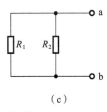 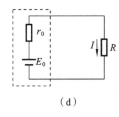

(a) (b) (c) (d)

图 1-51 例 1-17 图

(a) 电路图 (b) 求开路电压 U_{ab} (c) 求等效电阻 R_{ab} (d) 求电阻 R 中的电流 I

解 (1) 将 R 所在支路开路,如图 1-51(b)所示,求开路电压 U_{ab}。

$$I_1 = \frac{E_1-E_2}{R_1+R_2} = \frac{0.8}{0.4} \text{ A} = 2 \text{ A} \quad U_{ab} = E_2 + R_2 I_1 = (6.2+0.4) \text{ V} = 6.6 \text{ V} = E_0$$

(2) 将电压源短路,如图 1-51(c)所示,求等效电阻 R_{ab}。

$$R_{ab} = R_1 // R_2 = 0.1 \text{ Ω} = r_0$$

(3) 画出戴维南等效电路,如图 1-51(d)所示,求电阻 R 中的电流 I。

$$I = \frac{E_0}{r_0+R} = \frac{6.6}{3.3} \text{ A} = 2 \text{ A}$$

例 1-18 如图 1-52(a)所示的电路,已知 $E = 8$ V,$R_1 = 3$ Ω,$R_2 = 5$ Ω,$R_3 = R_4 = 4$ Ω,$R_5 = 0.125$ Ω。试应用戴维南定理求电阻 R_5 中的电流 I。

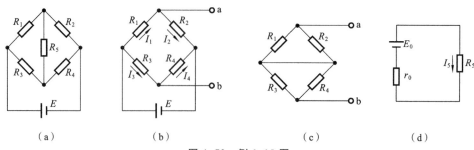

图 1-52 例 1-18 图

(a) 电路图 (b) 求开路电压 U_{ab} (c) 求等效电阻 R_{ab} (d) 求电阻 R_5 中的电流 I

解 （1）将 R_5 所在支路开路，如图 1-52(b)所示，求开路电压 U_{ab}。

$$I_1 = I_2 = \frac{E}{R_1 + R_2} = 1 \text{ A} \quad I_3 = I_4 = \frac{E}{R_3 + R_4} = 1 \text{ A}$$

$$U_{ab} = R_2 I_2 - R_4 I_4 = (5 - 4) \text{ V} = 1 \text{ V} = E_0$$

（2）将电压源短路，如图 1-52(c)所示，求等效电阻 R_{ab}。

$$R_{ab} = (R_1 // R_2) + (R_3 // R_4) = (1.875 + 2) \text{ Ω} = 3.875 \text{ Ω} = r_0$$

（3）根据戴维南定理画出等效电路，如图 1-52(d)所示，求出电阻 R_5 中的电流。

$$I_5 = \frac{E_0}{r_0 + R_5} = \frac{1}{4} \text{ A} = 0.25 \text{ A}$$

【任务实施】

1. 基尔霍夫定律的验证

任务名称	基尔霍夫定律的验证	
任务目标	1. 进一步熟练掌握仿真软件 Multisim 10.1 的基本操作 2. 利用仿真软件 Multisim 10.1 验证基尔霍夫定律，进一步理解定律的内容及应用	
设备器材	计算机、电子电路仿真软件 Multisim 10.1	
实操内容、步骤与方法	1. 基尔霍夫电流定律的仿真验证 （1）打开软件，调出所需元件　单击电子仿真软件 Multisim 10.1 基本界面，在软件中调出所需电阻元件及电流表、直流电源及地线。 （2）连接，电路如图 1-53 所示，进行仿真测试。 **图 1-53 基尔霍夫电流定律的仿真实验电路**	检查记录

(3) 改变电源 V1、V2 的数值,记录电流表 I1、I2、I3 的数值,填入表 1-30 中。

表 1-30 基尔霍夫电流定律验证数据表

V1/V	V2/V	I1/A	I2/A	I3/A	$\sum I$

2. 基尔霍夫电压定律的仿真验证

(1) 单击电子仿真软件 Multisim 10.1 基本界面,在软件中调出所需元件及电压表。

(2) 连接,电路如图 1-54 所示。

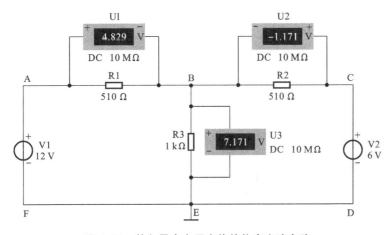

图 1-54 基尔霍夫电压定律的仿真实验电路

(3) 开启仿真开关,进行仿真测试。改变电源 U1、U2 的数值,观察电压表 U1、U2、U3 的数值,填入表 1-31 中。

表 1-31 基尔霍夫电压定律验证数据表

回路 ABEFA	U_{AB}/V	U_{BE}/V	U_{FA}/V	$\sum U$
仿真数据				
回路 AFEBA	U_{BA}/V	U_{EB}/V	U_{AF}/V	$\sum U$
仿真数据				
回路 BCDEB	U_{BC}/V	U_{CD}/V	U_{EB}/V	$\sum U$
仿真数据				

3. 实训结果分析

(1) 对图 1-53 所示电路中的节点 A,说明三条支路电流 I1、I2、I3 之间的关系。

(2) 通过实验数据,分析图 1-54 所示电路中回路 ABCDEFA 中 U_{AB}、U_{BC}、U_{CD}、U_{FA} 各量之间的关系。

续表

任务总结	

2. 叠加定理的验证

任务名称	叠加定理的验证	
任务目标	1. 进一步熟练掌握仿真软件 Multisim 10.1 的基本操作 2. 利用仿真软件 Multisim 10.1 验证叠加定理,进一步理解该定理的内容及应用	
设备器材	计算机、电子电路仿真软件 Multisim 10.1	
实操内容、步骤与方法	（1）将调出元件连接,电路如图1-55所示,力求仿真线路布局合理、美观大方。 （2）开启仿真开关,进行仿真测试。 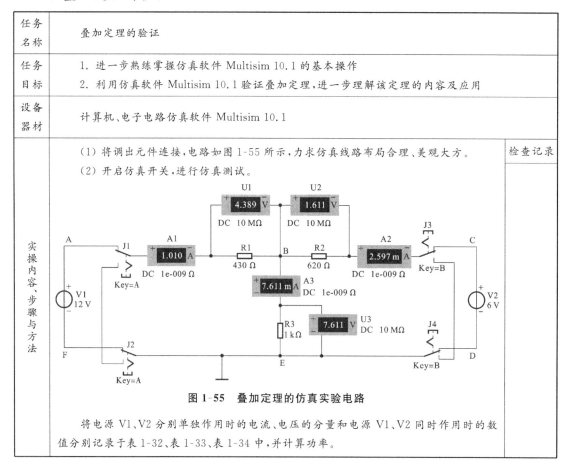 图1-55 叠加定理的仿真实验电路 将电源V1、V2分别单独作用时的电流、电压的分量和电源V1、V2同时作用时的数值分别记录于表1-32、表1-33、表1-34中,并计算功率。	检查记录

续表

实操内容、步骤与方法

表1-32　叠加定理的仿真验证数据表

V1/V	V2/V	A1/A	A2/A	A3/A	U1/V	U2/V	U3/V	P_3/W
12	0							
0	6							
12	6							

表1-33　叠加定理的仿真验证数据表

V1/V	V2/V	A1/A	A2/A	A3/A	U1/V	U2/V	U3/V	P_3/W
24	0							
0	12							
24	12							

表1-34　叠加定理的仿真验证数据表

V1/V	V2/V	A1/A	A2/A	A3/A	U1/V	U2/V	U3/V	P_3/W
6	0							
0	3							
6	3							

(3) 实训结果分析。

① 由表1-32、表1-33、表1-34中数据，分析每种情况下总量与分量的关系。

② 分析、对比表1-32、表1-33、表1-34所有的数据，当叠加定理验证电路图中所有独立电源同时增减相同的倍数，电路中所有电阻数值和位置保持不变时，各相应支路的电流和电压如何变化？

③ 在叠加定理电路中，若把其中一个电阻用二极管取代，叠加定理的齐次性和叠加性是否成立？

④ 从表中的数据分析叠加定理是否适用功率的叠加计算？

任务总结

【任务拓展】

1. 想一想

（1）电源包括_____和_____两种。恒流源与内电阻元件并联为_____,恒压源与内电阻元件串联为_____。如果电压源内阻为_____,电源将提供_____,则称为恒压源;如果电流源内阻为_____,电源将提供_____,则称为恒流源。电压源和电流源的等效变换是对_____等效。

（2）基尔霍夫电流定律的表达式为_____,基尔霍夫电压定律的表达式为_____。

（3）根据戴维南定理,任意一个线性有源的二端网络,对外都可以用_____和_____串联来等效替代。

（4）应用戴维南定理求含源二端网络的输入等效电阻是将网络内各电动势_____。

（5）叠加定理适用于_____电路电压和电流的叠加计算。

2. 做一做

（1）根据基尔霍夫定律,求图1-56所示电路中的电流 I_1 和 I_2。

（2）已知电路如图1-57所示,其中 $E_1=30$ V, $E_2=130$ V, $R_1=5$ Ω, $R_2=R_3=10$ Ω。试用支路电流法求 R_1、R_2 和 R_3 三个电阻元件上的电压。

（3）利用叠加原理或电源等效变换的方法,求图1-58电路中的电流 I_3。

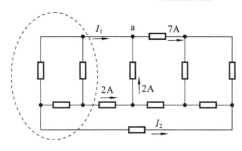

图1-56 题(1)图

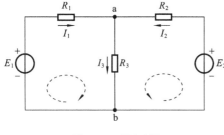

图1-57 题(2)图

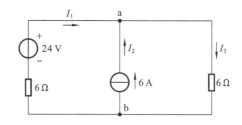

图1-58 题(3)图

（4）应用等效电源的变换,化简图1-59所示的各电路。

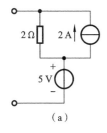 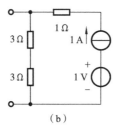 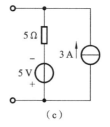 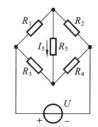

(a)　　　　　　　(b)　　　　　　　(c)

图1-59 题(4)图　　　　　　　　　　　图1-60 题(5)图

（5）如图1-60所示,已知: $R_1=20$ Ω, $R_2=30$ Ω, $R_3=30$ Ω, $R_4=20$ Ω, $U=10$ V。利用戴维南定理计算:当 $R_5=16$ Ω 时, I_5 为多少。

项目1 直流电路的分析与检测

任务1.4 汽车电路的识读与检测

【任务描述】

了解常用汽车电路图中的元器件符号,了解汽车电路原理图、电路线路图、电路定位图和电路方框图。通过对汽车除霜器电路、汽车转向灯电路的识读与检测,加深对汽车电路图的理解。

【任务分析】

1. 知识目标

(1) 汽车电路的特点。

(2) 汽车电路的类型。

(3) 汽车电路识读的基本方法。

2. 能力目标

(1) 会识读与检测汽车除霜器电路。

(2) 会识读与检测汽车转向灯电路。

【知识准备】

1.4.1 汽车电路的特点及类型

1. 汽车电路组成

自汽车问世100多年来,汽车的发展给整个世界和人类的生活带来了巨大的变化,汽车技术也取得了令人瞩目的进步。汽车电气设备是汽车的重要组成部分。随着汽车技术的进步,汽车电气设备的结构与性能也在不断改进,特别是电子技术在汽车上的广泛应用,在解决汽车节能降耗、行车安全、减少排放污染等方面起着越来越重要的作用。

20世纪60年代以后,随着电子技术的进步,汽车上开始采用电子设备,主要标志是交流发电机,采用二极管整流技术,将交流电变为直流电,减小了发电机的质量和体积,提高了发电机的可靠性。之后,又用电子电压调节器替代了传统的触点式电压调节器,使发电机的输出电压更加稳定,并减少了维护的工作量。

汽车电路主要包含电源系统、各种用电设备、中间装置(线束、各种开关),它们是汽车电路的基本组成部分,如图1-61所示。

由于现代汽车所采用的电控系统越来越多,所占的比重越来越大,且汽车电控系统往往都自成系统,将电子控制与机械装置相结合,形成了较为典型的机电一体化系统。

2. 汽车电路图的分类

1) 汽车电路图

汽车电路图是将汽车各电器部件的图形符号通过导线连接在一起的关系图,可分为电路线路图、原理图、定位图和方框图等。尽管不同车型的电路图风格各异,但汽车电路图的符号目前的标准沿用德国标准:DIN EN 60617—××—××××;DIN 72552—1971;DIN EN

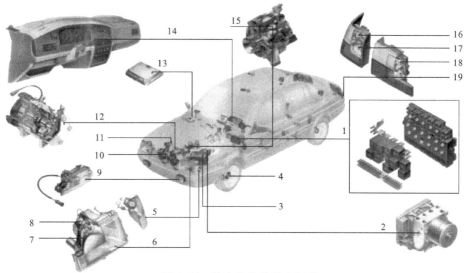

图 1-61 汽车电路的基本组成

1—熔丝和继电器盒；2—ABS 控制单元；3—蓄电池；4—车轮转速传感器用于 ABS 系统控制；5—转向灯；6—前照灯；
7—驻车灯；8—前照灯；9—前雾灯；10—发动机散热器风扇；11—双音喇叭；12—空调压缩机；
13—发动机计算机；14—仪表盘；15—交流发电机；16—后转向灯；17—制动灯；18—倒车灯；19—后雾灯

60445—2007。

汽车电路图能够详细描述整个电路及其电气设备。绘制电路图的主要目的是便于分析每个电路的功能。

2）汽车电路线路图

汽车电路线路图表达了各个电器在车上的大致布局，图左侧表示汽车的前部，图右侧表示汽车的尾部，各电器以实物轮廓图表示。导线分布大体上与车上的实际位置、走向相同。电路线路图完整地表达了整车的电器及线路连接，但不能清晰、方便地反映各电气系统的工作原理，且识读所需的时间较长。

3）汽车电路原理图

汽车电路原理图是用图形符号按工作顺序或功能布局绘制的，详细了解电气元件间的相互控制关系和工作原理，不考虑实际位置的简图，具有电路清晰、简单、明了，便于理解电路原理的特点。下面结合汽车除霜器电路（见图 1-62），分析汽车电路原理图的特点。

（1）通过电气符号表达各电气元件　一般通过这些符号可了解该电气元件的基本结构和作用。

（2）图中建立起电位高低的概念　电源线在图上方，接地线在图下方，电流方向自上而下。电路较少迂回曲折，电路图中电气元件串、并联关系十分清楚，电路图易识读。

（3）各电气元件不再按各自在车上的安装位置布局，而是依据工作原理，在图中合理布局，是各系统处于相对独立的位置，从而易于对各用电设备进行单独的电路分析。

（4）各电器旁边通常标注有电气元件名称及代码（如控制器件、继电器、过载保护器、用电装置、铰接点及接地点等）。

（5）电路原理图中所有开关及用电器均处于不工作的状态，例如点火开关是断开的，发动机不工作，车灯关闭等。

（6）导线一般标注有颜色和规格代码，有的车型还标注有该导线所属电气系统的代码。

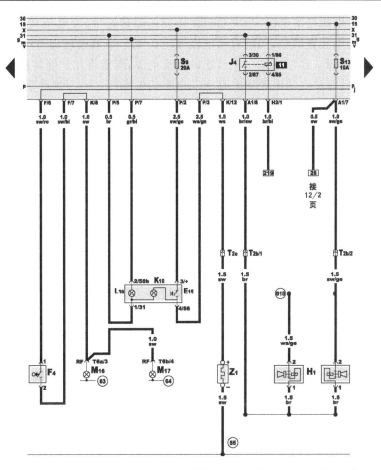

图 1-62　高尔夫/捷达汽车后窗玻璃除霜器电路原理图

根据以上标注,易于对照定位图找到该电气元件或导线在车上的位置。

4) 汽车电路定位图

汽车电路定位图用于指示各电气元件及导线的具体位置。一般采用绘制的立体图或实物照片的形式,立体感强,能直观、清晰地反映电气元件在汽车上的实际位置,具有很高的实用价值。

目前,大多数汽车制造厂商采用了电路原理图结合定位图的表达方式。为便于结合两类图,大多数车型的电路图还附有表格,指出电路图上的电气元件、导线等在哪一张定位图上。

5) 汽车电路方框图

汽车电路方框图是将一个完整的汽车电路划分成若干部分,各个部分用方框表示,每一方框再用文字或符号说明功能,各方框之间用线条连接起来,用以表明各部分的相互关系。不必画出电气元件和它们之间的具体连接情况。方框图是为说明电路的工作原理服务的。总之,电路原理图是分析电器系统工作原理以及维修电气系统的最基本、最实用的资料。

3. 汽车电路特点

汽车电路一方面具有一般电路的共性,也是由电源、用电装置、开关、熔断器及导线连接而成的。另一方面又有自己的特殊性,具有以下几个特点。

1) 两个电源

两个电源是指蓄电池和发电机两个供电电源。蓄电池是辅助电源,在汽车未运转时向有关用电设备供电;发电机是主电源,当发动机运转到一定转速后,发电机转速达到规定的发电转速,开始向有关用电装置供电,同时对蓄电池充电。汽车中发电机与蓄电池并联,所以才组成完整汽车电路的电源。蓄电池是一个可逆的直流电源,既能将化学能转换为电能,也能将电能转换为化学能。具有独立的电源回路是汽车电路的特殊性之一。两者联系是发动机靠启动机启动,而启动机的电源是蓄电池,当蓄电池的电能消耗完后又必须用直流电进行充电,所以说,汽车电气系统为直流系统。

2) 低压直流供电

汽车电气设备采用低压直流供电,即12 V和24 V两种。目前汽油车普遍采用12 V,柴油车普遍采用24 V。

3) 单线制

汽车上所有用电装置都是并联的,电源到用电设备只用一根导线连接,而将汽车的金属机体作为公共回路,这种连接方式称为单线制。由于单线制节省导线,线路清晰,安装与检修方便,并且用电装置无需与车体绝缘,因此现代汽车广泛采用单线制;但在一些不能形成可靠的电气回路或需要精确电子信号的回路时采用双线制。

4) 负极接地(搭铁)

负极接地是指采用单线制时,将蓄电池的一个电极用导线连接到车架(发动机或底盘等金属车体)上。若蓄电池的负极连接到金属车体上,称为"负极搭铁"(接地);反之,若蓄电池的正极连接到金属车体上,称为"正极搭铁"。目前各国生产的汽车基本上都采用"负极搭铁"方式。

5) 用电装置并联

所谓用电装置并联是指汽车上的各种用电设备都采用并联方式与电源连接,每个用电设备都由各自串联在其支路中的专用开关控制,互不产生干扰。

4. 汽车电气元件

汽车电气元件包括很多,但总结起来可以分为电源、配电装置、用电设备三大类。汽车电气元件符号如表1-35所示。

表1-35 常用电气元件简写表(一汽大众、奥迪)

符号	电器名称	符号	电器名称	符号	电器名称
A	蓄电池	J	继电器	T	线束插头
B	启动机	K	警报灯	U	点烟器/插座
C	发电机	L	照明灯	V	电动机/泵体
D	点火开关	M	照明灯	W	照明灯
D2	防盗线圈	N	阀体/触发器	X	牌照灯
E	电气开关	O	—	Y6	变速杆位置
F	触点开关	P	火花塞插头	Y7	防眩后视镜
G	传感器	Q	火花塞	Y8	时钟
H	蜂鸣器	R	扬声器/天线	Z	加热器
I	—	S	熔断器		

汽车电气设备按其功用大致可分为以下几个部分。

1）电源部分

电源部分包括蓄电池、发电机及调节器。其中发电机为主电源，当发电机工作时，由发电机向全车用电设备供电，同时给蓄电池充电；蓄电池的主要作用是启动发动机时向启动机供电，同时当发电机不工作时向用电设备供电；电压调节器的作用是使发电机的输出电压保持恒定。

2）用电装置

汽车上的用电装置很多，但基本的用电装置大致可分为启动机，点火系，照明与信号系统，仪表、报警与电子显示系统，安全与舒适系统及电子控制系统等部分。

（1）启动机 用来启动发动机。

（2）点火系 用来产生电火花，点燃汽油发动机气缸内的可燃混合气。汽车点火系主要可分为电子点火系与计算机控制点火系两大类。目前，在电控发动机汽车上已广泛使用计算机控制点火系，在部分化油器式发动机上使用电子点火系。

（3）照明与信号系统 照明装置包括车内外各种照明灯及提供夜间安全行驶必要的灯具，其中前照灯最为重要；信号装置包括电喇叭、闪光器、蜂鸣器及各种信号灯，主要用于提供安全行车所必需的信号。

（4）仪表、报警与电子显示系统 仪表包括机油压力表、冷却液温度表、燃油表、车速里程表等；报警装置及电子显示装置用来监测汽车各系统的工况，比仪表显示更方便、直观。

（5）安全与舒适系统 包括电动雨刮器、风窗洗涤器、空调、安全气囊、中控门锁系统、电动车窗、电动后视镜及电动座椅等。

（6）电子控制系统 包括电子控制的燃油喷射装置、点火装置、防抱死制动装置、安全气囊装置、自动变速器等。可用来提高汽车的动力性、经济性、安全性及达到排气净化的目的。

3）配电装置

配电装置包括中央接线盒、电路开关、插接器、导线和保护装置等。

（1）汽车电路常用的连接装置——导线。

汽车电路是由导线连接起来的，用电装置通过导线获取电源。导线以导线束形式集中铺设；子导线束连接到不同的电气和电子系统；子导线束、电气和电子元件通过插接器连接在一起。

随着现代汽车技术的不断发展，用电装置大量增加，正确选用和识别汽车导线，保证汽车行驶安全，已经变得越来越重要。不同的汽车电路，对导线的尺寸以及材料的要求也不一样，它们各自都有严格的规定。

按承受电压的高低，汽车电气设备的连接导线可分为高压导线和低压导线两种。低压导线按其用途分，又有普通低压导线和低压电缆线两种（这里主要介绍低压导线）。汽车充电系统、仪表、照明、信号及辅助电气设备，均使用普通低压导线；而启动机与蓄电池的连接线、蓄电池与车架的搭铁线等则采用低压电缆。高压导线主要用于点火线圈高压输出线及分电器盖至发动机各缸火花塞上的连接导线。

一些国家在汽车电路图中使用的导线色码标记对照如表1-36所示。

导线的颜色：随着汽车上使用的电器增多，导线数量也增多，为便于安装和检修，采用双色线。主色为基础色，辅色为环布导线的条色带或螺旋色带，且标注时主色在前，辅色在后。

表 1-36 一些国家在汽车电路图中的导线色码标记对照表

代号\颜色	英国	日本	美国	欧洲等国	代号\颜色	英国	日本	美国	欧洲等国
黑	B	B	BK	BK	灰	Gr	Gr	GY	GY
白	W	W	WT	WT	紫	V	V	PL	PL
红	R	R	RD	RD	橙	O	O	OG	OG
绿	G	G	GN	GN	粉	—	P	PK	PK
黄棕	Y	Y	YL	YL	浅蓝	L		LTBU	HBL
棕	Br	Br	BN	BN	浅绿	Lg		LTGn	HGN
蓝	Bl	—	BU	BU					

标注：导线的截面面积标注在色码标记前面，单位为毫米时不标注，如：1.25R 表示导线截面面积为 1.25 mm² 的红色导线；1.0 GY 表示导线截面面积为 1.0 mm² 的双色导线，主色为绿色，辅助色为黄棕色；如果导线截面面积为 0.5 mm² 时，不标注，即 R 表示导线截面面积为 0.5 mm² 红色导线。导线在汽车照明装置中的应用如表 1-37 所示。

表 1-37 照明装置导线标志色

导　　线	基本颜色/标志色
接地导线	棕色
总线端 15 电缆	黑色或黑色/色条
总线端 30 电缆	红色或红色/色条
蓄电池正极—远光灯瞬时接通开关	红色
远光灯瞬时接通开关—近光开关	白色/黑色
近光灯开关—远光灯	白色
远光灯瞬时接地开关—近光灯	黄色
左侧停车报警灯，尾灯	灰色/黑色
右侧停车报警灯，尾灯	灰色/红色

(2) 汽车电路中常用的保护装置。

① 汽车熔断器　熔断器俗称保险丝，也称保险管，在电路中起保护作用。当电路中流过的电流超过规定的最大电流时，熔断器的熔丝自身发热而熔断，切断电路，以防止烧坏电路连接导线和电器设备，把故障限制在最小范围内。熔断器的主要元件是由锌、锡、铅等金属组成的合金丝。熔断器属于"一次性保护装置"，每次过载都要更换。汽车上设有多个熔断器，常见的有玻璃管式、陶瓷体、缠丝式、插片式熔断器。

电气设备出现故障时，每次必须首先对熔断器进行直观检查。如果熔断器已熔断，必须换上一个额定电流相同的新熔断器；如果更换后熔断器再次熔断，则说明是电路其他电器设备或导线出现问题。

② 汽车断路器　断路器是当电流负荷超过用电设备额定容量时，将电路断开的一种可重

复使用的电路保护装置。断路器是一种热敏机械装置,它利用两种金属不同的热变形性质,能使触点开闭。断路器与熔断器不同,在电流中断后,因温度降低,触点能重新闭合,使电路恢复通电。有些断路器需手工恢复,有些则必须关闭电源才能复原。前照灯电路及电动座椅、门锁、车窗电路中常使用断路器。

③ 汽车易熔线 易熔线是另一种形式的保护装置,是为电流过大时熔化和断开电路而设计的导线,是一段标准的铜导线,是容量非常大的熔断器,主要用来保护电源电路和大电流电路,一般位于蓄电池和启动机或电器中心之间。

④ 汽车插接器 插接器是用于汽车电路线束之间的连接装置。插接器由插头和插座两部分组成。插头和插座均与各个线束端相连接,将插头插入相应的插座,即完成了线束之间的连接。插头的脚数与线束中导线条数

图 1-63 插接器

相同,不同的线束应选不同的插头。插脚的形式有矩形和圆形两种。图 1-63 所示为插接器的示意图。

为防止汽车行驶时插接器松脱,所有的插接器在结构上均有锁闭装置。需要拆开时,应先按下闭锁,使锁扣脱开,才能将其分开。

1.4.2 汽车电路识读的基本方法

由于各国汽车电路图的绘制方法、符号识别、文字和技术标准等不同,故各国汽车电路图有很大差异,甚至同一国家不同公司的汽车电路图也存在着较大的差异,这就给我们读图带来许多麻烦。想要完全读懂一种车型的整车电路图,特别是较复杂的进口轿车的电路图,并非是一件轻松的事。因此,掌握汽车电路读图的基本方法是十分必要的。

1. 汽车电路识读的基本方法

(1) 按整车电气系统的各功能及工作原理,把整车电气系统分成若干个独立的系统,分别进行分析。这样化整体为部分,可以有重点地进行分析。为了阅读方便,现在多数汽车的电路原理图是按独立电路进行绘制的。

(2) 在分析某个独立电路前,要清楚该电路中所包括的各部分的功能和作用、技术参数等。例如电路中的各种自动控制开关在什么条件下闭合或断开等。

(3) 在阅读电路图时,应掌握回路原则,即电路中工作电流是电源正极流出,经用电设备后流回电源负极;电路中只有当电流流过用电设备时,用电设备才能工作。

(4) 按操作开关的功能及不同工作状态来分析电路的工作原理。如点火系供电,点火开关应处于点火挡或启动挡。在标准画法的电路图中,开关总是处于零位,即开关处于断开状态;电子开关的状态则视具体情形而定。所说的电子开关主要包括晶体管及晶闸管等具有开关特性的电子元件。

(5) 阅读电路图时,把含有线圈和触点的继电器看成是由线圈工作的控制电路及触点工作的主电路两部分。主电路中的触点只有在线圈电路在中有工作电流流过后才能动作。在电路图中画出的继电器线圈处于失电状态。

（6）连接线图时，要正确判断接点标记、线型和色码标志。需指出的是，标记颜色的字母因母语不同而有区别，美国、日本及我国采用英文字母；德国采用德文字母；俄罗斯采用俄文字母。

（7）进口汽车一般只配有线路图，其原理图往往是进口以后有关人员为研究、使用与检修而收集和绘制的。由于这些图的来源不同，收集时间不同，以及符号、惯例变更等，在画法上可能出现差异，所以在读电路图时应注意这一点。

总之，掌握这些读图的基本方法，只是为读图打下一定基础，要快速准确地读图，还需要不断学习和实践。一般国产车的电路图都比较简单，而进口汽车的电路图则不然，需下一番工夫。

2. 汽车电路图的识读通用技巧

汽车上电气装置种类繁多，电气线路密集、纵横交错，如果不从电路原理上掌握其连线规律，则诊断电路故障就比较难。要排除汽车电气设备故障，必须读懂和掌握汽车电路图，尤其是初学者，更要学会如何识读汽车电路图。虽然不同汽车厂商的汽车电路图的绘制风格存在差异，给读图带来不便，但是汽车电路图的读识仍然存在一些通用技巧和经验可以遵循。

（1）认真读几遍图注　图注说明了该汽车所有电气设备的名称及其代号，通过读图注，可以初步了解该汽车都装配了哪些电气装置，然后通过电气装置的代号在电路图中找出该电气装置，再进一步找出相互连线及控制关系，这样就可以了解汽车电路的特点和构成。

（2）牢记电气元件图形符号　汽车电路图是利用电气元件图形符号来表示其构成和工作原理的。因此，必须牢记电气元件图形符号的含义，才能看懂电路原理图。对于电路线路图，由于电路中零部件或元器件多以其外形轮廓表示，因此对于这些外形轮廓的形状也应熟记。

（3）熟记电路标记符号　为了便于绘制和识读汽车电气电路图，有些电气装置或其接线柱等上面都赋予不同的标记符号。

（4）牢记汽车电路特点　① 单线制；② 负极搭铁；③ 用电装置并联。以上特点全部体现在电路图中，因此，电路读图时充分利用这些特点，能起到事半功倍的效果。

（5）牢记回路原则　任何一个完整的电路都是由电源、熔断器、开关、控制装置、用电装置、导线等组成。电流流向必须从电源正极出发，经过熔断器、开关、控制装置、导线等到达用电装置，再经过导线（或搭铁）回到电源负极，才能构成回路。

因此电路读图时，有以下三种思路。

思路一　沿着电路电流的流向，由电源正极出发，顺藤摸瓜，查到用电装置、开关、控制装置等回到电源负极。

思路二　逆着电路电流的方向，由电源负极（搭铁）开始，经过用电装置、开关、控制装置等回到电源正极。

思路三　由用电装置开始，以此查找其控制开关、连线、控制装置，到达电源正极和搭铁（或电源负极）。

实际应用时，可视具体电路选择不同思路，但有一点值得注意：随着电子控制技术在汽车上的广泛应用，大多数电气设备电路同时具有主回路和控制回路，读图时要兼顾这两个回路。

（6）浏览全图，分割各个电气系统　要读懂汽车电路图，首先必须掌握组成电路的各个元件的基本功能和电气特性。在大概掌握全图的基本原理的基础上，再把一个个单元电气系统分割开来，这样就容易抓住每一部分的主要功能及特性。

(7)熟记各局部电路的内在联系和之间的相互关系　识图时,不但要熟悉各局部电路的组成、特点、工作过程和电流流经的路径,还要了解各局部电路之间的联系和相互影响。这是迅速找出故障部位、排除故障的必要条件。

(8)掌握各种开关在电路中的作用　对于组合开关,实际线路是在一起的,而在电路图中又按其功能画在各自的局部电路中,遇到这种情况必须仔细识读。

(9)全面分析开关、继电器的初始状态和工作状态。

(10)掌握电气装置在电路图中的位置　在汽车电气系统中,有大量电气装置是机电合一的,如各种继电器,还有多层、多挡组合开关,这些电气装置在电路图上表示时,厂家为了使画法既简单(便于画图),又便于识读,多根据实际情况采用集中表示法或分开法来反映电路的连接情况。

(11)先易后难　有些汽车电路图的某些局部电路可能比较复杂,一时难以看懂,可以暂时将其放一放,待其他局部电路都看懂后,结合看懂图中与该电路有联系的有关信息,再来进一步识读这部分电路。

(12)注意搜集资料和积累经验　由于新的汽车电气设备不断地出现和应用在汽车上,汽车电路的变化很大。特别注意实际工作经验的积累和新技术、新工艺的应用。

为了今后学习汽车类电器专业知识,必须先了解汽车电路识读方法。通过图1-64所示的汽车电路图,了解汽车电路的识读方法。

1——三角箭头　表示接下一页电路图。

2——熔断器代号　图中S5表示该熔断器位于熔断器座第5号位,10 A。

3——继电器板上插头连接代号　表示多针或单针插头连接和导线的位置,例如D13表示多针插头连接D位置触点13。

4——接线端子代号　表示电器元件上接线端子数/多针插头连接触点号码。

5——元件代号　在电路图下方可以查到元件的名称。

6——元件的符号　可参见电路图符号说明

7——内部接线(细实线)　该接线并不是作为导线设置的,而是表示元件或导线束内部的电路。

8——指示内部接线的去向　字母表示内部接线在下一页电路图中与标有相同字母的内部接线相连。

9——接地点的代号　在电路图下方可查到该代号接地点在汽车上的位置。

10——线束内连接线的代号　在电路图下方可查到该不可拆式连接位于哪个导线束内。

11——插头连接　例如T8a/6表示8针a插头触点6。

12——附加熔断器符号　例如S123表示在中央电器附加继电器板上第123号位熔断器,10 A。

13——导线的颜色和截面积(单位:mm^2)

14——三角箭头　表示接续上一页电路图。

15——指示导线的去向　框内的数字指示导线连接到哪个接点编号。

16——继电器位置编号　表示继电器板上的继电器位置编号。

17——继电器板上的继电器或控制器接线代号　该代号表示继电器多针插头的各个触点。例如2/30,其中,2表示继电器板上2号位插口的触点2,30表示继电器/控制器上的触

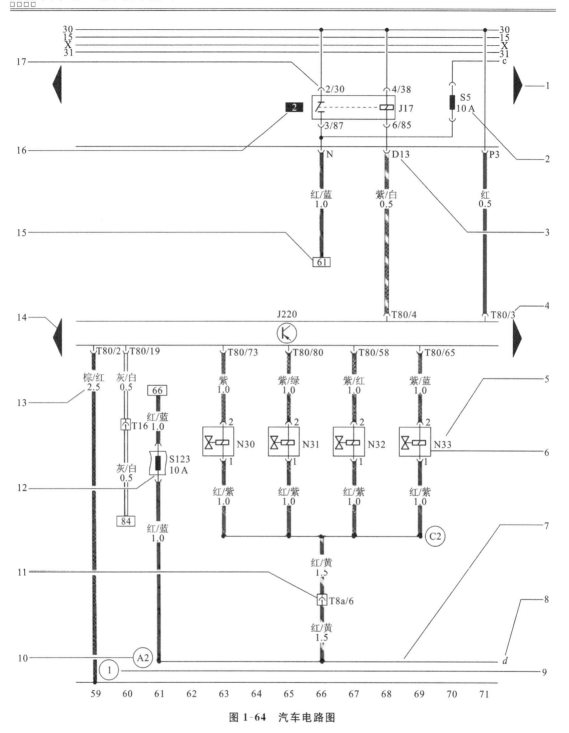

图 1-64 汽车电路图

点 30。

汽车电气线路的电源正极分成"30""15""X"三根火线,标有"31"导线为搭铁线(接地)。具体说明如下。

(1) 标有"30"的线——常火线,直接与蓄电池连接,其电压都等于电源电压(12~14 V)。在电路图中总线端 30 上始终带有蓄电池电压,其导线大多为红色或为带彩色条纹的红色。

项目 1　直流电路的分析与检测

（2）标有"15"的线——点火线，为小容量用电装置的电源正极。它受点火开关控制，只有在点火开关接通后，用电装置才能通电使用。

（3）标有"X"的线——卸荷线，为大容量用电装置的电源正极。只有点火开关打开后总线端 X 才通电。操纵启动机时总线端 X 断电。所有耗电量大的用电装置都接入这个电路中，例如近光灯和远光灯、风窗除霜器、空调系统的鼓风电动机等。

（4）标有"31"的线——搭铁线（接地导线），通常为棕色。

（5）最下方数字——电路编号，以便查找与其相连接处。

【任务实施】

任务 名称	汽车后窗除霜器电路的识读与检测	
任务 目标	1. 了解汽车后窗除霜器电路的组成和会识读汽车电路图 2. 利用仿真软件进行除霜器电路的测量，熟悉虚拟万用表的使用	
设备 器材	计算机，安装 Flash Player 插件	
实操内容、步骤与方法	1. 在仿真软件中熟悉汽车除霜器电路的组成 在较冷的季节，汽车车窗玻璃上会凝结上一层霜、雾、雪或冰，从而影响驾驶员的视线。为了避免水蒸气凝结，很多汽车都设置了除霜（雾）装置，需要时可以对风窗玻璃加热。除霜器电路主要由蓄电池、点火开关、熔丝、除霜器开关及指示灯和除霜器（电热丝）等几部分电路组成，如图 1-65 所示。 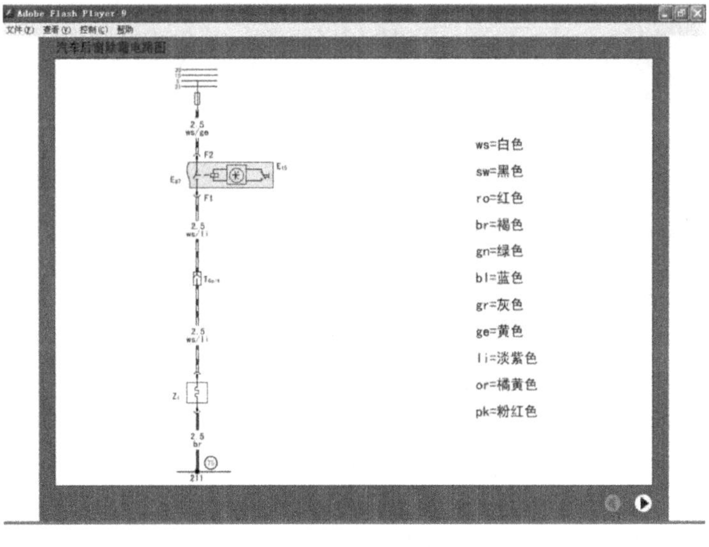 图 1-65　汽车后窗除霜器电路图 2. 仿真实训内容及步骤 （1）电路建模　实物与电路一一对应。除霜虚拟演示如图 1-66 所示。 接通除霜器开关，后窗玻璃在电热丝的作用下变热，将后窗的霜逐渐除去。 （2）用数字万用表进行电路仿真测量。 ① 直流电压的测量，如图 1-67 所示。	检查记录

实操内容、步骤与方法	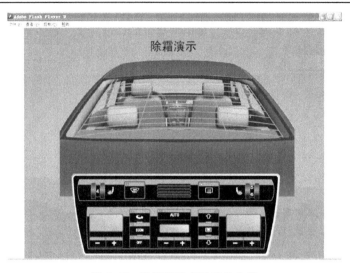 图1-66 除霜演示虚拟实物电路 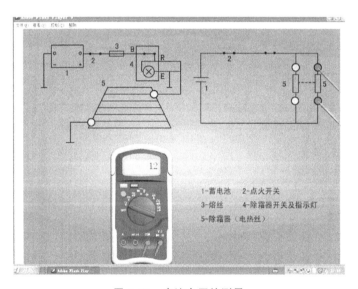 图1-67 直流电压的测量 ● 选择直流电压挡及相应的量程。 ● 红、黑表笔分别并接在蓄电池两端接线柱上。 ● 读数并标明单位。 同时闭合点火开关和除霜器开关,测量蓄电池的电压 $U=$ _____ V。 ② 电阻值的测量 断开点火开关和除霜器开关,分别进行单根电热丝电阻值的测量,如图1-68所示,$R=$ _____ Ω;多根电热丝并联电阻值的测量,如图1-69所示,$R=$ _____ Ω。 ● 断开开关,选择电阻挡及相应的量程。 ● 红、黑表笔并接在待测电热丝两端。 ● 读数并标明单位。

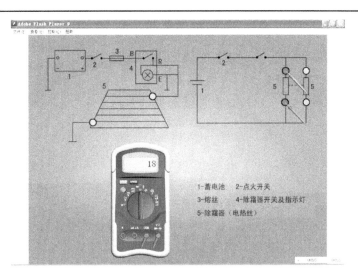

图1-68 单根电热丝电阻的测量

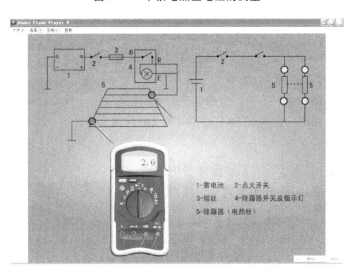

图1-69 多根电热丝电阻的测量

3．电路识读

(1) 在电路图中识别各种元件并与实物对照。

(2) 明确线号的意义及接线关系,见图1-65。

(3) 以大众、奥迪电路图为例,说明横坐标式电路图的识读方法。

4．实训结果分析

(1) 除霜器不除霜,除霜器有时工作有时不工作,如何诊断此类故障及排除?

(2) 后窗除霜器的某一根电热丝要是断了的话,是全部不能除霜了,还是仅仅是断了的那条电热丝部位局部不能除霜?

(3) 总结汽车电路的特点。

备注:本仿真实训是"汽车电工电子应用"课程组与上海景格汽车科技有限公司合作开发制作。具体内容详见仿真软件演示内容。

续表

任务总结	

【任务拓展】

1. 想一想

(1) 说明汽车电路的特点。

(2) 说明汽车电路图中"30""15""X"及"31"导线的含义。

2. 做一做

(1) 查找整车电路图,识读汽车后窗除霜器电路图。

(2) 查找整车电路图,识读汽车鼓风机电路图。

项目 2　交流电路的分析与检测

【项目导入】

正弦交流电是日常生活和科技领域中最常见、应用最广泛的一种电的形式。发电、输电系统及工农业生产和生活用电与正弦交流电息息相关。由于正弦交流电的大小和方向随时间不断变化,从而给分析和计算带来了麻烦。本项目主要介绍单相交流电路的分析与检测、三相交流电路的分析与检测以及安全用电知识。

任务 2.1　单相交流电路的分析与检测

【任务描述】

正确理解正弦交流电的三要素和表达方法,掌握 R-L-C 串、并联电路的特点和计算,通过日光灯电路的装接,学会使用交流电流表、交流电压表(包括万用表的交流电流挡和交流电压挡)和功率表,理解交流电路中电压与电流相位之间的关系,加深理解 R-L-C 正弦交流电路。

【任务分析】

1. 知识目标

(1) 理解正弦交流电的概念及其产生过程。

(2) 理解正弦交流电的三要素和表达方法,会比较同频率正弦交流电的相位关系。

(3) 掌握 R-L-C 串、并联电路的特点,学会分析和计算 R-L-C 串联交流电路。

(4) 理解改善电路功率因数的意义并掌握其测定方法。

(5) 掌握有功功率、无功功率及视在功率的计算。

2. 能力目标

(1) 能进行 R-L 电路——日光灯线路的测量。

(2) 能测定电路功率因数。

(3) 能使用万用表、示波器等测量工具。

(4) 能测量和分析转速传感器。

【知识准备】

2.1.1　交流电的基本概念

在正弦交流电路中,电压和电流的大小和方向按正弦函数规律变化,对这种按正弦规律变化的电压、电流统称为正弦交流电。

1. 正弦交流量的正方向

正弦交流电路中的电压、电流及电动势,其大小和方向均随时间变化,其表达式为

$$\begin{cases} e = E_m \sin(\omega t + \psi_e) \\ u = U_m \sin(\omega t + \psi_u) \\ i = I_m \sin(\omega t + \psi_i) \end{cases} \quad (2-1)$$

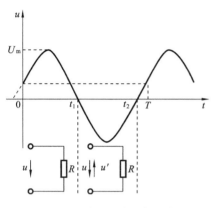

图 2-1 正弦量的波形与正方向

以 u 为例,其波形如图 2-1 所示。在 $0 \sim t_1$ 时间内,若其实际正方向与参考方向(箭头所标)相同,则在 $t_1 \sim t_2$ 时间内,其实际正方向 u' 与参考正方向相反。因此,在分析交流电路时,不同时刻的交流量比较是没有意义的,这也是其区别于直流电的基本特征。

2. 正弦交流电的三要素

式(2-1)是正弦交流量的瞬时值表达式,其中 E_m、U_m、I_m 称为正弦量的最大值或幅值;ω 称为角频率;ψ_e、ψ_u、ψ_i 称为初相位。如果已知幅值、角频率和初相位,则上述正弦量就能唯一地确定,所以称它们为正弦量的三要素。

1) 最大值、瞬时值、有效值

最大值反映了正弦量的变化幅度,又称幅值或峰值,规定用大写字母加下标 m 表示,如 E_m、I_m、U_m。

瞬时值是正弦量任一时刻的值,规定用小写字母表示,分别为 e、u、i。

通常所说的电压高低、电流大小或用电装置上的标称电压或电流指的是有效值。有效值是由交流电在电路中做功的效果来定义的。叙述为:交流电流 i 通过电阻 R 在一个周期 T 内产生的热量与直流电流 I 通过 R 在时间 T 内产生的热量相等时,这个直流电流 I 的数值称为交流电流的有效值。表达式为

$$I^2 RT = \int_0^T i^2 R dt$$

则有效值表达式为
$$I = \sqrt{\frac{1}{T} \int_0^T i^2 dt} \quad (2-2)$$

将式(2-1)的正弦量代入式(2-2),可得

$$\begin{cases} I = \dfrac{I_m}{\sqrt{2}} \\ U = \dfrac{U_m}{\sqrt{2}} \\ E = \dfrac{E_m}{\sqrt{2}} \end{cases} \quad (2-3)$$

可见,正弦交流量的最大值是其有效值的 $\sqrt{2}$ 倍,通常所说的交流电压 220 V 是指有效值,其最大值约为 311 V。

2) 周期、频率、角频率

反映交流电变化快慢的物理量是频率 f(或周期 T),即每秒钟变化的次数,单位为赫兹

(Hz)。而周期为其交变一次所需的时间,单位为秒(s)。它们是互为倒数的关系。国际上的电力系统的供电频率有 50Hz 和 60 Hz 两种,这种频率称为工业频率,简称工频。不同技术领域中的频率要求是不一样的。有的高达数千兆赫兹,称为高频交流信号。

而正弦交流量表达式中反映交流电变化快慢的特征量是角频率 ω,一般正弦波形图中的横轴常用 ωt 表示(见图 2-2),可见 $\omega T=2\pi$,则

$$\omega=\frac{2\pi}{T}=2\pi f \quad (2-4)$$

角频率的单位是弧度/秒(rad/s),它的含义是正弦量每秒变化的弧度数,或 2π 时间内交流量变化的周期数。它同样可以反映正弦量变化的快慢。(在交流发电机中,ω 又与发电机转动的角速度相联系。)

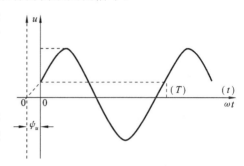

图 2-2 角频率与初相位的示意图

3)相位、初相位与相位差

任一瞬时的角度($\omega t+\psi$)称为正弦量的相位角或相位,它与交流量的瞬时值有关。$t=0$ 时的相位角 ψ 称为初相位角或初相位,它是正弦量初始值大小的标志,如

$$u_0=U_m\sin\psi_u$$

事实上,初相位的大小与我们讨论它时所取的计时起点有关,如果将图 2-2 中的计时起点左移到图中虚线处,则初相 $\psi_u=0$。当然,初相位不同,其起始值也就不同。

在一个正弦电路中,存在有两个以上的正弦信号时,一般不是同时达到最大值或零值的,即它们之间存在着不同相位的问题。相位差是用来描述它们之间的先后关系的,如

$$u=U_m\sin(\omega t+\psi_u)$$
$$i=I_m\sin(\omega t+\psi_i)$$

则它们的相位差为

$$\varphi=(\omega t+\psi_u)-(\omega t+\psi_i)=\psi_u-\psi_i \quad (2-5)$$

可见,同频正弦量的相位差也就是其初相位之差。

同频正弦量的相位差 φ 一般有以下三种情况。

(1) $\varphi=\psi_u-\psi_i>0$(小于 $180°$),即 $\psi_u>\psi_i$,这种情况为先 u 后 i,称为 u 领先,i 滞后,如图 2-3(a)所示(也可以哪个量先到最大值为参考来判别先后)。

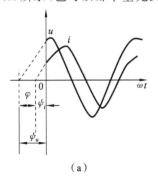 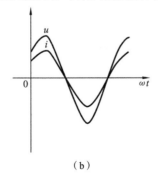 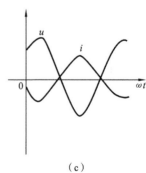

(a)　　　　　　　　　　(b)　　　　　　　　　　(c)

图 2-3 同频正弦量的相位差
(a) $\varphi>0$　(b) $\varphi=0$　(c) $\varphi=\pm\pi$

(2) $\varphi=\psi_u-\psi_i=0$，即 $\psi_u=\psi_i$，称为同相位，同相位时两个正弦量同时增，同时减，同时到最大值，同时过零，如图 2-3(b)所示。

(3) $\varphi=\psi_u-\psi_i=\pm\pi$ 称为反相位，如图 2-3(c)所示。

需要说明的是，虽然几个同频正弦量的相位都在随时间不停地变化，但它们之间的相位差不变，且与计时起点的选择无关。正是由于相位差的存在，使得交流电路中出现许多新的物理现象；同时也因相位差的存在，使得交流电路问题的分析和计算要比直流电路复杂，内容更丰富。

2.1.2 交流电的表示方法

用三角函数式或波形图来表达正弦量是最基本的表示方法，但要用其进行电路分析与计算却是比较烦琐的。由于在正弦交流电路中一般使用的都是同频正弦量，所以我们常用下面所述的相量图或相量表示式（复数符号法）进行分析与计算。这是电路理论中的基本表示方法。

1. 相量图

相量图是能够确切表达正弦量三要素的简捷图示法。可以由复平面内长为幅值、以角速度 ω 旋转的矢量来表示，如，正弦电压 $u=U_m\sin(\omega t+\psi_u)$ 便可表示为图 2-4(a)所示的旋转矢量。此矢量（大小为 U_m）以角速度 ω 在复平面内旋转时，任意时刻其矢端的纵坐标值与正弦波的瞬时值对应，其与实轴的夹角即相位 $\omega t+\psi_u$，为与空间矢量区别，我们约定用大写字母上加"·"表示。如图中的 $\dot{U}_m$。

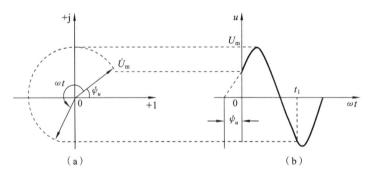

图 2-4 正弦量的相量图表示法

应用相量图分析正弦电压、电流问题时，由于这些正弦量的频率相同（即矢量的旋转速度相同），因而它们之间的相对位置在任何瞬间均不会改变。所以在分析时，只需将它们当做不动量来处理。这样不会影响分析的结果。此外，工程计算中多用其有效值衡量大小，故只需用有效值相量表示即可。如

$$u_1=U_{m1}\sin(\omega t+\psi_1) \quad u_2=U_{m2}\sin(\omega t+\psi_2)$$

则其相量图如图 2-5(a)所示，其中 $U_1=\dfrac{U_{m1}}{\sqrt{2}}$、$U_2=\dfrac{U_{m2}}{\sqrt{2}}$。若求电压 $u=u_1+u_2$，则其便为由 $\dot{U}_1$、$\dot{U}_2$ 构成的平行四边形的对角线。

如图 2-5(b)所示。显见，这样便可较方便地定出其和相量的有效值与初相位。且可表示为

$$\dot{U} = \dot{U}_1 + \dot{U}_2 \tag{2-6}$$

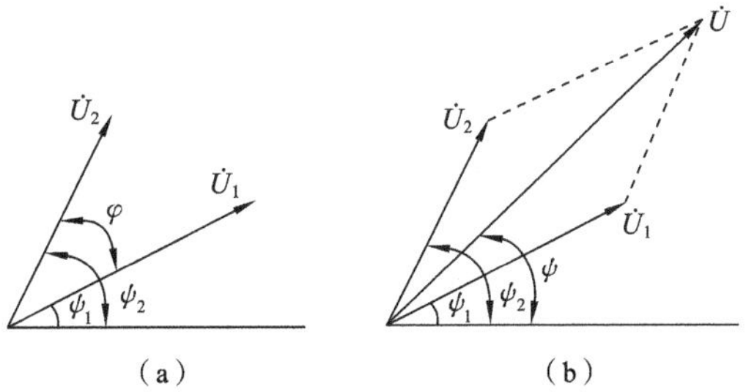

图 2-5 同频率正弦量的相量图与相量和

当然,由相量图的计算结果变为正弦量,只需将其值乘以 $\sqrt{2}$,加上旋转因子 ωt 便为其确切的正弦表达,即

$$u = \sqrt{2}U\sin(\omega t + \psi)$$

2. 相量表达式(复数符号法)

用画相量图的方法可以清楚地表示所讨论的各正弦量间的相互关系,也可通过作相量图求得所需结果,但在实际使用时由于作图精度的限制,特别是分析复杂电路时还是比较困难的。而相量的数学表达——复数符号法才是分析交流电路的一般方法。

若将图 2-4(a)中的相量用复数表示,则

$$\dot{U}_m = |\dot{U}_m| e^{j(\omega t + \psi_u)}$$

根据欧拉公式,有

$$U_m e^{j(\omega t + \psi_u)} = U_m \cos(\omega t + \psi_u) + jU_m \sin(\omega t + \psi_u) \tag{2-7}$$

显见其虚部恰为我们所研究的正弦量,即

$$u = U_m \sin(\omega t + \psi_u) = \text{Im}[U_m e^{j(\omega t + \psi_u)}] \tag{2-8}$$

对于同频正弦量,ωt 可免写,则其有效值相量可表示为

$$\begin{cases} \dot{U} = U e^{j\psi_u} = U \angle \psi_u \\ \dot{I} = I e^{j\psi_i} = I \angle \psi_i \\ \dot{E} = E e^{j\psi_e} = E \angle \psi_e \end{cases} \tag{2-9}$$

这种表示方法称为相量的极坐标表示法。需要说明的是,这种表示方法只在电路与电工类书籍中这样表达。并且,只有用复数表示的正弦量才称相量,用复数表示的其他量不能称相量。

借助于相量的复数表示,结合相量图,同频正弦量的分析与计算可以一步求得其大小(幅值)与初相位(辐角)。当然,求得其大小与相位后,也还需将其再写作正弦形式。

例 2-1 已知 $i_1 = 8\sqrt{2}\sin(\omega t + 60°)$ A,$i_2 = 6\sqrt{2}\sin(\omega t - 30°)$ A。求:$i = i_1 + i_2$。

解 将其写成有效值相量,用复数计算。

$$\dot{I}_1 = 8\angle 60° = 8\cos 60° + j8\sin 60° = 8\left(\frac{1}{2} + j\frac{\sqrt{3}}{2}\right) \text{ A}$$

$$\dot{I}_2 = 6\angle -30° = 6[\cos(-30°) + j\sin(-30°)] = 6\left(\frac{\sqrt{3}}{2} - j\frac{1}{2}\right) \text{ A}$$

则 $$\dot{I} = \dot{I}_1 + \dot{I}_2 = \left[8\left(\frac{1}{2} + j\frac{\sqrt{3}}{2}\right) + 6\left(\frac{\sqrt{3}}{2} - j\frac{1}{2}\right)\right] \text{ A} = (9.196 + j3.928) \text{ A} = 10\angle 23.1° \text{ A}$$

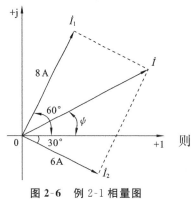

可得 $i=10\sqrt{2}\sin(\omega t+23.1°)$ A

例 2-2 借助于图 2-6 所示的相量图，求 i。

解 如图 2-6 所示，显见

$$I=\sqrt{I_1^2+I_2^2}=10 \text{ A}$$

$$\psi=\arctan\frac{\text{Im}(\dot{I})}{\text{Re}(\dot{I})}=\arctan\frac{3.928}{9.196}=23.1°$$

则
$$\dot{I}=10\angle 23.1° \text{ A}$$

$$i=10\sqrt{2}\sin(\omega t+23.1°) \text{ A}$$

图 2-6 例 2-1 相量图

实用中，若只求其大小（一般为有效值），则用相量法更简捷、直观，也无须写出其瞬时值表达式。

2.1.3 单一参数正弦交流电路的分析

电阻元件、电容元件和电感元件是实际中使用最广泛的三种负载元件，电阻元件是耗能元件，电容元件、电感元件是储能元件。

在直流电路中，电感元件可视为短路，电容元件可视为开路。在交流电路中，由于电压、电流随时间变化，在电感元件中因磁场不断变化，产生感生电动势；在电容极板间的电压不断变化，引起电荷在与电容极板相连的导线中移动，形成电流。下面讨论电阻元件、电感元件与电容元件在交流电路中各自的电特征。

电路中的参数包括电阻元件 R、电感元件 L 和电容元件 C 的参数。任何一个实际的电路元件，这三种参数都有。所谓单一参数是指忽略其他两种参数的理想化元件。分析与计算电路元件在交流电路中的电流、电压关系和能量转换与功率问题，首先必须掌握单一参数的交流特性。

1. 电阻元件的交流电路

如图 2-7 所示，若 $i=I_m\sin\omega t$，则

$$u=iR=I_mR\sin\omega t=U_m\sin\omega t \tag{2-10}$$

可见，其电流、电压不仅同频，而且同相位，其波形图及相位关系如图 2-8 所示。

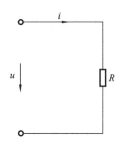

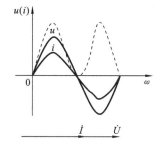

图 2-7 电阻元件的交流电路　　图 2-8 电阻元件上的正弦波形及相位关系

在式(2-10)中　　　　　$U_m=I_mR$　或　$U=IR$

相量式为
$$\dot{U}=\dot{I}R \tag{2-11}$$

且其瞬时功率
$$p=ui=U_m I_m \frac{\sin2\omega t}{2}$$

电阻元件的功率随时间变化的情况如图 2-8 所示,其始终为正值,即始终消耗电能。其在一个周期内的平均值称为平均功率,又称有功功率,单位为瓦特(W)或千瓦(kW)。即

$$P=\frac{1}{T}\int_0^T p\,\mathrm{d}t=\frac{1}{T}\int_0^T 2UI\sin2\omega t\,\mathrm{d}t=UI$$

或

$$P=UI=I^2 R=\frac{U^2}{R} \tag{2-12}$$

工程上关心的只是其平均功率。

2. 电感元件的交流电路

在图 2-9 中,若 $i=I_m\sin\omega t$,则有

$$u=L\frac{\mathrm{d}i}{\mathrm{d}t}=\omega L I_m\cos\omega t=U_m\sin(\omega t+90°) \tag{2-13}$$

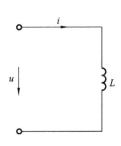

图 2-9 电感元件的交流电路

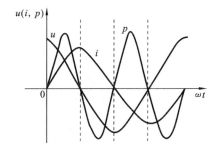

图 2-10 电感元件上的正弦波形及相位关系

可见,电感元件的交流特性是其电压在相位上领先电流 90°,其波形图及相位关系如图 2-10 所示。

在式(2-13)中, $U_m=I_m\omega L$

其中 $\omega L=\frac{U_m}{I_m}=\frac{U}{I}=X_L$ 称为感抗,单位为欧姆(Ω),表示其限流作用的大小。

其相量式为

$$\dot{U}=\dot{I}(jX_L) \tag{2-14}$$

式中: $jX_L=\frac{\dot{U}}{\dot{I}}=\frac{U\angle 90°}{I\angle 0°}=\frac{U}{I}\angle 90°$ 称为复感抗。

式中 j 正是电压领先于电流 90°的相位关系的表示,称其为正转 90°因子。$X_L=\omega L=2\pi f L$ 与频率 f 的关系如图 2-11 所示。即感抗与频率呈正比,频率越高,意味着电流的交变速度越快,自感效应对电流的阻碍作用就越大。电感元件在电路中具有通直流($f=0$),阻碍高频交流的作用,正是由于这种频率特性的存在,电感元件在交流电路中的应用才更加广泛,其作用与地位更加重要。

下面研究电感元件在交流电路中的功率关系。其瞬时功率

$$p=ui=U_m I_m\sin\omega t\cos\omega t=UI\sin2\omega t$$

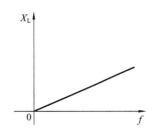

图 2-11 电感元件的频率特性

可见其为正弦量,频率为 2ω,其随时间变化的情况也如图 2-10 中所示。$p>0$ 表示电源输出电能给电感元件,$p<0$ 说明电感元件释放出磁能量又送回电源。对理想电感元件而言,因其没有内阻,所以不会消耗能量,其有功功率

$$P = \frac{1}{T}\int_0^T p \mathrm{d}t = 0$$

为了表达这种电—磁互换的速率,或电磁互换的规模,将瞬时功率的幅值定义为无功功率,用 Q_L 表示,有

$$Q_L = UI = I^2 X_L = \frac{U^2}{X_L} \tag{2-15}$$

为从概念上与有功功率区别,无功功率的单位用乏(var)或千乏(kvar)表示。

3. 电容元件的交流电路

如图 2-12 所示,设加在电容元件 C 上的电压为 $u = U_m \sin\omega t$,则有

$$i = C\frac{\mathrm{d}u}{\mathrm{d}t} = \omega C U_m \cos\omega t = I_m \sin(\omega t + 90°) \tag{2-16}$$

可见,电容元件的交流特性是电流比电压领先 $90°$,其波形图及相位关系如图 2-13 所示。

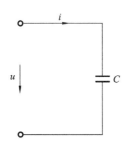

图 2-12 电容元件的交流电路

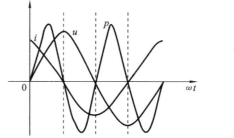

图 2-13 电容元件上的正弦波形及相位关系

式(2-16)中 $I_m = \omega C U_m$,其中 $\frac{1}{\omega C} = \frac{U_m}{I_m} = \frac{U}{I} = X_C$ 称为容抗,单位为欧姆(Ω),也反映其阻碍电流作用的强弱。

其相量表达式为

$$\dot{U} = \dot{I}(-jX_C) \tag{2-17}$$

式中:$-jX_C = \frac{\dot{U}}{\dot{I}} = \frac{U}{I}\angle -90°$ 称为复容抗,$X_C = \frac{1}{\omega C} = \frac{1}{2\pi f C}$ 与频率 f 的关系如图 2-14 所示,即容抗与频率呈反比,频率越高,意味着电容充放电的速度越快,对电流的阻碍作用就越小。电容元件具有通高频交流、隔直流的作用。也正是由于这种频率特性的存在,电容元件在电路与电子技术中有着更广泛的应用。

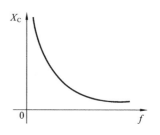

图 2-14 电容元件的频率特性

电容元件的瞬时功率

$$p = ui = U_m I_m \sin\omega t \cos\omega t = UI\sin 2\omega t$$

可见其为正弦量,频率为 2ω,其随时间变化的情况如图 2-13 所示。

$p>0$ 表示电容元件储存电能,$p<0$ 说明电容元件释放电能送回电源。理想线性电容元件不消耗电能,其有功功率

$$P = \frac{1}{T}\int_0^T p\,\mathrm{d}t = 0$$

为了表示这种电—电互换的规模,定义其无功功率为

$$Q_C = UI = I^2 X_C = \frac{U^2}{X_C} = \omega C U^2 \tag{2-18}$$

单位为乏(var)或千乏(kvar)。

例 2-3 有一 L-C 并联电路接在 220 V 的工频交流电源上,已知 $L=2$ H,$C=4.75$ μF。试求:(1) 感抗值与容抗值;(2) I_L、I_C 与总电流 I;(3) 画出相量图;(4) Q_L、Q_C 与总的无功功率。

解 (1) $X_L = 2\pi f L = 2\pi \times 50 \times 2\ \Omega = 628\ \Omega$

$X_C = \dfrac{1}{2\pi f C} = \dfrac{1}{314 \times 4.75 \times 10^{-6}}\ \Omega = 670\ \Omega$

(2) $I_L = \dfrac{U}{X_L} = 0.350$ A $I_C = \dfrac{U}{X_C} = 0.328$ A

(3) 以电压 $\dot{U}$ 为参考,相量图如图 2-15 所示。

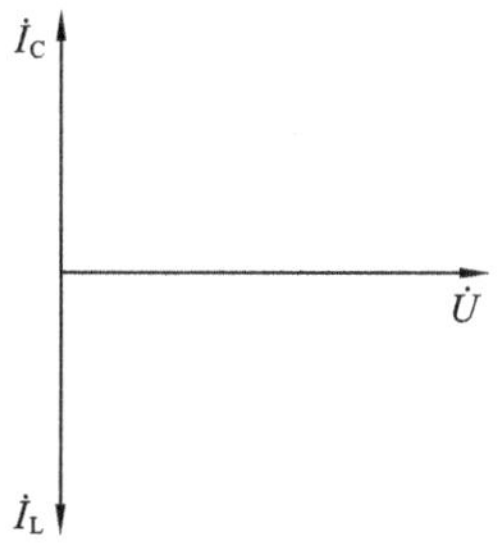

显见 $\dot{I}_L$ 与 $\dot{I}_C$ 反相位,则总电流

$I = I_L - I_C = 0.022$ A

(4) 由相量关系可见,L 中电流为正值时,C 中电流必然为负值(反相)。这就是说 L 吸收功率时,C 必然为释放功率,反之亦然。

图 2-15 例 2-3 相量图

故

$Q_L = I_L^2 X_L = U I_L = 77$ var $Q_C = I_C^2 X_C = U I_C = 72.25$ var

总无功功率

$$Q = Q_L - Q_C = 4.75 \text{ var}$$

当 L 与 C 并联时,电磁能量的互换主要发生在 L 与 C 间,而与电源互换的部分只是其两者之差。

【任务实施】

任务名称	日光灯电路的装接及功率因数的提高	
任务目标	1. 了解日光灯电路的工作原理与接线 2. 了解提高功率因数在工程上的意义 3. 掌握提高感性负载功率因数的方法 4. 熟悉功率表、功率因数表的使用方法	
设备器材	单相交流电源、单相自耦调压器、交流电压表、交流电流表、单相功率表、万用电表、镇流器、启辉器、日光灯管、电容器、功率因数提高实验线路板	
实操内容、步骤与方法	日光灯电路及其功率因数的改善 (1) 按图 2-16 所示电路接线,电源电压取自实验装置配电屏上的 220 V 电源端,功率因数表接线方式同功率表,电流线圈串入电路,电压线圈并入电路。接线完毕经指导教师检查后方可接通电源。	检查记录

实验用的日光灯管安装在实验装置的顶端,灯管两端引出的四根绝缘导线与实验装置的电源控制屏上的日光灯管线路图的四个蓝色护套插座相连。

(2) 将 S_1、S_2、S_3 断开,输入 220 V,用交流电压表测量电源电压 U、灯管电压 U_1、镇流器电压 U_2,通过一只交流电流表和三只电流插座分别测量三条支路的电流,用单相功率表测量功率,并记入表 2-1 中。

(3) 分别接入电容元件 C_1、C_1+C_2、$C_1+C_2+C_3$,每改变一次电容值,测一次有关参数,记入表 2-2 中。

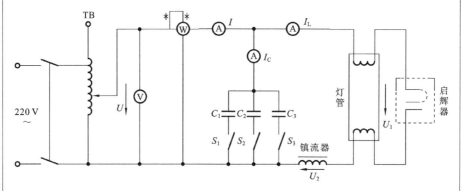

图 2-16 日光灯电路的装接及功率因数的提高实验电路

表 2-1 日光灯电路并联电容前的测算数据

测量数据						计算数据				
U/V	U_1/V	U_2/V	I_L/A	P/W	$\cos\varphi$	$R=\dfrac{P}{I_L^2}$	$\vert X \vert=\dfrac{U}{I_L}$	X_L	L	$\cos\varphi$

表 2-2 日光灯电路并联电容后的数据测算

电容元件	测量数据						计算数据	
标算值	U/V	I/A	I_L/A	I_C/A	P/W	$\cos\varphi$	$C=\dfrac{I_C}{\omega U}$	$\cos\varphi_0=\dfrac{P}{UI}$
2.2 μF								
3.2 μF								
4.7 μF								
5.7 μF								
6.9 μF								

任务总结	

【任务拓展】

1. 想一想

(1) 将一个电阻值为 48.4 Ω 的电炉接到电压为 $u=220\sqrt{2}\sin\left(\omega t-\dfrac{\pi}{3}\right)$ V 的电源上。求：

① 通过电炉的电流为多少？写出电流的解析式；② 消耗的功率是多少？

(2) 一个电感为 20 mH 的纯电感线圈接到电压 $u=311\sin(314t+30°)$ V 的电源上。求：

① 通过线圈的电流为多少？写出电流的解析式；② 电路的无功功率是多少？

(3) 一个容量为 637 μF 的电容元件接到电压 $u=220\sqrt{2}\sin(314t-60°)$ V 的电源上。求：

① 通过电容元件的电流为多少？写出电流的解析式；② 电路的无功功率是多少？

2. 做一做

研究日光灯电路的接线方法以及提高功率因数的意义。

任务2.2　三相交流电路的分析与检测

【任务描述】

了解三相电源的连接方法；了解三相负载星形连接、三角形连接的方法；通过线电压、相电压及线电流、相电流的测量，观察各相灯组亮暗的变化程度，并观察中线的作用；同时通过对三相电路功率的测量，学会功率表的接线和使用方法。

【任务分析】

1. 知识目标

(1) 了解三相交流电的概念及其产生过程，理解相序的概念。

(2) 理解三相电源星形接法的含义，掌握三相负载星形连接、三角形连接的方法。

（3）了解三相对称负载星形、三角形接法的特点，学会分析和计算三相交流电路。
（4）掌握三相电路的功率计算及测量。

2．能力目标

（1）能测量三相交流电路的电压、电流。
（2）能测量线电压、相电压及线电流、相电流。
（3）能计算有功功率、无功功率及视在功率。
（4）能使用功率表进行交流电路功率的测量。

【知识准备】

输配电系统中使用的交流电绝大多数是三相制系统。前面研究的单相交流电实际上是三相制系统中的一相。采用三相制系统供电是因为在发电、输电及电能转换为机械能方面，三相制系统具有明显的优越性。

2.2.1 三相对称交流电

1．三相交流电的产生

三相交流电源是由三相发电机产生的，图 2-17 所示为三相交流发电机的示意图。

三相绕组 A—X、B—Y、C—Z（首—末）对称分布在定子凹槽内，转子通入直流电励磁。图 2-17 所示磁极形状是为产生正弦磁场而设计的。当转子由原动机带动，以角速度 ω 旋转时，三个绕组依次切割旋转磁极的磁力线，产生幅值相等（绕组参数一致）、频率相同（以同一角速度切割）、相位（时间上）相差 120°的三相交变感应电动势。若以图 2-18 所示的 A 相（位于磁场为零的中性面上）为参考，规定其正方向为末端指向首端，则

$$\begin{cases} e_A = E_m \sin\omega t \\ e_B = E_m \sin(\omega t - 120°) \\ e_C = E_m \sin(\omega t - 240°) = E_m \sin(\omega t + 120°) \end{cases} \quad (2\text{-}19)$$

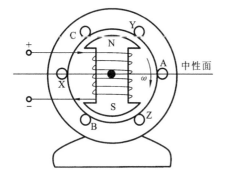

图 2-17 三相交流发电机的示意图

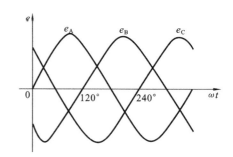

图 2-18 三相对称电源的波形

其波形如图 2-18 所示。不难证明

$$e_A + e_B + e_C = 0 \quad (2\text{-}20)$$

这样的三相电源称为三相对称电源。

其某一参考值出现的先后顺序为 A→B→C→A，这称为三相电源的相序（在图 2-18 中，若转子磁极逆时针旋转，则其相序为 A→C→B）。

若以有效值相量表示,则为

$$\begin{cases} \dot{E}_A = E\angle 0° = E \\ \dot{E}_B = E\angle -120° = E\left(-\dfrac{1}{2} - j\dfrac{\sqrt{3}}{2}\right) \\ \dot{E}_C = E\angle +120° = E\left(-\dfrac{1}{2} + j\dfrac{\sqrt{3}}{2}\right) \end{cases} \quad (2\text{-}21)$$

更易看出

$$\dot{E}_A + \dot{E}_B + \dot{E}_C = 0 \quad (2\text{-}22)$$

其相量图如图 2-19 所示。

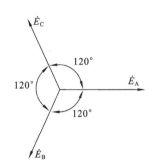

图 2-19 三相对称电动势相量图

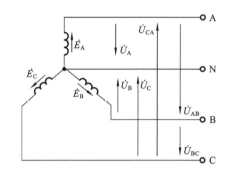

图 2-20 三相交流发电机的星性接法

2. 三相电源(发电机)绕组的连接

三相交流发电机绕组的连接方式有两种:星形(Y)或三角形(△)。一般常作星形连接,即三个末端 X、Y、Z 连在一起,三个首端 A、B、C 连同末端连接点 N 引出,如图 2-20 所示。

这样连接的优点如下。

(1) 可以提供两种电压。

(2) 各相绕组承压低。

(3) 空载时发电机无内耗。

图 2-20 所示中由星形点引出的导线称为中线,俗称零线;A、B、C 端引出的导线称为相线,俗称火线。所谓两种电压,即每相绕组的端电压 $\dot{U}_A$、$\dot{U}_B$、$\dot{U}_C$ 称为相电压,其有效值记为 U_p;任意两条相线间电压 $\dot{U}_{AB}$、$\dot{U}_{BC}$、$\dot{U}_{CA}$ 称为线电压,其有效值记为 U_l。各电压的参考方向如图 2-20 中所示,即

$$\begin{cases} \dot{U}_{AB} = \dot{U}_A - \dot{U}_B \\ \dot{U}_{BC} = \dot{U}_B - \dot{U}_C \\ \dot{U}_{CA} = \dot{U}_C - \dot{U}_A \end{cases} \quad (2\text{-}23)$$

发电机内阻抗上压降与输出电压相比可以忽略不计,则相电压基本上等于电源的电动势,故其相量图如图 2-21 所示。

显见,三相电源的线电压也是对称的,其在相位上领先于相应的相电压 30°,且由其几何关系可得

$$U_l = \sqrt{3} U_p \quad (2\text{-}24)$$

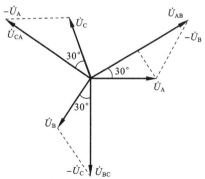

图 2-21 相、线电压间关系

上述电源的供电线路称为三相四线制供电方式。我国的低压配电系统大都采用三相四线制。相电压为 220 V 时，线电压为 380 V；线电压为 220 V 时，相电压为 127 V。

2.2.2 三相负载的连接

1. 负载的星形(人)连接

三相负载的连接方式有两种，即星形(人)和三角形(△)连接。依电源额定电压与负载需求，两种连接方式都为常用。本节先分析负载星形连接时的三相电路。

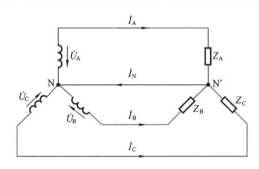

图 2-22 三相四线制电路

负载星形连接的三相四线制电路如图 2-22 所示，三相负载分别为 Z_A、Z_B、Z_C，由于中线的存在，负载的相电压即为电源的相电压，且流过每相负载的电流亦即相线中电流，分别为

$$\begin{cases} \dot{I}_A = \dfrac{\dot{U}_A}{Z_A} \\ \dot{I}_B = \dfrac{\dot{U}_B}{Z_B} \\ \dot{I}_C = \dfrac{\dot{U}_C}{Z_C} \end{cases} \qquad (2\text{-}25)$$

据 KCL，中线电流为

$$\dot{I}_N = \dot{I}_A + \dot{I}_B + \dot{I}_C \qquad (2\text{-}26)$$

下面分负载对称与不对称两种情况进行讨论。

1) 负载对称时的星形连接

所谓对称负载是指三相阻抗完全相同，即

$$Z_A = Z_B = Z_C = |Z| \angle \varphi \qquad (2\text{-}27)$$

一般的三相电气设备大都是(如三相电动机)对称负载。

设以 $\dot{U}_A$ 为参考相量，则

$$\dot{I}_A = \dfrac{\dot{U}_A}{Z_A} = \dfrac{U_p \angle 0°}{|Z| \angle \varphi} = \dfrac{U_p}{|Z|} \angle (0° - \varphi) = I_p \angle (0° - \varphi)$$

$$\dot{I}_B = \dfrac{\dot{U}_B}{Z_B} = \dfrac{U_p \angle -120°}{|Z| \angle \varphi} = I_p \angle (-120° - \varphi)$$

$$\dot{I}_C = \dfrac{\dot{U}_C}{Z_C} = \dfrac{U_p \angle 120°}{|Z| \angle \varphi} = I_p \angle (120° - \varphi)$$

可见，三个相电流也对称。

设 $\varphi > 0$，相量图如图 2-23 所示则中线电流为

$$\dot{I}_N = \dot{I}_A + \dot{I}_B + \dot{I}_C = 0$$

显然，此时中线完全可以省去，这样的三相电路称为三相对称电路。负载的中点 N′ 与电源中点 N 等电位，电路的工作状态与中线无关。去掉中线的三相对称电路为三相三线制电路。

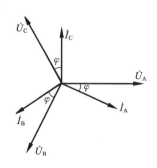

图 2-23 负载对称时的相量图

2) 负载不对称时的星形连接

三相负载不完全相同时,称为不对称负载。若中线牢固,则单相满足式(2-25),但显然三个电流不再对称,且 $\dot{I}_N = \dot{I}_A + \dot{I}_B + \dot{I}_C \neq 0$,此时中线不可省去。

负载不对称而无中线的情况,属于故障现象。下面的例题可以进一步说明中线的作用。

例 2-4 在图 2-24 所示的电路中,$U_l = 380$ V,三相电源对称,$R_A = 11\ \Omega$,$R_B = R_C = 22\ \Omega$。

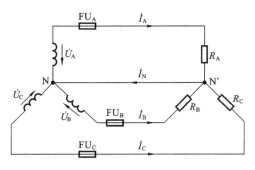

图 2-24　例 2-4 电路图

(1) 求负载的相电流与中线电流。
(2) 若中线因故断开,求负载的相电压与相电流。
(3) 中线断开,A 相短路时的相电压与相电流。

解 (1) 因有中线,则负载相电压即电源相电压,并对称 $U_P = \dfrac{U_l}{\sqrt{3}} = 220$ V,

则
$$I_A = \frac{U_P}{R_A} = 20\ \text{A} \quad I_B = I_C = \frac{U_P}{R_B} = 10\ \text{A}$$

以 $\dot{U}_A$ 为参考,作相量图,如图 2-25(a)所示。

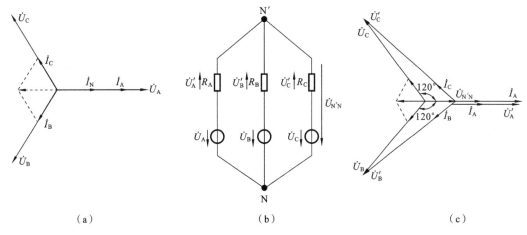

(a)　　　　　　　　　　(b)　　　　　　　　　　(c)

图 2-25　例 2-4 求解图

由相量图,有
$$I_N = I_A - 2I_B \cos 60° = 10\ \text{A}$$

(2) 中线断开时,N 与 N′不再等电位,其等效电路如图 2-25(b)所示。可见,利用弥尔曼定理求得 $\dot{U}_{N'N}$,便可求得各负载的相电压 $\dot{U}'_A$、$\dot{U}'_B$、$\dot{U}'_C$。

$$\dot{U}_{N'N} = \frac{\dfrac{\dot{U}_A}{R_A} + \dfrac{\dot{U}_B}{R_B} + \dfrac{\dot{U}_C}{R_C}}{\dfrac{1}{R_A} + \dfrac{1}{R_B} + \dfrac{1}{R_C}} = \frac{\dfrac{220\angle 0°}{11} + \dfrac{220\angle -120°}{22} + \dfrac{220\angle 120°}{22}}{\dfrac{1}{11} + \dfrac{1}{22} + \dfrac{1}{22}} \text{ V}$$

$$= [110\angle 0° + 55\angle -120° + 55\angle 120°] \text{ V}$$

利用相量图 2-25(c)，可得 $\dot{U}_{N'N} = 55\angle 0°$ V

由 KVL 可见，各相负载的相电压为

$$\dot{U}'_A = \dot{U}_A - \dot{U}_{N'N} \quad \dot{U}'_B = \dot{U}_B - \dot{U}_{N'N} \quad \dot{U}'_C = \dot{U}_C - \dot{U}_{N'N}$$

根据相量的三角形关系，可见负载相电压的星形接点移到了 $\dot{U}_{N'N}$ 的箭头端，这种情形称为星形点漂移，且显见

$$U'_A = U_A - U_{N'N} = 165 \text{ V}$$

$$U'_B = U'_C = \sqrt{U_B^2 + U_{N'N}^2 - 2U_B U_{N'N}\cos 120°} = 252 \text{ V}$$

从而 $I_A = \dfrac{U'_A}{R_A} = 15$ A $\quad I_B = I_C = \dfrac{U'_B}{R_B} = 11.4$ A

可见，此时负载相电压与电源相电压发生偏离，若原来各相负载均工作在额定电压下，现在已出现欠压与过压故障，负载不仅不能正常工作，而且将受到损害。

(3) A 相负载被短路，又无中线，则 $U'_A = 0$，由图 2-26 所示的电路可见，B、C 两相负载均承受电源的线电压，即 $U'_B = U'_C = 380$ V，这是负载不对称、无中线时最严重的过压事故，也是三相对称负载严重失衡。不难证明，负载的不平衡情况越严重，无中线时产生的欠压与过压现象就越严重。因此，中线的作用是为了保证负载的相电压对称，或者说保证负载均工作在额定电压下。故中线必须牢固，决不允许在中线上接熔断器或开关。

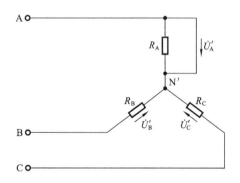

图 2-26 例 2-4 中 A 相短路、无中线电路

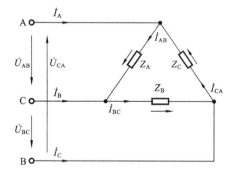

图 2-27 负载的三角形连接

2. 负载的三角形（△）连接

负载三角形连接的三相电路如图 2-27 所示。电压与电流的参考方向如图中所标，可见，三相负载的电压即为电源的线电压，且无论负载对称与否，电压总是对称的，或者说

$$U_p = U_l \tag{2-28}$$

根据 KCL，三个负载中的电流 $\dot{I}_{AB}$、$\dot{I}_{BC}$、$\dot{I}_{CA}$（相电流）与三条相线中的电流 $\dot{I}_A$、$\dot{I}_B$、$\dot{I}_C$（线电流）间关系为

$$\begin{cases} \dot{I}_A = \dot{I}_{AB} - \dot{I}_{CA} \\ \dot{I}_B = \dot{I}_{BC} - \dot{I}_{AB} \\ \dot{I}_C = \dot{I}_{CA} - \dot{I}_{BC} \end{cases} \qquad (2\text{-}29)$$

1) 负载对称时的三角形连接

三相负载对称时,$Z_A = Z_B = Z_C = |Z| \angle \varphi$,则三个相电流

$$I_p = I_{AB} = I_{BC} = I_{CA} = \frac{U_p}{|Z|} = \frac{U_l}{|Z|} \qquad (2\text{-}30)$$

也是对称的,即相位互差 120°。若以 $\dot{I}_A$ 为参考,则其相量图如图 2-28 所示。由式(2-29)表示的三个线电流也如图 2-28 所示,可见其也是对称的。

显见,线电流比相应的相电流滞后 30°,且

$$I_l = \sqrt{3} I_p \qquad (2\text{-}31)$$

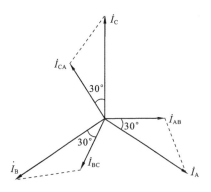

图 2-28 相、线电流间关系

综合负载对称时星形与三角形连接的情况与特征,可见,只要计算其中一相,再利用式(2-24)与式(2-31),便可得对称的三个线参数。

2) 负载不对称时的三角形连接

负载不对称时,尽管三个相电压对称,但三个相电流因阻抗不同而不再对称,式(2-31)的关系不再成立,只能逐相计算,并依式(2-29)计算各线电流。

综合负载的两种连接方法,三相负载采用何种连接方式合适?依据是什么呢?

我们知道,一般的电气装置都有额定电压这一重要标志。决定采用何种连接方式的依据即应使每相负载承受的电压等于其额定电压。如三相电动机铭牌上常有"人/△,380 V/220 V"这样的标注,意即:星形连接时接 380 V 线电压,三角形连接时接 220 V 线电压。事实上每相负载均工作在 220 V 相电压下。而"照明用电人连接,动力用电人、△连接均可"的认识是毫无道理的。

例 2-5 在图 2-29(a)所示的三相对称电路中,电源线电压为 380 V。负载 $Z_人 = 22\angle-30°\ \Omega$,负载 $Z_\triangle = 38\angle 60°\ \Omega$。求:(1)人接法时的负载相电压;(2)△接法时的负载相

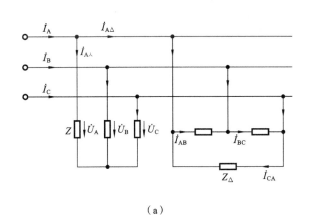

(a)

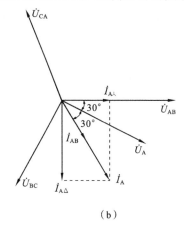

(b)

图 2-29 三相对称电路
(a) 电路图 (b) 相量图

电流;(3) 线路电流 $\dot{I}_A$、$\dot{I}_B$、$\dot{I}_C$。

解 (1) $$U_A = U_B = U_C = \frac{U_l}{\sqrt{3}} = 220 \text{ V}$$

(2) $$I_{AB} = I_{BC} = I_{CA} = \frac{U_l}{|Z_\triangle|} = 10 \text{ A}$$

(3) 设 $\dot{U}_{AB} = 380 \angle 0°$ V,作相量图,如图 2-29(b)所示(由于对称,只取一相便可)。注意到星形连接时,相电压滞后线电压 30°,则

$$\dot{I}_{A\curlywedge} = \frac{\dot{U}_A}{Z_\curlywedge} = \frac{220 \angle -30°}{22 \angle -30°} \text{ A} = 10 \text{ A}$$

而 $\dot{I}_{AB} = \frac{\dot{U}_{AB}}{Z_\triangle} = \frac{380 \angle 0°}{38 \angle 60°}$ A $= 10 \angle -60°$ A,$\dot{I}_{A\curlywedge}$ 比 $\dot{I}_{AB}$ 滞后 30°,

则 $$\dot{I}_{A\triangle} = 10\sqrt{3} \angle -90° \text{ A}$$

故 $I_A = \sqrt{I_{A\curlywedge}^2 + I_{A\triangle}^2} = 20$ A, 或 $\dot{I}_A = 20 \angle -60°$ A

据对称性,有 $\dot{I}_B = 20 \angle -180°$ A, $\dot{I}_C = 20 \angle 60°$ A

3. 三相电路的功率

1) 有功功率

单相电路的有功功率 $P_1 = UI\cos\varphi = U_p I_p \cos\varphi$,三相电路是三个单相电路的组合,故三相电路的有功功率为各相有功功率之和,即

$$P_3 = P_A + P_B + P_C = U_{Ap}I_{Ap}\cos\varphi_A + U_{Bp}I_{Bp}\cos\varphi_B + U_{Cp}I_{Cp}\cos\varphi_C \tag{2-32}$$

当三相负载对称时,有

$$P_3 = 3P_1 = 3U_p I_p \cos\varphi \tag{2-33}$$

式中:φ 是 U_p 与 I_p 间的相位差,亦即负载的阻抗角。

负载对称时,星形连接时的相电压与三角形连接时的相电流均难以测得,故三相负载铭牌上标的额定值一般为线电压与线电流,也便于测量。无论是星形连接,还是三角形连接的对称负载,都有 $3U_p I_p = \sqrt{3} U_l I_l$(同学可以自己验证),所以式(2-33)常表示为

$$P = \sqrt{3} U_p I_p \cos\varphi \tag{2-34}$$

但需注意的是,这样表达并非负载接成星形或三角形时功率相等。可以证明,U_l 一定时,同一负载接成星形时的功率 $P_\curlywedge$ 与接成三角形时的功率 $P_\triangle$ 间的关系为(同学自证之)

$$P_\triangle = 3P_\curlywedge \tag{2-35}$$

2) 无功功率与视在功率

与有功功率的研究方法类同。

负载不对称时,有

$$Q = Q_A + Q_B + Q_C \tag{2-36}$$

负载对称时,有

$$Q = \sqrt{3} U_l I_l \sin\varphi \tag{2-37}$$

三相视在功率 $$S = \sqrt{P^2 + Q^2} \xrightarrow{\text{(对称)}} \sqrt{3} U_l I_l \tag{2-38}$$

项目 2 交流电路的分析与检测

【任务实施】

任务名称	三相负载的连接仿真	
任务目标	1. 熟练运用 Multisim 10.1 正确连接电路,对不同连接情况进行仿真 2. 对称负载和非对称负载电压、电流的测量,并能根据测量数据进行分析 3. 加深对三相四线制供电系统的中线作用的理解 4. 掌握示波器的连接及仿真使用方法 5. 进一步提高分析、判断和查找故障的能力	
设备器材	计算机,Multisim 10.1 软件	
实操内容、步骤与方法	1. 建立三相测试电路,如图 2-30 所示。 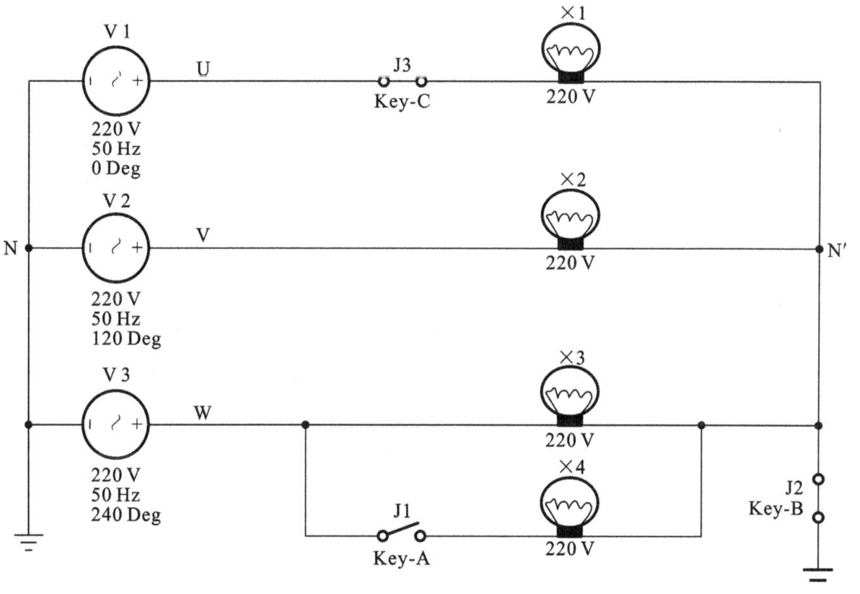 **图 2-30 三相负载星形连接实验电路图** 接入示波器,测量 U、V、W 三相电压波形,并在表 2-3 中绘出图形。 **表 2-3 绘 U、V、W 三相电压** 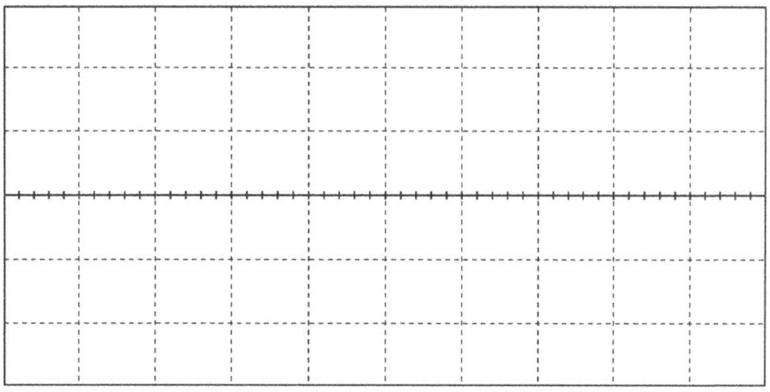 Timebase:_____/DIV　　　三相电压相位差:$\varphi=$_____。	检查记录

实操内容、步骤与方法	**2. 三相对称星形负载的电压、电流测量** (1) 图 2-30 中相电压有效值为 220 V。 (2) 正确接入电压表和电流表,J1 打开,J2、J3 闭合,测量对称星形负载在三相四线制(有中性线)时各线电压、相电压、相(线)电流和中性线电流、中性点位移电压。记入表 2-4 中。 (3) 打开开关 J2,测量对称星形负载在三相三线制(无中性线)时电压、相电压、相(线)电流、中性线电流和中性点位移电压,记入表 2-4 中。 表 2-4 三相对称星形负载的电压、电流 	项目 分类	线电压/V			相电压/V			线电流/A			$I_{N'N}$/A	$U_{N'N}$/V
---	---	---	---	---	---	---	---	---	---	---	---
	U_{UV}	U_{VW}	U_{WU}	U_{UN}	U_{VN}	U_{WN}	I_U	I_V	I_W		
负载对称 有中性线											
负载对称 无中性线											| (4) 根据测量数据分析三相对称星形负载连接时电压、电流"线量"与"相量"的关系。 (5) 根据测量数据分析,说明三相负载不对称时中性线的主要作用,由此得出什么结果? **3. 三相对称星形负载故障分析** (1) 三相对称星形负载,将 U 相断路,即 J3 打开,J1 打开,J2 闭合,测量四线制时各线电压、相电压、相(线)电流和中性线电流、中性点位移电压。记入表 2-5 中。 (2) 上述负载中,打开开关 J2,测量三线制 U 相断路时各线电压、相电压、相(线)电流和中性线电流、中性点位移电压,记入表 2-5 中。 表 2-5 三相对称星形负载故障分析 | 项目 分类	线电压/V ||| 相电压/V ||| 线电流/A ||| $I_{N'N}$/A	$U_{N'N}$/V
---	---	---	---	---	---	---	---	---	---	---	---
	U_{UV}	U_{VW}	U_{WU}	U_{UN}	U_{VN}	U_{WN}	I_U	I_V	I_W		
U 相断路 有中性线											
U 相断路 无中性线												
任务总结	

【任务拓展】

1. 想一想

(1) 有一三相对称负载,每相负载的 $R=8\ \Omega, X_L=6\ \Omega$,电源电压为 380 V。求:① 负载接成星形时的线电流、相电流和有功功率;② 负载接成三角形时的线电流、相电流和有功功率。

(2) 有三根额定电压为 220 V,功率为 1 kW 的电热丝,接到线电压为 380 V 的三相电源上,应采用何种接法?如果这三根电热丝额定电压为 380 V,功率为 1 kW,又应采用何种接法?

(3) 有一台三相交流电动机,定子绕组接成星形,接在线电压为 380 V 的电源上,已测得线电流 $I_l=6.6$ A,三相功率 $P=3.3$ kW。计算电动机每相绕组的阻抗 Z 和参数 R 及 X_L。

2. 做一做

(1) 研究三相四线制供电中的中性线作用。

(2) 研究三相负载为星形连接时,有中性线和无中性线的区别。

任务2.3 安 全 用 电

【任务描述】

了解安全用电相关知识;了解触电方式;掌握接地和接零保护的概念;了解安全用电操作细则。

【任务分析】

1. 知识目标

(1) 了解电流对人体的作用。

(2) 了解触电方式,掌握触电保护措施。

(3) 掌握接地和接零保护。

(4) 理解安全用电常识。

2. 能力目标

(1) 能测量三相负载星形连接时三相三线制供电交流电路的电量。

(2) 能测量三相负载星形连接时三相四线制供电交流电路的电量。

【知识准备】

2.3.1 触电方式

为了使输电线路与电气设备更好地为人类造福,我们必须了解一些安全用电的常识与技术。

1. 安全电流与安全电压

通过人体的电流一般不能超过 7~10 mA,有的人对 5 mA 的电流就有感觉,当通过人体的电流在 30 mA 以上时,就有生命危险。36 V 以下的电压一般不会在人体中产生超过 30 mA

的电流,故把 36 V 以下的电压称为安全电压。当然,触电的后果还与触电持续时间及触电部位有关,触电时间越长越危险。

常见的触电情况如图 2-31 所示,其中图 2-31(a)所示为双线触电,这是最危险的触电方式,人体将直接承受电源线电压。图 2-31(b)所示为典型的单相触电,人体承受电源的相电压,也是很危险的。即使电源的中性点不接地,因为导线与大地之间存在分布电容,也会有电流经人体与另外两相构成通路,如图 2-31(c)所示。

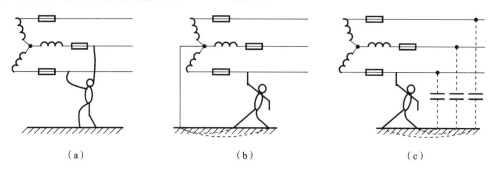

图 2-31 常见的触电方式
(a) 双线触电 (b) 单相触电① (c) 单相触电②

2. 接地和接零

1) 保护接地

保护接地是将电力设备(如变压器、电动机等)的外壳、配电装置的金属框架或围栏、配电线的钢管和电缆金属外皮用金属导体与埋入地下的接地体连接起来。

采用保护接地时,接地电阻的大小对人身安全极为重要。为此,接地装置应符合下列要求。

(1) 接地装置(含接地体和接地线)应有足够的机械强度和一定的耐蚀能力。不得在地下用裸导体作为接地体和接地线。携带式用电设备应采用多股软铜线的专用线接地,截面面积不应小于 1.5 mm^2。

(2) 接地装置的连接要牢固可靠。地下接地装置的连续应采用焊接。当采用搭接焊时,搭接长度应为扁钢的两倍(且至少 3 个棱边焊接)或圆钢直径的 6 倍。接至电力设备上的接地线应采用螺栓连接,并加装弹簧垫片,以防螺帽松动。电力设备的每个接地部分应用单独的接地线与接地体或接地干线连接。

(3) 接地电阻要符合上述要求,且每 5 年至少测量一次。当发现接地电阻值大于规定值的 20% 及以上时,应增加接地体。

(4) 做好日常的运行维护检查,严防地线断线。

2) 保护接零

在变压器中性点直接接地的 380 V/220 V 三相四线制电网中,防止触电的最可靠措施是将电力设备的外壳与零线连接,这称为保护接零,如图 2-32 所示。这样,当设备某处接地碰壳时,形成该相对领先的单相短路,促使开关或熔断器迅速跳闸或熔断,切断故障设备电源,避免触电危险。运行实践证明,在采用保护接零电网中,零线仅在电源处接地

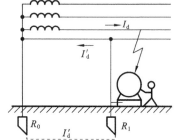

图 2-32 重复接地

是不够安全的,还必须在低压线路的终端接地。将零线与配电屏、控制屏的接地装置连接起来,这称为重复接地。采用重复接地的原因有以下几点。

(1) 在未采用重复接地的情况下,当线路末端的设备发生接地碰壳短路时,由于距电源远,短路阻抗较大,短路电流较小,故障段不能迅速切除电源;零线截面较小,阻抗较大,零线上的压降也较大,使故障段接零设备外壳长期出现较高的对地电压,增加触电危险。采用重复接地后,如图2-32所示,在零线回路上并联了一个由重复接地和工作接地构成的分支电路,从而降低了相-零回路的阻抗,使短路电流增加,促使线路开关或熔断器迅速跳闸或熔断。由于短路电流的增加,使变压器绕组和相线的压降也增加,零线上的压降减小,从而进一步降低了故障设备的对地电压。

(2) 在未采用重复接地的情况下,当零线发生断线时,在断线点后面只要有一台设备碰壳短路,其他接零设备外壳均带电,对地电压接近于相电压,增加了触电危险。采用重复接地后,能降低断线点后面接零设备外壳的对地电压。若是多处重复接地,设备外壳对地电压将进一步降低,减小了触电危险。

2.3.2 安全操作细则

1. 会看安全用电标志

明确、统一的标志是保证用电安全的一项重要措施。统计表明,不少电气事故完全是由于标志不统一而造成的。例如,由于导线的颜色不统一,误将相线接设备的机壳,而导致机壳带电,酿成触电伤亡事故。

标志分为颜色标志和图形标志。颜色标志常用来区分各种不同性质、不同用途的导线,或用来表示某处安全程度。图形标志一般用来告诫人们不要去接近有危险的场所。为保证安全用电,必须严格按有关标准使用颜色标志和图形标志。我国安全色标采用的标准基本与国际标准相同。一般采用的安全色有以下几种。

(1) 红色 用来标志注意危险。如当心触电,注意安全等。

(2) 绿色 用来标志安全无事。如在此工作,已接地等。

(3) 蓝色 用来标志强制执行,如必须戴安全帽等。

(4) 黑色 用来标志图像、文字符号和警告标志的几何图形。

按照标准,为便于识别,防止误操作,确保运行和检修人员的安全,采用不同颜色来区别设备特征。如电气母线,A相为黄色,B相为绿色,C相为红色,明敷的接地线涂为黑色。在二次系统中,交流电压回路用黄色,交流电流回路用绿色,信号和警告回路用白色。

2. 安全用电的注意事项

随着生活水平的不断提高,生活中的用电的地方越来越多了。因此,有必要掌握以下最基本的安全用电常识。

(1) 认识了解电源总开关,学会在紧急情况下关断总电源。

(2) 不用手或导电物去接触、探试电源插座内部。

(3) 不用湿手触摸电器,不用湿布擦拭电器。

(4) 电器使用完毕后应拔掉电源插座;插拔电源插头时不要用力拉拽电线,以防止电线的绝缘层受损而触电;电线的绝缘皮剥落,要及时更换新线或用绝缘胶布包好。

(5) 发现有人触电要设法及时关断电源;或者用干燥的木棍等物将触电者与带电的电器分开,不要用手去直接救人;年龄小的同学遇到这种情况;应呼喊成年人相助,不要自己处理,以防触电。

(6) 不随意拆卸、安装电源线路、插座、插头等。哪怕安装灯泡等简单的事情,也要先关断电源。

【任务实施】

任务名称	交流电路的测量	
任务目标	1. 掌握三相负载星形连接、三角形连接的方法 2. 掌握线电压、相电压及线电流、相电流的测量 3. 观察各相灯组亮暗的变化程度,特别要注意观察中线的作用 4. 掌握功率表的接线和使用方法 5. 掌握测量三相电路有功功率与无功功率的方法	
设备器材	交流电压表、交流电流表、万用表、三相自耦调压器、单项功率表、三相电容负载。	
实操内容、步骤与方法	1. 三相负载星形连接(三相四线制供电) (1) 按图 2-33 所示线路接线,即三相灯组负载经三相自耦调压器接通三相对称电源。 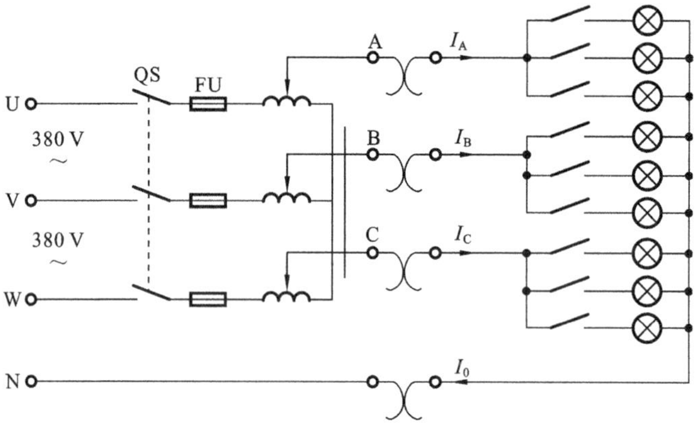 图 2-33 三相负载星形连接电路(三相四线制供电) (2) 接通电源,然后调节调压器的输出,使输出的三相线电压为 220 V。 (3) 分别测量三相负载的线电压、相电压、线电流、相电流、中线电流、电源与负载中点间的电压,将所测得的数据记入表 2-6。 2. 负载三角形连接(三相三线制供电) (1) 按图 2-34 所示线路连接。 (2) 接通三线电源,并调节调压器,使其输出线电压为 220 V。 (3) 按表 2-7 的内容进行测试。 3. 用一瓦特表法测定三相对称 Y 接以及不对称 Y 接负载的总功率 $\sum P$。 (1) 按图 2-35 所示线路接线。线路中的电流表和电压表用以监视该相的电流和电压。	检查记录

续表

测量数据实验内容（负载情况）	开灯盏数			线电流/A			线电压/V			相电压/V			中线电流 I_0/A	中点电压 U_{N0}/V
	A相	B相	C相	I_A	I_B	I_C	U_{AB}	U_{BC}	U_{CA}	U_{A0}	U_{B0}	U_{C0}		
Y₀接平衡负载	3	3	3											
Y接平衡负载	3	3	3											
Y₀接不平衡负载	1	2	3											
Y接不平衡负载	1	2	3											
Y₀接B相断开	1		3											
Y接B相断开	1		3											
Y接B相短路	3		3											

表 2-6 三相负载星接测量数据

实操内容、步骤与方法

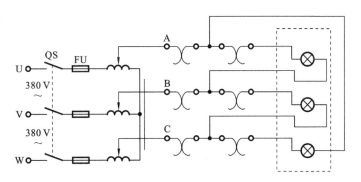

图 2-34 三相负载三角形连接电路（三相三线制供电）

(2) 接通三相电源，调节调节器输出，使输出线电压为 220 V。

(3) 按表 2-8 的要求进行测量及计算。

4. 用一瓦特表法测定三相对称星形负载的无功功率

(1) 按图 2-36 所示的线路接线，每相负载由白炽灯和电容元件并联而成。

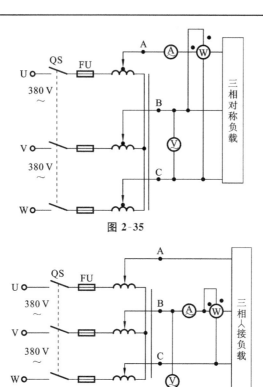

图 2-35

图 2-36

（2）接通三相电源，将调压器的输出线电压调到 220V。读取三表的读数，记入表 2-9。

表 2-7 三相负载三角形测量数据

测量数据负载情况	开灯盏数			线电压＝相电压/V			线电流/A			相电流/A		
	A—B相	B—C相	C—A相	U_{AB}	U_{BC}	U_{CA}	I_A	I_B	I_C	I_{AB}	I_{BC}	I_{CA}
三相平衡	3	3	3									
三相不平衡	1	2	3									

表 2-8 三相负载星接时有功功率的测算

负载情况	开灯盏数			测量数据			计算值
	A相	B相	C相	P_A/W	P_B/W	P_C/W	$\sum P/W$
Y_0 接对称负载	3	3	3				
Y_0 接不对称负载	1	2	3				

项目2 交流电路的分析与检测

续表

<table>
<tr><th colspan="2" rowspan="2">实操内容、步骤与方法</th><th colspan="2">表 2-9 三相负载星接时无功功率的测量</th><th colspan="3">测 量 值</th></tr>
<tr><th>每相接法</th><th>负 载 情 况</th><th>U/V</th><th>I/A</th><th>Q/var</th></tr>
<tr><td rowspan="3">I_A
U_{BC}</td><td>(1) 三相对称灯组(每相开3盏)</td><td></td><td></td><td></td></tr>
<tr><td>(2) 三相对称电容元件(每相4.7 μF)</td><td></td><td></td><td></td></tr>
<tr><td>(3)(1)、(2)的并联负载</td><td></td><td></td><td></td></tr>
<tr><td rowspan="3">I_B
U_{CA}</td><td>(1) 三相对称灯组(每相开3盏)</td><td></td><td></td><td></td></tr>
<tr><td>(2) 三相对称电容元件(每相4.7 μF)</td><td></td><td></td><td></td></tr>
<tr><td>(3)(1)、(2)的并联负载</td><td></td><td></td><td></td></tr>
<tr><td rowspan="3">I_C
U_{AB}</td><td>(1) 三相对称灯组(每相开3盏)</td><td></td><td></td><td></td></tr>
<tr><td>(2) 三相对称电容元件(每相4.7 μF)</td><td></td><td></td><td></td></tr>
<tr><td>(3)(1)、(2)的并联负载</td><td></td><td></td><td></td></tr>
<tr><td colspan="2">任务总结</td><td colspan="5"></td></tr>
</table>

【任务拓展】

1. 想一想

(1) 保护接地和保护接零的方式是怎样的?它们有何区别?

(2) 如果有人触电,而电源开关又不在附近,应该如何?

2. 做一做

研究三相交流电路电压、电流、功率的测定方法。

项目3　磁路与变压器的分析与检测

【项目导入】

电和磁是相互联系、密不可分的,有电流就会产生磁场,而磁场的变化又会产生感应电动势。许多电气设备就是在电与磁的相互转化中工作的,如电动机、发电机、变压器等。本项目主要通过喇叭线路故障的分析与检测、继电器的检测、点火线圈的检测实训任务,理解磁路、磁场的基本概念及其关系,掌握铁磁性材料的性质及电磁感应、霍尔传感器的工作原理及其应用,掌握继电器、电磁铁、变压器的结构、工作原理及其应用。

任务3.1　磁路的分析与检测

【任务描述】

理解磁场的基本物理量及各物理量之间的关系;了解磁路的基本定律;掌握汽车继电器的结构、工作原理及应用;掌握霍尔传感器的工作原理;正确连接喇叭线路并检查其线路故障。

【任务分析】

1. 知识目标

(1) 理解磁路的基本物理量(磁感应强度、磁通、磁导率和磁场强度)。
(2) 了解磁路的基本定律。
(3) 掌握汽车继电器的结构、工作原理及应用。
(4) 掌握霍尔传感器的工作原理。

2. 能力目标

(1) 能够用万用表等仪器对继电器进行性能检测。
(2) 能正确连接喇叭线路并检查其线路故障。

【知识准备】

3.1.1　磁场的基本物理量

在实际电路中存在大量的电感元件,如电工测量仪表、电磁铁、变压器、电机等,它们都是依靠电磁相互作用的过程进行工作的。

1. 磁场的基本物理量

磁场是磁体周围存在的一种特殊物质,磁体通过磁场发生相互作用。磁场的大小和方向可用磁力线来形象的描述:磁力线的疏密表示磁场的强弱,磁力线的切线方向表示磁场的方向。在磁体的周围空间有磁场的存在,磁场的特征可以用磁感应强度、磁通、磁导率、磁场强度等几个物理量来描述。

1) 磁感应强度

磁感应强度是定量描述磁场中各点磁场强弱和方向的物理量。实验表明,处于磁场中某点的一小段与磁场方向垂直的通电导体,如果通过它的电流为 I,其有效长度(即通电导体垂直磁力线的长度)为 L,则它所受到的安培力为 F。当导体中的电流 I 或有效长度 L 变化时,此导体受到的安培力 F 也要改变,但对磁场中确定的点来说,不论 I 和 L 如何变化,比值 $F/(IL)$ 始终保持不变。这个比值就称为磁感应强度,用 B 表示,即

$$B = \frac{F}{IL} \tag{3-1}$$

式中:B 为磁感应强度,单位为 T(特斯拉);F 为通电导体所受的安培力,单位为 N(牛顿);I 为导体中的电流,单位为 A(安培);L 为导体的长度,单位为 m(米)。

磁感应强度的方向与该点的磁场方向相同。

磁场中通电导体受力的方向、磁场方向、导体中电流的方向三者之间的关系,可用左手定则来判断,如图 3-1 所示。伸出左手,使拇指跟其他四指垂直,并都跟手掌在一个平面内,让磁力线穿入手心,四指指向电流方向,大拇指所指的方向即为通电直导线在磁场中所受安培力的方向。

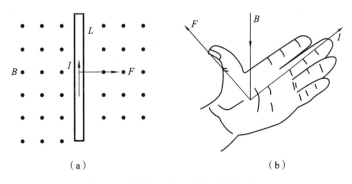

图 3-1 磁场中通电导体所受作用力
(a)磁场中通电导体所受作用力 (b)左手定则

由左手定则可知:$F \perp B$,$F \perp I$,即 F 垂直于 B、I 所决定的平面。

若磁场中各点的磁感应强度的大小、方向都相同,则称此磁场为匀强磁场。

2) 磁通

磁感应强度 B 与垂直于磁场方向的面积 S 的乘积称为通过该面积的磁通,用 Φ 表示,即

$$\Phi = BS \quad \text{或} \quad B = \frac{\Phi}{S} \tag{3-2}$$

磁通 Φ 反映了磁导体某个范围内磁力线的多少,单位为 Wb(韦伯)。

式(3-2)只适用于磁场方向与面积垂直的均匀磁场。当磁场方向与面积不垂直时,则磁通为

$$\Phi = BS\sin\theta \tag{3-3}$$

式中:θ 为磁场方向与面积 S 的夹角。

3) 磁导率

磁导率是描述磁场介质导磁能力的物理量,用 μ 表示。磁性材料都有很强的导磁性能,不同的介质,其导磁能力不同。常用的主要有铁、镍、钴及其合金等材料。磁导率 μ 和磁感应强度 B 的关系为

$$B_x = \mu \frac{NI}{l_x} = \mu H_x \tag{3-4}$$

式中:l_x 为 x 点处的磁力线(磁路)的长度;N 为线圈的匝数;I 为流过的电流。

4) 磁场强度

磁场强度是表征磁场强弱和方向的物理量,用 H 表示,但磁场强度与磁介质 μ 无关。因此

$$H = \frac{B}{\mu} \tag{3-5}$$

B(单位为 T)和 H(单位为 A/m)是方向相同、数值上相差 μ 倍的两个矢量。

注:由实验测得真空中的磁导率为一常数,即 $\mu_0 = 4\pi \times 10^{-7}$ H/m。不同介质的磁导率不同。为了比较各种物质的导磁性能,将任一物质的磁导率与真空的磁导率的比值称为该物质的相对磁导率,用 μ_r 表示,即

$$\mu_r = \frac{\mu}{\mu_0} \tag{3-6}$$

相对磁导率没有单位,它随磁介质种类的不同而不同,其数值反映了磁介质磁化后对原磁场影响的程度,是描述磁介质本身特性的物理量。

表 3-1 中列出了通过实验测定几种常见材料的相对磁导率。

表 3-1　几种常见材料的相对磁导率

材　　料	相对磁导率	材　　料	相对磁导率
钴	174	已经退火的铁	7 000
未经退火的铸铁	240	变压器硅钢片	7 500
已经退火的铸铁	620	在真空中融化的电解铁	12 950
镍	1 120	镍铁合金	60 000
软钢	2 180	C 形坡莫合金	115 000

2. 磁路

在变压器、电动机等电气设备中,为了把磁通约束在一定的空间范围内,均采用高磁导率的硅钢片等铁磁性材料制造铁芯,使其形成一个闭合的磁通路径。这种将磁通约束在铁芯范围内的磁通路径称为磁路。由于铁芯的导磁性能比空气要好得多,所以绝大部分磁通将在铁芯内通过,这部分磁通称为主磁通。围绕载流线圈、部分铁芯和铁芯周围的空间还存在少量分散的磁通,这部分磁通称为漏磁通。

图 3-2 所示为几种电气设备的磁路。图 3-2(a)所示为单相变压器的磁路,它由同一种铁磁性物质构成;图 3-2(b)所示为直流电动机的磁路;图 3-2(c)所示为继电器的磁路。后两种电气设备的磁路常由几种不同的材料构成,而且磁路中还有很短的空气隙。

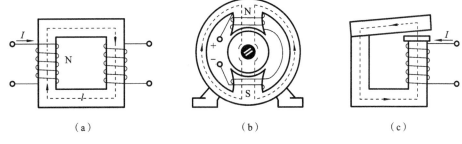

图 3-2 几种常见电气设备的磁路
(a) 单相变压器的磁路 (b) 直流电动机的磁路 (c) 继电器的磁路

3.1.2 磁路的基本定律

1. 磁路欧姆定律

磁路中的平均磁通为

$$\Phi = BS = \frac{IN\mu S}{l} = \frac{IN}{\dfrac{l}{\mu S}}$$

令

$$R_m = \frac{l}{\mu S} \tag{3-7}$$

得

$$\Phi = \frac{IN}{R_m} \tag{3-8}$$

式(3-8)称为磁路的欧姆定律。式中的 IN 称为磁动势,R_m 称为磁阻,即磁路中的磁通等于磁动势除以磁阻。磁路欧姆定律与电路欧姆定律形式相似:在一个无分支的电路中,回路中的电流等于电动势除以回路的总电阻 R;在一个无分支的磁路中,回路中的磁通等于磁动势 IN 除以回路中的总磁阻 R_m。

表 3-2 列出了电路与磁路对应的物理量及其关系式。

表 3-2 磁路和电路中对应的物理量及其关系式

电 路		磁 路	
电流	I	磁通	Φ
电阻	$R = \rho \dfrac{l}{S}$	磁阻	$R_m = \dfrac{l}{\mu S}$
电阻率	ρ	磁导率	μ
电动势	E	磁动势	$E_m = IN$
电路欧姆定律	$I = \dfrac{E}{R}$	磁路欧姆定律	$\Phi = \dfrac{E_m}{R_m}$

由式(3-7)可见,磁阻 R_m 的值取决于磁路的尺寸和材料的磁导率,故磁导率也不是常数。所以磁路欧姆定律不能用来进行定量计算,只做定性分析。磁路和电路有相似之处,却有本质的区别。

图 3-3(a)所示为电磁铁的磁路,当衔铁还没有被吸住时,磁通不但要通过铁芯,还要通过空气隙,其等效磁路如图 3-3(b)所示。由磁路欧姆定律可得

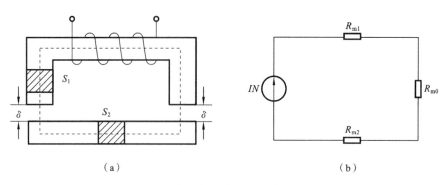

图 3-3 有空气隙的磁路和等效磁路
(a) 电磁铁磁路　(b) 电磁铁等效磁路

$$\Phi = \frac{IN}{R_\mathrm{m}} = \frac{IN}{R_\mathrm{m0} + R_\mathrm{m1} + R_\mathrm{m2}}$$

若要使磁路中获得一定的磁通,磁路中有空气隙时所需要的磁动势要远远大于没有空气隙时的磁动势。所以当磁路的长度和截面积已经确定时,为了减小磁动势(即减小励磁电流或线圈匝数),除了选择高磁导率的磁性材料外,还应当尽可能地缩短磁路中不必要的空气隙长度。

由于铁芯的磁导率 μ 不是常数,它随铁芯的磁化状况而变化,因此磁路欧姆定律通常不用来进行磁路的定量计算,但可用磁路欧姆定律进行磁路的定性分析。

2. 安培环路定律(也称全电流定律)

根据磁路的欧姆定律 $\Phi = \dfrac{E_\mathrm{m}}{R_\mathrm{m}}$,将 $\Phi = BS$,$E_\mathrm{m} = NI$,$R_\mathrm{m} = \dfrac{l}{\mu S}$ 代入,可得

$$B = \mu \frac{IN}{l}$$

将上式与 $B = \mu H$ 对照,可得

$$H = \frac{IN}{l} \quad \text{或} \quad IN = Hl \tag{3-9}$$

式中:l 为磁路的平均长度,单位为 m;I 为线圈中的电流,单位为 A;H 为磁路中的磁场强度,单位为 A/m;N 为线圈的匝数。

即磁路中磁场强度 H 与磁路的平均长度 l 的乘积,在数值上等于激发磁场的磁动势,这就是安培环路定律。磁场强度 H 与磁路平均长度 l 的乘积又称磁位差,用 U_m 表示,即

$$U_\mathrm{m} = Hl \tag{3-10}$$

磁位差 U_m 的单位为安培(A)。

若所研究的磁路具有不同的截面,并且是由不同的材料构成的,则可以把磁路分成许多段来考虑,于是有 $IN = H_1 l_1 + H_2 l_2 + \cdots + H_n l_n$ 或 $IN = \sum Hl = \sum U_\mathrm{m}$。

3. 电磁感应定律

1) 电磁感应

实验指出,当导体对磁场做相对运动,即切割磁力线时,导体中便有感应电动势产生;当穿过闭合回路的磁通量发生变化时,回路中便有感应电动势产生。这两种情况本质上一样,但在

不同条件下产生感应电动势的现象统称为电磁感应。

从形式上看,产生感应电动势有两种方法——切割磁力线和磁通量变化。

(1) 切割磁力线产生感应电动势 如图3-4(a)所示,当处在匀强磁场 B 中的直导线 l 以速度 v 垂直于磁场方向运动切割磁力线时,导线中便产生感应电动势,感应电动势为

$$e = Blv \tag{3-11}$$

式中:e 为感应电动势,单位为 V;B 为磁感应强度,单位为 T;l 为导线的有效长度,单位为 m;v 为导线的运动速度,单位为 m/s。

e 的方向可由右手定则来判断,如图3-4(b)所示。

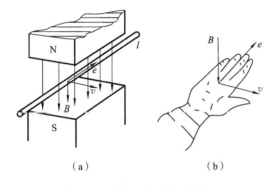

图 3-4 导体中的感应电动势

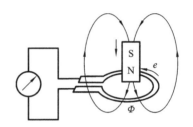

图 3-5 变化的磁通产生感应电动势

根据感应电动势的产生原理,可制造出各种发电机,如交流发电机。

交流发电机的转子线圈就是切割磁力线的导体,当转子在外力作用下匀速转动时,导体切割磁力线,在线圈中产生感应电动势。

(2) 磁通量变化产生感应电动势 如图3-5所示,将线圈放在磁场中,当磁体垂直移动时,穿过线圈的磁通也发生变化,此时线圈中就产生感应电动势。线圈中感应电动势的大小与穿过线圈的磁通的变化率成正比,即穿过线圈的磁通变化越快,产生的感应电动势越大;穿过线圈的磁通变化越慢,产生的感应电动势越小;磁通不变时,感应电动势为零。这一变化规律称为法拉第电磁感应定律。

感应电动势的方向可用楞次定律来确定。楞次定律指出:如果回路中的感应电动势是由于穿过回路的磁通变化产生的,则感应电动势在闭合回路中将产生一电流,由这一电流产生的磁通总是阻碍原磁通的变化。根据楞次定律,若选择磁通 Φ 与感应电动势 e 的参考方向仍符合右手螺旋关系。
则表达式为

$$e = -\frac{d\Phi}{dt}$$

如果同一变化的磁通穿过 N 匝线圈,则线圈中产生的感应电动势为

$$e = -N\frac{d\Phi}{dt} \tag{3-12}$$

2) 自感和互感

(1) 自感 当线圈中电流变化时,便在线圈周围产生变化的磁通,这个变化的磁通穿过线圈本身时,线圈中便产生感应电动势。这种由于线圈本身电流变化而产生感应电动势的现象

称为自感,所产生的电动势称为自感电动势,用 e_L 表示。自感电动势同样可以用电磁感应公式来表示,当线圈的匝数为 N 时,自感电动势为

$$e_L = -N\frac{d\Phi}{dt} = -\frac{d\Psi}{dt} \quad (3\text{-}13)$$

式中:$\Psi = N\Phi$,称为磁链,即与线圈各匝相链的磁通总和。

通常,磁通或磁链是由通过线圈的电流 i 产生的,当线圈中没有铁磁性物质时,Ψ 或 Φ 与 i 呈正比,即

$$\Psi = N\Phi = Li \quad \text{或} \quad L = \frac{\Psi}{i} = \frac{N\Phi}{i} \quad (3\text{-}14)$$

式中:L 为自感系数,简称电感,是电感元件的参数,单位为 H(亨)。

由式(3-14)中可见,线圈的匝数 N 越多,其电感值越大;线圈中单位电流产生的磁通越大,电感 L 值也越大。

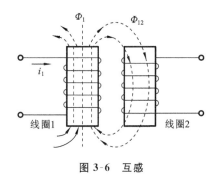

图 3-6 互感

将 $\Psi = Li$ 代入式(3-13),则得

$$e_L = -L\frac{di}{dt} \quad (3\text{-}15)$$

式(3-15)为电感元件自感电动势与线圈中电流关系的基本表达式,是分析电感元件的基本公式。

(2) 互感 如图 3-6 所示,当线圈 1 中电流变化时,产生的变化磁通穿过邻近的线圈 2,使线圈 2 中产生感应电动势。这种由于一个线圈中电流变化,而在另一线圈中产生感应电动势的现象称为互感,所产生的电动势称为互感电动势。两个互感线圈称为磁耦合线圈。

3.1.3 铁磁性物质的性质

磁场中的物质称为磁介质,物质对磁场的影响能力称为导磁性。根据物质导磁性的不同,把物质分为非铁磁性物质和铁磁性物质两大类。如空气、木材、陶瓷、胶木、铜、铝等之类的磁介质,其导磁能力很弱,这类磁介质统称为非铁磁性物质(又称为非铁磁物质);铁、钴、镍和它们的合金及氧化物之类的磁介质,其导磁能力很强,这类磁介质统称为铁磁性物质(又称为铁磁材料物质)。由于铁磁性物质的磁导率很大,具有铁芯的线圈,其磁场远比没有铁芯的线圈的磁场强,所以电动机变压器等电器设备都要采用铁芯作磁路。下面就来研究铁磁性物质的磁化特性。

1. 铁磁性物质的磁化

磁化曲线只反映了铁磁性物质在外磁场由零逐渐增强的磁化过程,而在很多实际应用中,铁磁性物质是工作在交变磁场中的。所以,有必要研究铁磁性物质反复交变磁化的问题。铁磁性物质具有很强的被磁化特性。铁磁性物质内部存在着许多小的自然磁化区,称为磁畴。这些磁畴犹如小的磁铁,在无外磁场作用时呈杂乱无章的排列,对外不显磁性,如图 3-7(a)所示。若将铁磁物质放入通电线圈中(线圈称为励磁线圈,电流称为励磁电流),在励磁电流产生的外磁场作用下,各磁畴的磁场方向在外磁场的作用下,将按照外磁场的方向顺序排列,产生一个很强的附加磁场,此时称铁磁性物质被磁化。磁化后,附加磁场与外磁场相叠加,从而使

铁磁性物质内的合成磁场大大增强,如图 3-7(b)所示。

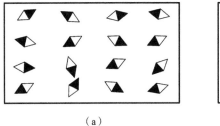
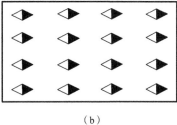

图 3-7　铁磁性物质磁畴示意图
(a) 磁化前　(b) 磁化后

2. 磁滞损耗

铁磁性物质在交变磁化过程中,由于磁畴在不断地改变方向,使铁磁性物质内部分子振动加剧,温度升高,造成能量消耗。这种由于磁滞而引起的能量损耗称为磁滞损耗。磁滞损耗的程度与铁磁性物质的性质有关,不同的铁磁性物质的磁滞损耗不同,如硅钢片的磁滞损耗比铸钢或铸铁的小。磁滞回线包围的面积越大,磁滞损耗就越大,所以剩磁和矫顽磁力越大的铁磁性物质,磁滞损耗就越大。因此,磁滞回线的形状常被用来判断铁磁性物质的性质和作为选择材料的依据。磁滞损耗对电动机或变压器等电气设备的运行不利,是引起铁芯发热的原因之一。

3. 涡流损耗

由于铁磁性物质具有很高的磁导率,所以电气设备中采用铁磁性物质做磁路材料。铁磁性物质作为磁路材料时,除了产生磁滞损耗之外,还会产生涡流损耗。

涡流是一种感应电流,它产生在交流电气设备中。如图 3-8(a)所示,在一整体铁芯上绕有线圈,当线圈中通以交变电流时,铁芯中便产生交变磁场。由于铁芯也是导体,可将其看成是由许多垂直于磁通方向的闭合回路组成。当穿过这些闭合回路的磁通发生变化时,回路中要产生感应电流,这个感应电流称为涡流。

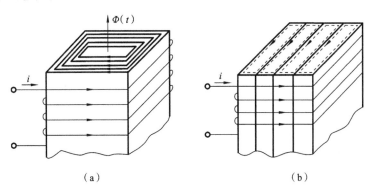

图 3-8　铁芯中的耦合
(a) 整块铁芯　(b) 叠层铁芯

涡流的存在会使电气设备的铁芯发热而消耗电功率,称为涡流损耗,这对电气设备是不利的。为了减小涡流损耗,电气设备的铁芯一般都不用整体的铁芯,而用硅钢片叠成。硅钢片由含硅2.5%的硅钢轧制而成,其厚度为0.35~1mm。硅钢片表面涂有绝缘层,使片间相互绝缘。图3-8(b)所示为由硅钢片压制成的线圈铁芯,使得涡流大大减小。

涡流虽然在很多电气设备中会引起不良后果,但在有些场合,人们却利用涡流为生产、生活服务。例如工业上利用涡流产生热量来熔化金属;日常生活中的电磁炉也是利用涡流的原理制成的,它给人们的生活带来了很多的便利。在汽车上,机械传感式车速表利用的也是涡流原理来工作的。

4. 铁磁性材料的分类

根据磁性能,铁磁性材料又可分为以下三种。

(1) 软磁材料 软磁材料的特点是磁导率高,磁滞特性不明显,具有较小的矫顽磁力和剩磁,磁滞回线窄长,如图3-9(a)所示。常用的有铸铁、铸钢、硅钢片、坡莫合金等,一般用来制造电机、电器及变压器等的铁芯、磁头、磁芯等。

(2) 硬磁材料 硬磁材料的特点是剩磁和矫顽力均较大,磁滞性明显,磁滞回线较宽,如图3-9(b)所示。常用的硬磁材料如碳钢、钨钢、钴钢、镍钢合金等,常用来制造永久磁铁、磁电系测量仪表、扬声器等。

(3) 矩磁材料 矩磁材料的特点是只要受较小的外磁场作用就能磁化到饱和,当外磁场去掉后,磁性仍保持,磁滞回线接近矩形,稳定性良好,如图3-9(c)所示。常用的矩磁材料有镁锰铁氧体和某些铁镍合金等,在计算机和控制系统中矩磁材料用作记忆元件、开关元件和逻辑元件。

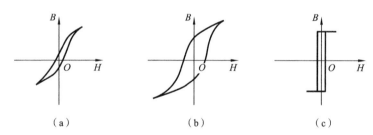

图3-9 铁磁性材料的磁性能
(a) 软磁性材料 (b) 硬磁性材料 (c) 矩磁材料

3.1.4 电磁铁的结构、原理及类型

电磁铁是工程技术中常用的电气设备,是利用通电的铁芯线圈吸引衔铁而工作的电器。电磁铁的用途极为广泛,如工业生产中使用的起重电磁铁,电器设备中的接触器、继电器、制动器等。

1. 电磁铁的结构与工作原理

电磁铁由于用途不同而其形式各异,但基本结构相同,都是由励磁线圈、铁芯及衔铁三个主要部分组成。

带有铁芯的通电线圈可增强磁场的作用。如图3-10所示,当励磁线圈通入电流时,便产生磁场,铁芯和衔铁都被磁化,衔铁受到电磁力的作用而被吸向铁芯,衔铁的动作可使其他机械装置发生联动。当电源断开时,电磁铁的磁性随着消失,衔铁被释放。磁场强度取决于线圈

图 3-10 几种电磁铁

铁芯的材料、线圈匝数和电流的大小。

2. 电磁铁的分类

根据励磁线圈使用电源的不同,电磁铁分为直流电磁铁和交流电磁铁两种,交流电磁铁有单相和三相之分。在汽车电控系统中使用的多为直流电磁铁。

1) 直流电磁铁

图 3-11 所示为直流电磁铁的结构。当电磁铁的励磁线圈中通入励磁电流时,铁芯对衔铁产生吸力。衔铁受到的吸力与两磁极间的磁感应强度 B 成正比,在 B 为一定值的情况下,吸力的大小还与磁极的面积成正比,即 $F \propto B^2 S$。经过计算,作用在衔铁上的吸力可表示为

$$F = \frac{10^7}{8\pi} B^2 S \tag{3-16}$$

式中:F 为电磁吸力,单位为 N(牛顿);B 为空气隙中的磁感应强度,单位为 T(特斯拉);S 为铁芯的横截面积,单位为 m^2。

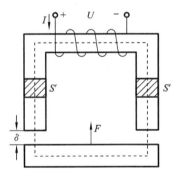 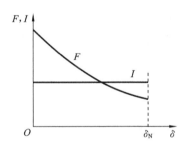

图 3-11 直流电磁铁 　　　图 3-12 直流电磁铁的工作特性

直流电磁铁的吸力 F 与空气隙的关系,即 $F = f_1(\delta)$;电磁铁的励磁电流 I 与空气隙的关系,即 $I = f_2(\delta)$;这称为电磁铁的工作特性,可由实验得出,其特性曲线如图 3-12 所示。

由图 3-12 中可见,直流电磁铁的励磁电流 I 的大小与衔铁的运动过程无关,只取决于电源电压和线圈的直流电阻,而作用在衔铁上的吸力则与衔铁的位置有关。当电磁铁启动时,衔铁与铁芯之间的空气隙最大,磁阻最大,因磁动势不变,磁通最小,磁感应强度亦最小,吸力最小;当衔铁吸合后,$\delta = 0$,磁阻最小,吸力最大。

直流电磁铁的特点如下。

(1) 励磁电流是由励磁线圈的外加电压和线圈电阻决定的,电流是恒定的,无感应电动势产生。

(2) 无磁滞和涡流损耗,铁芯可以使用整块的铸钢、软铁。

(3) 吸合后,因磁动势不变,磁阻降低,磁感应强度增强,所以吸合后电磁力比吸合前大得

多,但励磁电流不变。

2) 交流电磁铁

交流电磁铁与直流电磁铁在原理上并无区别,只是交流电磁铁的励磁线圈上加的是交流电压,电磁铁中的磁场是交变的。设电磁铁中磁感应强度 B 按正弦规律变化,即

$$B=B_\mathrm{m}\sin\omega t$$

代入式(3-16),得电磁吸力的瞬时值为

$$F=\frac{10^7}{8\pi}B^2 S=\frac{10^7}{8\pi}SB_\mathrm{m}^2\sin^2\omega t \tag{3-17}$$

由式(3-17)中可见,电磁吸力是脉动的。

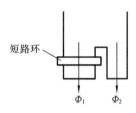

图 3-13 短路环

由于交流电磁铁的吸力是脉动的,工作时要产生振动,从而产生噪声和机械磨损。为了减小衔铁的振动,可在磁极的部分端面上嵌装上一个铜制的短路环,如图 3-13 所示。

当总的交变磁通 Φ 的一部分 Φ_1 穿过短路环时,环内产生感应电流,阻止磁通 Φ_1 变化,从而造成环内磁通 Φ_1 与环外磁通 Φ_2 产生相位差,于是有这两部分磁通产生的吸力不会同时为零,使振动减弱。

需要指出的是,交流电磁铁的线圈电流在刚吸合时要比工作时大几到十几倍。由于吸合时间很短,吸合后电流立即降为正常值,因此对线圈没有大的影响。如果由于某种意外原因电磁铁的衔铁被卡住,或因为工作电压低导致衔铁不能吸合,则线圈会因为长时间过流而烧毁。

交流电磁铁的特点如下。

(1) 吸力的瞬时值是交变的,铁芯需加短路环。

(2) 励磁电流吸合前大,吸合后减小;前后吸力的平均值不变。

在交流电磁铁中,线圈电流不仅与线圈电阻有关,主要的还与线圈感抗有关。在其吸合过程中,随着磁路气隙的减小,线圈感抗增大,电流减小。如果衔铁被卡住,通电后衔铁吸合不上,线圈感抗就一直很小,电流较大,将使线圈严重发热甚至烧毁。

(3) 为减小铁损(包括磁滞损耗和涡流损耗),铁芯由硅钢片叠成。

3. 电磁铁的应用实例

(1) 电磁铁在生产中获得广泛应用。其主要应用原理是:用电磁铁衔铁的动作带动其他机械装置运动,产生机械连动,实现控制要求。

(2) 电磁铁在汽车上的应用 电磁铁在汽车上的典型应用就是触点式电压调节器和电喇叭。

① 触点式电压调节器 触点式电压调节器利用电磁铁在不同电流下的磁力变化,使衔铁触点断开或吸合,控制发电机励磁电路的闭合与断开,达到调节发电机输出电压的目的。

② 电喇叭 电喇叭利用衔铁触点控制电磁铁的通断,使电磁铁不断吸合和断开,产生振荡,发出鸣叫声。

3.1.5 继电器

1. 继电器的类型

继电器是自动控制电路中常用的一种元件,它是利用较小的电流来控制较大电流的一种

自动开关,在电路中起着自动操作、自动调节、安全保护等作用。

继电器的种类很多,按输入信号的不同可分为电压继电器、电流继电器、功率继电器、压力继电器、温度继电器等;按工作原理可分为电磁式继电器、感应式继电器、干簧式继电器、电动式继电器、电子式继电器等;按触点状态的不同可分为常开型继电器、常闭型继电器和混合型继电器。

电磁式继电器成本较低,便于控制执行部件,因此在汽车电路中得到广泛应用。

2. 电磁式继电器的结构

电磁继电器一般由铁芯、线圈、衔铁、触点等部分组成,电磁式继电器的结构如图 3-14 所示。

对于继电器的"常开""常闭"触点,可以这样来区分:继电器线圈未通电时处于断开状态的静触点称为"常开触点(也称为动合触点)";处于接通状态的静触点称为"常闭触点(也称为动断触点)"。

(1) 常开型继电器 常态时触点断开,只有在其线圈通电时触点才闭合,如图 3-15(a)、图 3-15(d)所示。

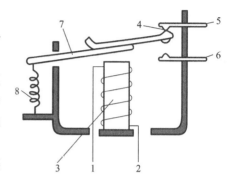

图 3-14 电磁式继电器的结构
1、2—线圈;3—铁芯;4—动触点;
5、6—静触点;7—衔铁;8—弹簧

(2) 常闭型继电器 常态时触点闭合,只有在其线圈通电时触点才断开,如图 3-15(b)所示。

(3) 混合型继电器 在两个触点间切换,由线圈得电、失电状态决定,如图 3-15(c)所示。

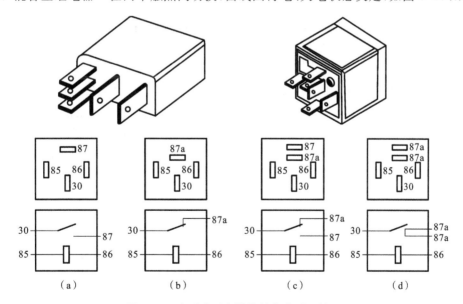

图 3-15 电磁式继电器的触点类型及符号

3. 电磁式继电器的工作原理

如图 3-14 所示,只要在线圈 1、2 两端加上一定的电压,线圈中就会流过一定的电流,从而产生电磁效应,衔铁就会在电磁力吸引的作用下克服弹簧的拉力向下运动与铁芯吸合,从而带动衔铁的动触点 4 动作,使常闭触点(动断触点)5 断开,常开触点(动合触点)6 吸合;当线圈断电后，电磁的吸力也随之消失，衔铁就会在弹簧的回复力作用下返回原来的位置，触点恢复常态：常开触点断开，常闭触点闭合。通过触点动作转换，从而控制电路的导通与切断。

4. 汽车继电器的典型应用

在汽车上常用的继电器有：启动继电器、闪光（转向）继电器、喇叭继电器等。下面分别做简单介绍。

1）启动继电器

在采用电磁啮合式启动机的启动电路中，启动开关常与点火开关制成一体。通过启动机电磁开关的电流很大（大功率启动机可达 30～40 A），容易使点火开关早期损坏。为此，在有些汽车上，点火开关和启动机电磁开关之间装有启动继电器，如图 3-16 所示。

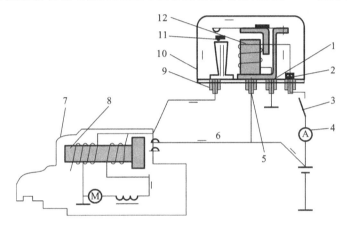

图 3-16 电磁啮合式启动机的控制电路

1—"搭铁"接线柱；2—"点火开关"接线柱；3—点火开关；4—电流表；5—蓄电池接线柱；
6，9—"启动机"接线柱；7—启动机；8—启动机电磁开关；10—启动继电器；11—常开触点；12—线圈

当点火开关转到启动位置时，启动继电器线圈中有电流通过，铁芯磁化，常开触点闭合，接通了从蓄电池到启动机电磁开关的电路，吸引线圈和保持线圈通电，其电路为：电流从蓄电池正极出发，经过蓄电池接线柱，到达衔铁，流经常开触点到启动机接线柱，到启动机电磁开关接线柱，启动机开始工作，使发动机启动。发动机启动后，切断启动机开关，启动机停止工作。由于通过启动继电器线圈的电流较小，从而保护了启动开关。

2）闪光继电器

闪光继电器又称为闪光器。按其结构不同，可分为阻丝式、电容式和电子式三种。其中阻丝式又可分为热丝式（电热式）和翼片式（弹跳式）。

热丝式闪光器也称为电热式闪光器。热丝式闪光器的结构与工作原理如图 3-17 所示。转向灯的闪光频率为 50～110 次/min，但一般控制在 60～95 次/min。

3）喇叭继电器

汽车喇叭是用来警告行人和其他车辆，以引起注意，保证交通安全，同时还可用于催行与传递信号。为了保护喇叭按钮，专门安装了喇叭继电器。在汽车上用喇叭按钮控制继电器线圈的通断，而继电器用线圈产生的电磁力来通断所要控制的电路。

图 3-18 所示为汽车喇叭继电器的应用电路，蓄电池电压加到继电器线圈的一端，另一端接喇叭按钮。喇叭按钮是常开关，其一端接地。只要按下喇叭按钮，电路接通，继电器线圈

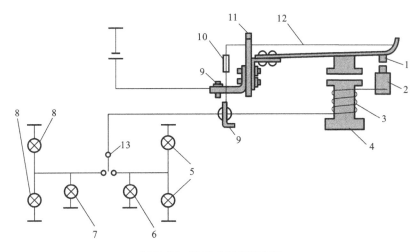

图 3-17　热丝式闪光继电器

1—活动触点；2—固定触点；3—线圈；4—铁芯；5—右(前、后)转向指示灯；6—右转向指示灯；
7—左转向指示灯；8—左(前、后)转向灯；9—接线柱；10—附加电阻；11—调节片；12—镍铬丝；13—转向开关

得电,线圈建立磁场,动合触点吸合,蓄电池电压便加到喇叭上,喇叭流过大电流,鸣叫。汽车喇叭电路中的继电器线圈有电流通过时,动合触点闭合,接通蓄电池和喇叭部件中的电路;否则,继电器动合触点断开。这是汽车喇叭继电器应用的工作原理。

汽车喇叭控制电路只需 0.25 A 电流,而喇叭发声需要 20~30 A 电流。汽车喇叭电路中加入继电器后,喇叭按钮只流过较小的继电器线圈电流,因而不容易损坏,故可起到保护喇叭按钮的作用,使用寿命得以延长。

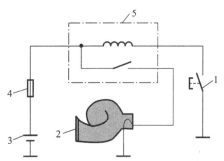

图 3-18　汽车喇叭继电器的应用电路

1—喇叭按钮；2—喇叭；3—蓄电池；
4—熔断器；5—继电器

5. 汽车用继电器的主要参数

（1）功率　功率是指继电器线圈在额定电压下的额定功率。

（2）线圈电压　线圈电压是指继电器正常工作时线圈需要的电压值。汽车继电器的电压均与汽车电源相一致,分 12 V 和 24 V 两种。

（3）线圈电阻　线圈电阻是指线圈的电阻值,可以根据线圈电阻来求线圈的工作电压或工作电流。

（4）触点负荷　触点负荷是指触点的负载能力,有时也称为触点容量。因为继电器的触点在切换时要承受一定的电压和电流,因而影响继电器的使用寿命。

3.1.6　霍尔传感器

1. 霍尔效应

霍尔效应是磁电效应的一种,这一现象是霍尔于 1879 年在研究金属的导电性质时发现的。霍尔效应是研究半导体材料性能的基本方法。通过霍尔效应实验测定的霍尔系数,能够

判断半导体材料的导电类型、载流子浓度及载流子迁移等重要参数。流体中的霍尔效应是研究"磁流体发电"的理论基础。

产生霍尔效应的原因是形成电流的定向运动的带电粒子即载流子在磁场中所受到的洛伦兹力作用而产生的。

如图 3-19 所示,将一块半导体或导电材料,沿 Z 方向加以磁场 B,沿 X 方向通以工作电流 I,则在 Y 方向产生出电动势 E_H,这现象称为霍尔效应。E_H 称为霍尔电压。

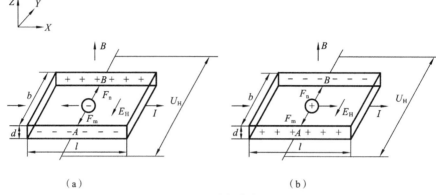

图 3-19 霍尔效应原理

实验表明,在磁场不太强时,电位差 U_H 与电流强度 I 和磁场强度 B 呈正比,与板的厚度 d 呈反比,即

$$U_H = R_H \frac{IB}{d} \quad 或 \quad U_H = K_H IB \tag{3-18}$$

式中:R_H 为霍尔系数;K_H 为霍尔元件的灵敏度,单位为 $mV/(mA \cdot T)$;B 是磁感应强度;d 为霍尔元件的厚度。

2. 霍尔元件的应用

霍尔元件制成的传感器的体积比传统的磁电式传感器的体积小,外围电路简单,频带宽,动态性能好,寿命长,因此广泛应由于汽车电控系统中。

利用霍尔效应可以进行速度或位置检测。在霍尔传感器中控制电流恒定,而使磁场强度发生变化,即霍尔电压随磁场强度而变化。霍尔传感器具有无磨损且输出电压在寿命期限内保持恒定的优点,尽管霍尔电压的精确性依赖于磁场和电流,但其输出电压的频率范围仍然很宽。霍尔传感器可以对低速运动进行检测,特别适合里程表、驾驶人员信息系统和点火正时控制提供相应的运动信号。

【任务实施】

任务名称	汽车喇叭线路的分析与检测
任务目标	1. 掌握汽车喇叭电路的组成与工作原理 2. 掌握汽车喇叭电路中继电器的作用 3. 掌握汽车喇叭电路图的识读与线路的连接方法 4. 会分析和查找汽车喇叭电路的常见故障

续表

设备器材	捷达全车电器线路连接板、数字万用表、试灯、跨接线	
实操内容及方法、步骤	1. 汽车喇叭线路的识读与连接 （1）首先分析电路原理,如图3-20所示,把汽车电路图中的实物对应查找到并检测下列项目。 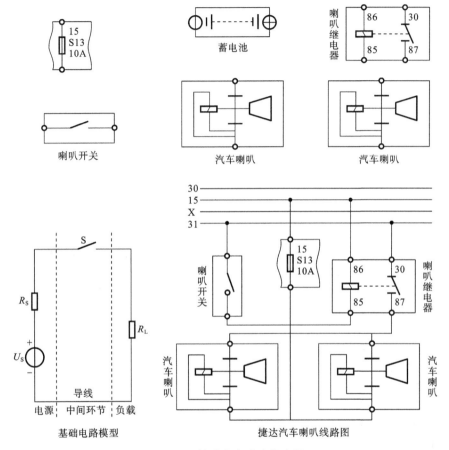 图 3-20　捷达汽车喇叭线路图 ① 喇叭的检测。 喇叭接线柱电阻的检测:用万用表的"R×1 Ω"挡检测喇叭接线柱的电阻,电阻值为 $0.4 \sim 1.5 \, \Omega$。 喇叭接线柱的电阻测量值为_____Ω。 ② 喇叭继电器线圈的检测　用万用表的"R×1 Ω"挡检测喇叭继电器"电池"接线柱与"搭铁"接线柱之间的电阻值,正常情况下应有一定阻值。可参见喇叭继电器的相关技术参数。 喇叭继电器线圈的电阻值为_____Ω。 ③ 喇叭继电器触点的检测　用万用表的"R×1 Ω"挡检测喇叭继电器"电池"接线柱与"搭铁"接线柱之间的电阻值,正常情况应为无穷大,否则为触点黏连故障。 喇叭继电器触点的电阻值为_____Ω。	检查记录

续表

| 实操内容及方法、步骤 | （2）正确连接线路。
当按下喇叭按钮后，电流从蓄电池正极→继电器电池接线柱→线圈继电器按钮接线柱→按钮→搭铁→蓄电池负极构成回路。由于继电器线圈有电流通过，铁芯被磁化，继电器常开触点闭合，便接通了喇叭电路。电流从蓄电池正极→熔断器→喇叭接线柱→继电器触点→搭铁→蓄电池负极构成回路。此时电流通过了喇叭线圈，便发出了声响；当松开按钮时，继电器线圈的电流被切断，电磁铁的磁性消失，触点在弹簧的作用下分开，从而切断了喇叭电路。
2. 汽车喇叭线路常见故障的分析与检测
（1）喇叭不响。
① 故障现象　打开点火开关（喇叭工作受点火开关控制的车辆），按动喇叭按钮，喇叭不响。
② 可能的故障原因如下。
● 喇叭损坏。
● 熔断器烧断。
● 喇叭继电器损坏。
● 喇叭按钮故障。
● 线路出现故障。
③ 故障诊断　方法如下。
在熔断器正常情况下，诊断喇叭不响故障可在喇叭处进行，打开点火开关，一个人按下喇叭按钮不动，另一个人用万用表测量喇叭两接线之间的电压，正常值应为蓄电池电压，说明故障在喇叭本身；若无电压显示，接好喇叭接线，应进一步检查喇叭继电器。用短线短接继电器的两主电路触点，若喇叭仍不响，则说明故障在供电电路；若喇叭响，则说明故障在继电器控制线路、喇叭按钮或喇叭继电器上。可用分段短路法进一步诊断出故障部位。
（2）喇叭声音不正常故障。
① 故障现象　按喇叭按钮时，喇叭发出的声音沙哑、发闷或声音刺耳。
② 可能的故障原因如下。
● 蓄电池电量不足。
● 继电器接触不良。
● 喇叭接触不良或间隙调整不当。
● 喇叭内部损坏。
③ 故障诊断　方法如下。
首先检查蓄电池电量，如蓄电池电量充足，检查继电器工作是否正常；调整喇叭间隙，如果声音还不正常，应更换喇叭。
（3）喇叭长鸣不停。
① 故障现象　喇叭长鸣不停。
② 可能的故障原因如下。
● 喇叭按钮线短路。
● 喇叭继电器触点烧结一起。
③ 故障诊断　利用万用表或试灯检测喇叭电路的故障的方法如下。
● 首先利用万用表直流电压"20 V"挡，当没有按下喇叭按钮时，测量喇叭开关的电压，喇叭按钮两端的电压若为 0 V，说明喇叭按钮线短路；如果显示为蓄电池电压12 V， |

项目3 磁路与变压器的分析与检测

续表

实操内容及方法、步骤	说明喇叭按钮线路正常。 或者把试灯接在喇叭开关两端,当没有按下喇叭按钮时,如果试灯亮,则表明喇叭按钮线正常;此时如果试灯不亮,则表明喇叭按钮线短路。 ●利用万用表直流电压"20 V"挡,当没有按下喇叭按钮时,测量喇叭继电器触点的电压,喇叭继电器触点两端的电压若为0 V,说明喇叭继电器触点烧结一起;如果显示为蓄电池电压12 V,说明喇叭继电器触点正常。 或者把试灯接在喇叭继电器触点两端,当没有按下喇叭按钮时,如果试灯亮,则表明喇叭继电器触点正常;此时如果试灯不亮,则表明喇叭继电器触点烧结一起。 3. 整理器材、线材和工具,做好操作记录
任务总结	

【任务拓展】

1. 想一想

(1) 磁场的基本物理量有_____、_____、_____、_____。

(2) 铁磁性物质按其磁性能可分为_____、_____和_____。

(3) 铁磁性物质的特点是_____、_____和_____。

(4) 自感和互感现象都属于_____现象。

(5) 楞次定律表明,线圈中的感应电流的方向总要阻碍_____的变化,若线圈中磁通增加时,感应电流的磁场方向与原磁场方向_____;若线圈中磁通减少时,感应电流的磁场方向与原磁场方向_____。

(6) 简述电磁铁的结构与作用。

(7) 简述直流电磁铁与交流电磁铁的特点。

(8) 简述喇叭继电器的结构与作用。

(9) 简述交流电气设备的铁芯用绝缘的硅钢片叠成的原因。

(10) 简述涡流的形成与作用。

(11) 在电压相等的情况下,如果把一个直流电磁铁接到交流电源上使用,或者把一个交流电磁铁接到直流电源上使用,将会发生什么后果?

(12) 交流电磁铁衔铁的颤动怎样消除?

2. 做一做

(1) 如何检测汽车喇叭继电器?

(2) 打开点火开关(喇叭工作受点火开关控制的车辆),按动汽车喇叭按钮,喇叭不响。请分析故障可能的原因及排除方法。

任务 3.2　变压器的分析与检测

【任务描述】

了解变压器的作用与分类及其图形符号,掌握变压器的基本结构和工作原理,能够检测点火线圈的性能。

【任务分析】

1. 知识目标

(1) 了解变压器的作用与分类。

(2) 掌握变压器的结构、工作原理及应用。

2. 能力目标

(1) 能够熟练使用万用表等仪器。

(2) 能对汽车点火线圈进行性能检测。

【知识准备】

3.2.1　变压器的基本结构及分类

变压器是根据电磁感应原理制成的,它是传输电能或信号的静止电气设备,它有电压变换、电流变换、阻抗变换及电隔离作用,在电力系统和电子线路中得到广泛应用。

1. 变压器的基本结构

变压器主要由铁芯和线圈两部分构成。

为了提高铁芯导磁性能,减少铁芯内的磁滞损耗和涡流损耗,铁芯通常采用硅含量约为 5%,厚度为 0.35~0.5 mm 且表面涂有绝缘漆的硅钢片交错叠装而成。铁芯是变压器的磁路通道,按其构造形式可分为芯式和壳式两种,如图 3-21(a)、图 3-21(b)所示。

线圈是变压器的电路部分,是用漆色线、沙包线或丝包线绕成。其中和电源相连的线圈称原线圈(初级线圈、原绕组、初级绕组、一次绕组),和负载相连的线圈称副线圈(次级线圈、副绕组、次级绕组、二次绕组)。根据绕组匝数的不同,也可将匝数多的称为高压绕组,匝数少的称为低压绕组。单相小容量变压器的绕组多用高强度漆包线绕制。为了降低绕组和铁芯间的绝缘要求,一般高压绕组同心地套在低压绕组的外面。

2. 变压器的分类

变压器是利用电磁感应原理工作的电磁装置,它的符号如图 3-22 所示,T 是它的文字符

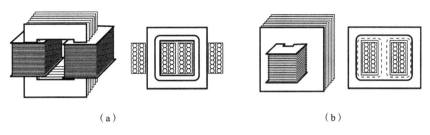

图 3-21 芯式和壳式变压器

号。变压器的种类很多,简单分类如下。

(1) 按照用途分类　变压器可分为:电力变压器、电源变压器、整流变压器、音频变压器、中频变压器、高频变压器、脉冲变压器、调压变压器、仪用变压器、电炉变压器、电焊变压器、矿用变压器(防爆变压器)等。

(2) 按铁芯或线圈结构分类　芯式变压器(插片铁芯、C形铁芯、铁氧体铁芯)和壳式变压器(插片铁芯、C形铁芯、铁氧体铁芯)。

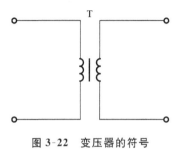

图 3-22 变压器的符号

(3) 按电源相数分类　单相变压器和三相变压器。

(4) 按冷却方式分类　干式(自冷)变压器、油浸变压器、氟化物(蒸发冷却)变压器。

(5) 按防潮方式分类　开放式变压器、灌封式变压器、密封式变压器。

3.2.2　单相变压器的工作原理

变压器虽然用途及种类各异,但基本原理是相同的。变压器是利用电磁感应原理工作的,一次绕组接在交流电源上,在铁芯中产生交变磁通,从而在一、二次绕组产生感应电动势。

1. 空载运行(变换交流电压)

一次绕组接额定电压为 U_1 的交流电源上,二次绕组处于开路状态,这时变压器处于空载运行状态。一次绕组接上交流电压,铁芯中产生的交变磁通同时通过一、二次绕组,一、二次绕组中交变的磁通可视为相同。变压器空载运行电路如图 3-23 所示。

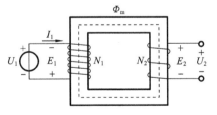

图 3-23　变压器空载运行电路

设一次绕组的匝数为 N_1,二次绕组的匝数为 N_2,磁通为 Φ,得

$$\frac{U_1}{U_2}=\frac{N_1}{N_2}=K \quad (3-19)$$

式(3-19)中的 K 称为变压比。由此可见:变压器一、二次绕组的端电压之比等于匝数比。说明变压器空载时一、二次绕组的电压比近似等于它的匝数比。高压绕组匝数多,低压绕组匝数少。由于一、二次绕组匝数的不同,从而实现了变压器变换电压的目的。

如果变压器的 $N_1<N_2$, $K<1$,电压上升,此变压器称为升压变压器。

如果变压器的 $N_1>N_2$, $K>1$,电压下降,此变压器称为降压变压器。

2. 负载运行(变换交流电流)

一次绕组接额定电压为 U_1 的交流电源上,二次绕组与负载相连接时,这时变压器处于负载运行状态。根据能量守恒定律,变压器输出功率与从电网中获得的功率相等,即 $P_1=P_2$,由交流电功率的公式可得

$$U_1 I_1 \cos\varphi_1 = U_2 I_2 \cos\varphi_2$$

式中:$\cos\varphi_1$ 为一次绕组的功率因数;$\cos\varphi_2$ 为二次绕组的功率因数。

φ_1 与 φ_2 相差很小,可认为相等,因此得到 $U_1 I_1 = U_2 I_2$,得

$$\frac{I_1}{I_2} = \frac{N_2}{N_1} = \frac{1}{K} \tag{3-20}$$

式(3-20)表明,变压器工作时,一、二次绕组中的电流与其绕组的匝数成反比。高压绕组通过的电流小,用较细的导线绕制;低压绕组通过的电流大,用较粗的导线绕制。这是在外观上区别变压器高、低压绕组的方法。

3. 阻抗变换

设变压器一次侧输入阻抗为 $|Z_1|$,二次侧负载阻抗为 $|Z_2|$,则

$$|Z_1| = \frac{U_1}{I_1} = \frac{\frac{N_1}{N_2}U_2}{\frac{N_2}{N_1}I_2} = \left(\frac{N_1}{N_2}\right)^2 \frac{U_2}{I_2} = K^2 |Z_2|$$

得

$$|Z_1| = \left(\frac{N_1}{N_2}\right)^2 \frac{U_2}{I_2} \tag{3-21}$$

式(3-21)表明,对一次侧而言,接在变压器二次侧的阻抗 $|Z_2|$ 相当于接入等效阻抗为 $|Z_1|$ 的负载。在电子电路中常用变压器作为阻抗变换器来实现与负载阻抗的匹配,使负载获得最大的功率,此变压器也称为输出变压器。

4. 变压器的外特性和电压变化率

1) 变压器的外特性

变压器外特性就是当变压器的一次侧电压 U_1 和负载的功率因数都一定时,二次侧电压 U_2 随二次侧电流 I_2 变化的关系,如图 3-24 所示。

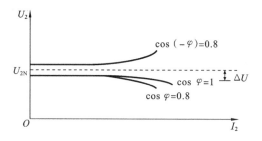

图 3-24 变压器的外特性曲线

由变压器外特性曲线图 3-24,得出以下结论。

(1) $I_2=0$ 时,$U_2=U_{2N}$。

(2) 当负载为电阻性和电感性负载时,随着 I_2 的增大,U_2 逐渐下降。在相同的负载电流

情况下，U_2 的下降程度与功率因数 $\cos\varphi$ 有关。

(3) 当负载为电容性负载时，随着功率因数 $\cos\varphi$ 的降低，曲线上升。所以，在供电系统中，常常在电感性负载两端并联一定容量的电容元件，以提高负载的功率因数 $\cos\varphi$。

2) 电压的变化率

电压变化率是指变压器空载时二次侧电压 U_{2N} 和有载时二次侧电压 U_2 之差与 U_{2N} 的百分数，即

$$\Delta U = \frac{U_{2N} - U_2}{U_{2N}} \times 100\% \tag{3-22}$$

电压变化率越小，为负载供电的电压就越稳定。

5．变压器的功率和效率

1) 变压器的功率

变压器的功率消耗等于输入功率 $P_1 = U_1 I_1 \cos\varphi_1$ 和 $P_2 = U_2 I_2 \cos\varphi_2$ 输出功率之差，即 $P_L = P_1 - P_2$，变压器功率损耗包括铜损和铁损。铜损是由于绕组本身的电阻所消耗的功率；铁损是磁通在铁芯中产生的功率损耗；铁损包括磁滞损耗和涡流损耗两部分。

2) 变压器的效率

变压器的效率为变压器输出功率与输入功率的百分比，即

$$\eta = \frac{P_2}{P_1} \times 100\%$$

大容量变压器的效率可达 98%～99%，小型电源变压器效率为 70%～80%。

6．变压器的额定值

变压器的满负荷运行状态称为额定运行，额定运行条件称为变压器的额定值。

(1) 额定容量　二次侧最大视在功率，单位是伏安(V·A)或千伏安(kV·A)。

(2) 额定初级电压　指接到一次绕组电压的规定值。

(3) 额定次级电压　指变压器空载时，一次绕组加上额定电压后，二次绕组输出的电压。

(4) 额定电流　指规定的满载电流值。

变压器的额定值取决于变压器的构造及使用的材料。使用时，变压器应在额定条件下运行，不能超过其额定值。

此外还应注意以下几个方面。

(1) 工作温度不能过高。

(2) 一、二次绕组必须分清。

(3) 防止变压器绕组短路，以免烧毁变压器。

7．常用变压器

1) 自耦变压器的构造和工作原理

自耦变压器一、二次部分共用一部分绕组，它们之间不仅有磁耦合的关系，而且还有电的关系，如图 3-25 所示。

一、二次绕组的电压之比和电流之比的关系为

$$\frac{U_1}{U_2} = \frac{I_2}{I_1} \approx \frac{N_1}{N_2} = K \tag{3-23}$$

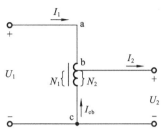 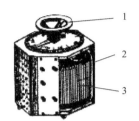 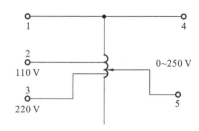

图 3-25　自耦变压器符号及其工作原理

图 3-26　实验用调压变压器
1—手柄；2—接触臂；3—绕组

自耦变压器在使用时，一定要注意正确接线，否则易于发生触电事故。实验室中用来连续改变电源电压的调压变压器就是一种自耦变压器，如图 3-26 所示。

2）三相电力变压器

三相变压器就是三个相同的单相变压器的组合。三相变压器用于供电系统中。根据三相电源和负载的不同，三相变压器一次绕组和二次绕组可接成星形或三角形。

8．变压器的检验

变压器在使用前应进行检验，通常其检验内容如下。

(1) 区分绕组　测量各绕组的直流电阻。

(2) 绝缘检查　用摇表检测绕组间、绕组与铁芯的绝缘。

(3) 各绕组的电压和变压比。

(4) 磁化电流 I_μ　变压器二次绕组开路时的一次侧电流称磁化电流。I_μ 一般为一次绕组额定电流的 3%～8%。变压器的各项检验指标都应符合设计标准，否则不宜使用。

3.2.3　变压器的应用

1．仪用互感器

仪用互感器是一种专供测量仪表、控制设备和保护设备中使用的变压器，简称互感器。互感器的作用是使测量仪表与高压电路绝缘，以保证工作安全和扩大测量仪表的量程。按用途的不同，互感器可分为电压互感器和电流互感器两种。

1）电压互感器

使用时，电压互感器的高压绕组跨接在需要测量的供电线路上，低压绕组则与电压表相连，如图 3-27 所示。

电压互感器用于扩大交流电压表的量程，其工作原理与普通变压器空载情况相似，高压线路的电压 U_1 等于所测量电压 U_2 与变压比 K 的乘积，即

$$U_1 = KU_2$$

使用时应注意以下几个方面。

(1) 二次绕组不能短路，防止烧坏二次绕组。

(2) 电压互感器的铁壳和二次绕组一端必须可靠接地，防止一次绕组绝缘被破坏时而造成设备的破坏和人身

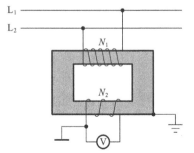

图 3-27　电压互感器

伤亡事故。

2) 电流互感器

电流互感器用于扩大交流电流表的量程。使用时,电流互感器的一次绕组与待测电流的负载相串联,二次绕组则与电流表串联成闭合回路,如图 3-28 所示。通过负载的电流等于所测电流和变压比倒数的乘积。

使用时应注意以下几个方面。

(1) 绝对不能让电流互感器的二次侧开路,否则易造成危险。

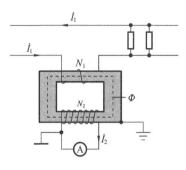

图 3-28　电流互感器

(2) 铁芯和二次绕组一端均应可靠接地。

常用的钳形电流表是一种电流互感器。它是由一个电流表接成闭合回路的二次绕组和一个铁芯构成,其铁芯可开合。测量时,先张开铁芯,把待测电流的导线放入钳中,再把铁芯闭合,载流导线便成为电流互感器的一次绕组,经过变换后,在电流表上可直接读出被测电流的大小,如图 3-29 所示。

2. 多绕组变压器

1) 多绕组变压器

变压器的二次侧有两个以上的绕组或一、二次侧都有两个以上绕组的变压器称为多绕组变压器,如图 3-30 所示。

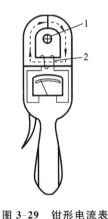

图 3-29　钳形电流表

1—被测电流的导线;2—二次绕组

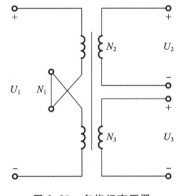

图 3-30　多绕组变压器

多绕组变压器一、二次绕组的电压关系仍符合变压比的关系,即

$$\frac{U_1}{U_2} \approx \frac{N_1}{N_2}, \quad \frac{U_1}{U_3} \approx \frac{N_1}{N_3}$$

2) 多绕组变压器的应用

多绕组变压器多使用于电子设备中,输出多种电压。多绕组可串联或并联使用,串联时应将线圈的异名端相接,并联时应将线圈的同名端相接。只有匝数相同的线圈才能并联。

3) 变压器的同名端与异名端

变压器同一铁芯上的不同绕组在同一磁势作用下,产生同样极性感应电势的出线端称为变压器的同名端,反之就是异名端。这也就是 1 至 n 组绕组的始端或尾端,刚开始绕制的头为起始端,与其他线圈的起始端头就称同名端。尾和尾也是同名端。判别方法:用一只指针式万用表、一节电池就可以判别变压器的同名端,方法是:将指针式万用表选择在直流电压"10 V"挡,接于待测变压器的电压较高侧的绕组两端,将电池负极接于另一绕组一端,用正极去触碰绕组的另一端,同时观察万用表的偏转方向,若电池接通时表针正偏,断开时表针反偏,说明正极端触碰的绕组端与万用表红表笔接的绕组端是同名端(称为负极性),反之是异名端(称为正极性)。注意,测试时人体不要触及变压器端子,防止被电击。不同二次绕组,异名端串联,电压相加;不同二次绕组,同名端串联,电压相减。

3. 点火系统

点火系统的作用是将汽车发电机或蓄电池的低压变为高压,并适时送到发动机汽缸火花塞,击穿火花塞间隙,点燃混合气,使发动机做功。汽缸内的可燃混合气体是由高压电火花点燃的,保证按时产生电火花的全部设备构成发动机的点火系统。点火系统的种类:传统点火系、无触点电子点火系和微机控制点火系。下面我们首先对传统点火系统中的部件——点火线圈进行介绍,继而对整个系统的工作原理进行分析。

1) 点火线圈

(1) 传统点火线圈 点火线圈主要由铁芯、一次与二次侧绕组、壳体及其附加电阻等组成。

点火线圈的铁芯导磁性良好,用互相绝缘的高磁导率硅钢片叠成,以减少涡流损耗;在铁芯外面套上绝缘的纸板套管,二次侧绕组就分层绕在这个套管上;为了加强绝缘和免受机械性伤害,每层高压绕组间都用电缆纸隔开,并且最外层还要多包几层或套上纸板套管。

一次侧绕组通过的电流较大,导线较粗,直径为 0.5~1.0 mm,圈数较少,一般为 240~370 匝。二次侧绕组的导线较细,直径为 0.06~0.10 mm,圈数较多,一般为 11 000~23 000 匝漆包线。

一次侧绕组通过的电流较大,为便于散热,将其分层绕在二次侧绕组外面。在一次侧绕组与外壳之间夹有数层导磁钢套,用以减小磁路磁阻。在铁壳底部置有绝缘座,以防高压电击穿二次侧线圈的绝缘向铁芯和壳体放电。在壳体上部有胶木盖,盖上连接断电器及开关的低压电路接头和接至配电器盖的高压接头。高压接头设在盖的内部,四周较高,以防止高压接头放电至一次侧绕组。

附加电阻又称热敏电阻,用电阻温度系数较大的低碳钢丝或镍铬丝制成,具有受热时阻值迅速增大,冷却时阻值迅速降低的特性。因此在发动机工作时,可利用此特点来自动调节一次侧电流,改善点火系统的工作特性。有的点火线圈无附加电阻,如 EQ140 型汽车上装的 DQ125 型点火线圈。在点火线圈内部的空腔充满沥青或绝缘油,以加强铁芯和绕组间的绝缘,避免线圈受潮。

(2) 闭磁路点火线圈 闭磁路点火线圈结构与开磁路点火线圈不同。在"日"字形的铁芯内绕有一次侧绕组,在一次侧绕组外面绕有二次侧绕组。为减小磁滞损耗,在磁路中有一很小的气隙,由于闭合磁路基本由铁芯构成,漏磁少,磁路磁阻相对于开磁路点火线圈小很多,在同样的磁通下需要的磁通势(绕组匝数与励磁电流乘积)比较小,因此绕组匝数或励磁电流就比较小,这样一方面使得点火线圈能量转换效率高,约为75%(开磁路的点火线圈变换效率只有60%);另一方面减少了绕组匝数,使得点火线圈体积变小,结构紧凑。

2) 传统点火系的基本组成

(1) 基本组成及各部分作用 传统点火系组成示意图如图 3-31 所示,主要由一组蓄电池、点火开关、点火线圈、分电器(包括配电器和断电器)、火花塞、附加电阻等组成。

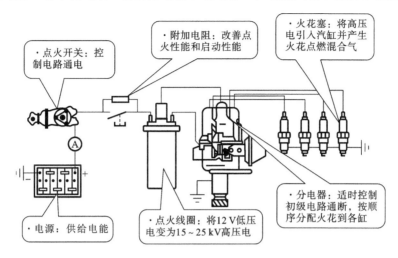

图 3-31 传统点火系的组成

(2) 传统点火系的工作原理　传统点火系是基于电磁感应原理进行工作。它把发电机或蓄电池的 12 V 低压转变为 15～20 kV 的高压,同时按一定规律送入各缸火花塞,经过火花塞电极间火花放电点燃混合气。传统点火系的工作原理如图 3-32 所示。

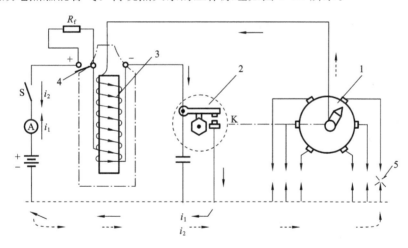

图 3-32 传统点火系的工作原理
1—配电器；2—断电器；3—点火线圈；4—开关；5—火花塞

发动机工作时,断电器凸轮受驱动而旋转交替将触点闭合或打开。接通点火开关后,在触点闭合时一次侧绕组内有电流流过,并在绕组铁芯中形成磁场。断电器触点打开时,一次侧绕组电流被切断,使磁场迅速消失。在一、二次侧绕组中均产生感应电动势。二次侧绕组匝数多,因而可感应出高达 15～20 kV 的高电压。该高电压击穿火花塞间隙,形成火花放电。

通常把传统点火系工作过程分为以下三个阶段。

(1) 断电器触点闭合,一次侧电路接通,一次绕组电流按指数规律增长,点火线圈积蓄能量。

(2) 断电器触点打开,一次侧电路切断,点火线圈产生二次侧高压。

(3) 二次侧高压加到火花塞上,击穿火花塞间隙,火花放电,点燃混合气。

【任务实施】

任务名称	汽车点火线圈的检验	
任务目标	1. 掌握点火线圈的外部检查及一、二次绕组短路、断路、搭铁检验 2. 掌握点火线圈的发火强度检查	
设备器材	电气万能试验台若干台,点火线圈、万用表、220 V交流电试灯	
实操内容、方法及步骤	点火线圈的检验主要包括外部检验,一、二次绕组断、短路,搭铁检验,以及发火强度检验。 1. 外部检验 检查点火线圈的外表,若绝缘盖破裂或外壳碰裂,因容易受潮而失去点火能力,应予以更换。 2. 一、二次侧绕组断路、短路、搭铁检验 用万用表测量点火线圈的一次绕组、二次绕组以及附加电阻的电阻值,应符合技术标准,否则说明有故障,应予以更换。 丰田车系技术标准及要求如下。 (1) 点火线圈(12 V)一次绕组的电阻值(冷态)为1.3～1.6 Ω。 (2) 点火线圈(12 V)二次绕组的电阻值(冷态)为10.7～14.5 kΩ。 (3) 点火线圈附加电阻器的电阻值(冷态)为1.3～1.5 Ω。 1) 测量电阻法 (1) 检查一次绕组电阻值。用万用表电阻挡测量"＋"与"－"端子间的电阻。 (2) 检查二次绕组电阻。用万用表电阻挡测量"＋"与中央高压端子间的电阻。 (3) 检查电阻器的电阻值。用万用表直接接于电阻元件的两端子上。 2) 试灯检验法 用220 V交流电试灯。接在一次绕组的接线柱上,灯亮则表示无断路故障,否则便是断路。当检查绕组是否有搭铁故障时,可将试灯的一端与一次绕组相连,一端接外壳,如灯亮,便表示有搭铁故障;否则为良好。短路故障用试灯不易查出。 对于二次侧的绕组,因为它的一端接于高压插孔,另一端与一次绕组相连,所以检验中,当试灯的一个触针接高压插孔,另一触针接低压接柱时,若试灯发出亮光,说明有短路故障。若试灯暗红,说明无短路故障;若试灯根本不发红,则应注意观察,当将触针从接柱上移开时,看有无火花发生,如没有火花,说明绕组已断路。因为一次侧绕组和二次侧绕组是相通的,若次级绕组有搭铁故障,在检查初级绕组时就已反映出来了,无需检查。 3. 发火强度检验 (1) 在万能电器试验台上检验火花强度及连续性。检查点火线圈产生的高电压时,可与分电器配合在试验台上进行试验,如果三针放电器的火花强,并能击穿5.5 mm以上的间隙时,说明点火线圈发火强度良好。检验时将放电电极间隙调整到7 mm,先以低速运转,待点火线圈的温度升高到工作温度(60～70 ℃)时,再将分电器的转速调至规定值,(一般4或6缸发动机用的点火线圈的转速为1 900 r/min,8缸发动机的为2 500 r/min),在0.5 min内,若能连续发出蓝色火花,表示点火线圈良好。	测量结果记录

实操内容、方法及步骤	（2）用对比跳火的方法检验。此方法在试验台上或车上均可进行，将被检验的点火线圈与好的点火线圈分别接上进行对比，看其火花强度是否一样。点火线圈经过检验，如内部有短路、断路、搭铁等故障，或发火强度不符合要求时，一般均应更换新件。 4．实验注意事项 （1）使用万用表检测电阻、电压时，应当注意挡位的选择。 （2）检测点火线圈的发火强度时，要防止被点火线圈的高压电击中。 （3）操作电气万能试验台时，一定要按正确的操作规范进行。 5．整理实验报告、器材、线材和工具	
任务总结		

【任务拓展】

1．想一想

（1）变压器是根据_____原理制成的电气设备。

（2）变压器主要由_____和_____两部分组成。

（3）为什么各交流电机和变压器铁芯普遍采用硅钢片叠成？

（4）有一台变压器在修理后铁芯出现气隙，此时铁芯的磁阻、工作磁通以及励磁电流有何影响？

（5）简述变压器的基本组成和作用。

（6）一台单相变压器，一次绕组电压为220 V，$K=12$。求二次绕组电压为多大？若二次绕组侧电流为2 A，则一次绕组侧电流多大？

（7）有一台降压变压器，一次绕组电压为220 V，二次绕组电压为110 V，一次绕组为2 200匝，若二次绕组接入阻抗值为10 Ω。试求：① 该变压器的变压比？② 一次绕组阻抗？③ 二次绕组的匝数？④ 一、二次绕组中的电流是多少？

（8）阻抗为8 Ω的扬声器通过一变比为6的理想变压器接到12 V的信号源上，其内阻为200 Ω，求：(1) 扬声器上的功率。(2) 若不用变压器直接相连时，求扬声器上的功率。

(9) 有一单相变压器铭牌是 220 V/36 V、500 W。如果要使变压器在额定情况下运行,二次绕组可以接多少盏 36 V、15 W 的灯泡?并求一次、二次绕组中的额定电流。

2. 做一做

(1) 如何进行点火线圈一次、二次绕组的短路、断路、搭铁检验。

(2) 如何进行点火线圈的发火强度检验。

(3) 查阅如何检测变压器的资料。

项目4　汽车电机的检测与运用

【项目导入】

电机在工业、农业、家用电器及许多领域中发挥着重要作用。随着经济的发展与社会的进步，汽车逐步成为人们的代步工具，电机在汽车上的应用也越来越多。本项目通过介绍直流电动机、步进电动机、三相交流异步电动机和交流发电机的基本结构和工作原理，以及它们在现代汽车上的应用，使学生能够认识这些电机的用途和基本结构，能分析这些电机的工作原理，进而能对这些电机的部件与电路进行检测。

任务4.1　直流电动机的检测与运用

【任务描述】

通过此任务的学习，使学生了解直流电动机的作用和用途，熟悉直流电动机的基本结构和工作原理，掌握直流电动机的启动和调速方法。

【任务分析】

1．知识目标

(1) 了解直流电动机的作用和用途。

(2) 熟悉直流电动机的结构和工作原理。

(3) 了解直流电动机的特性参数和运行特性。

(4) 熟悉直流电动机在现代汽车上的应用。

2．能力目标

(1) 能够认识直流电动机的基本结构。

(2) 能正确检测直流电动机各部件。

(3) 能对车用启动机进行拆装操作。

【知识准备】

直流电机是指能将直流电能转换成机械能(直流电动机)或将机械能转换成直流电能(直流发电机)的旋转电机。它是能实现直流电能和机械能互相转换的电机。当它作电动机运行时是直流电动机，将电能转换为机械能；作发电机运行时是直流发电机，将机械能转换为电能。

直流电动机特点如下。

(1) 优良的调速特性　调速范围宽广，调速平滑、方便。

(2) 过载能力大　能承受频繁冲击负载，而且能设计成与负载机械相适应的各种机械特性。

(3) 能快速启动、制动和逆向运转。

(4) 能适应生产过程自动化所需要的各种特殊运行要求。

与交流电动机相比,直流电动机结构复杂、成本高、维护麻烦,但直流电动机具有调速性能好、启动转矩大、过载能力强等优点,广泛应用于轧钢机、电力机车、大型机床拖动系统中。常见的直流电动机外形如图 4-1 所示。

图 4-1 常见直流电动机外形

4.1.1 直流电动机的结构及工作原理

1. 直流电动机的结构

直流电动机由定子和转子两大部分组成。直流电动机运行时,静止不动的部分称为定子,定子的主要作用是产生磁场,由机座、主磁极、换向极、端盖、轴承和电刷装置等组成。运行时转动的部分称为转子,其主要作用是产生电磁转矩和感应电动势,是直流电动机进行能量转换的枢纽,所以通常又称为电枢,由转轴、电枢铁芯、电枢绕组、换向器和风扇等组成。装配后的直流电动机如图 4-2 所示。直流电动机的纵向剖视图如图 4-3 所示。

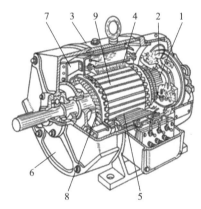

图 4-2 直流电动机的结构
1—换向器;2—电刷装置;3—机座;
4—主磁极;5—换向极;6—端盖;7—风扇;
8—电枢绕组;9—电枢铁芯

1) 定子

(1) 磁极 磁极是电动机中产生磁场的装置,如图 4-4 所示。它分成极心和极靴两部分。极心上放置励磁绕组,极靴的作用是使电动机空气隙中磁感应强度的分布最为合适,并用来挡住励磁绕组;磁极固定在机座(即电动机外壳)上;机座也是磁路的一部分。机座常用铸钢制成。

铁芯一般用 0.5～1.5 mm 厚的硅钢板冲片叠压铆紧而成,上面套励磁绕组的部分称为极心,下面扩展的部分称为极靴,极靴宽于极身,既可以调整气隙中磁场的分布,又便于固定励磁绕组。励磁绕组用绝缘铜线绕制而成,套在磁极铁芯上。整个主磁极用螺钉固定在机座上,如图 4-5 所示。

(2) 换向极 换向极的作用是改善换向,减少电动机运行时电刷与换向器之间可能产生的换向火花,一般装在两个相邻主磁极之间,由换向极铁芯和换向极绕组组成,如图 4-6 所示。换向极绕组用绝缘导线绕制而成,套在换向极铁芯上,换向极的数目与主磁极的数目相等。

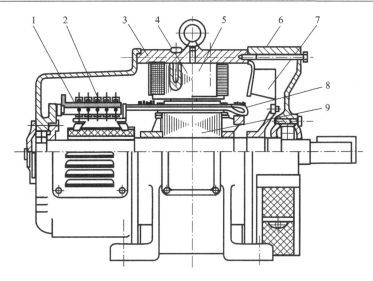

图 4-3 直流电动机的纵向剖视图

1—换向器；2—电刷装置；3—机座；4—主磁极；5—换向极；6—端盖；7—风扇；8—电枢绕组；9—电枢铁芯

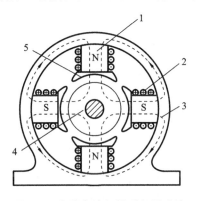 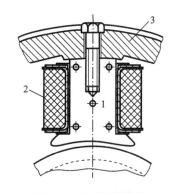

图 4-4 直流电动机的磁极及磁路　　　　图 4-5 主磁极的结构

1—极心；2—励磁绕组；3—机座；4—转子；5—极靴　　1—主磁极；2—励磁绕组；3—机座

（3）机座　电动机定子的外壳称为机座。机座的作用有两个：一是用来固定主磁极、换向极和端盖，并起整个电动机的支承和固定作用；二是机座本身也是磁路的一部分，借以构成磁极之间磁的通路，磁通通过的部分称为磁轭。为保证机座具有足够的机械强度和良好的导磁性能，一般为铸钢件或由钢板焊接而成。

（4）电刷装置　电刷装置是用来引入或引出直流电压和直流电流的，如图 4-7 所示。电刷装置由电刷、刷握、刷杆和刷杆座等组成。电刷放在刷握内，用弹簧压紧，使电刷与换向器之间有良好的滑动接触，刷握固定在刷杆上，刷杆装在圆环形的刷杆座上，相互之间必须绝缘。刷杆座装在端盖或轴承内盖上，圆周位置可以调整，调好以后加以固定。

2）转子（电枢）

（1）电枢铁芯　电枢铁芯是主磁路的主要部分，同时用以嵌放电枢绕组。一般电枢铁芯采用由 0.5 mm 厚的硅钢片冲制而成的冲片叠压而成（冲片的形状如图 4-8(a)所示），以降低电动机运行时电枢铁芯中产生的涡流损耗和磁滞损耗。叠成的铁芯固定在转轴或转子支架上。铁芯的外圆开有电枢槽，槽内嵌放电枢绕组（见图 4-8(b)）。

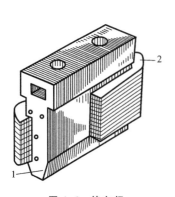

图 4-6 换向极

1—换向极铁芯;2—换向极绕组

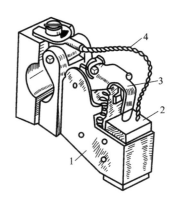

图 4-7 电刷装置

1—刷握;2—电刷;3—压紧弹簧;4—刷辫

(a)

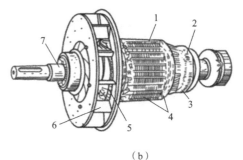

(b)

图 4-8 转子结构

1—电枢铁芯;2—换向器;3—电枢绕组;4—镀锌钢丝;5—电枢绕组;6—风扇;7—转轴

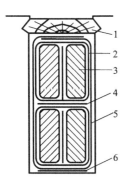

图 4-9 电枢槽的结构

1—槽楔;2—线圈绝缘;
3—电枢导体;4—层间绝缘;
5—槽绝缘;6—槽底绝缘

(2) 电枢绕组 电枢绕组的作用是产生电磁转矩和感应电动势。电枢绕组是直流电动机进行能量转换的关键部件,所以称电枢。它是由许多线圈按一定规律连接而成,线圈采用高强度漆包线或玻璃丝包扁铜线绕成,不同线圈的线圈边分上下两层嵌放在电枢槽中,线圈与铁芯之间以及上、下两层线圈边之间都必须妥善绝缘。为防止离心力将线圈边甩出槽外,槽口用槽楔固定,如图 4-9 所示。线圈伸出槽外的端接部分用热固性无纬玻璃带进行绑扎。

(3) 换向器 在直流电动机中,换向器配以电刷,能将外加直流电源转换为电枢线圈中的交变电流,使电磁转矩的方向恒定不变;在直流发电机中,换向器配以电刷,能将电枢线圈中感应产生的交变电动势转换为正、负电刷上引出的直流电动势。换向器是由许多换向片组成的圆柱体,换向片之间用云母片绝缘,换向片的紧固通常如图 4-10 所示,换向片的下部做成鸽尾形,两端用钢制 V 形套筒和 V 形云母环固定,再用螺母锁紧。

(4) 转轴 转轴起转子的支承作用,需有一定的机械强度和刚度,一般用圆钢加工而成。

2. 直流电动机的分类

励磁绕组的供电方式称为励磁方式。按励磁方式的不同,直流电动机可以分为以下4类。

1) 他励直流电动机

励磁绕组由其他直流电源供电,与电枢绕组之间没有电的联系,如图4-11(a)所示。永磁直流电动机也属于他励直流电动机,其励磁磁场与电枢电流无关。图4-11所示的电流正方向是以电动机为例设定的。

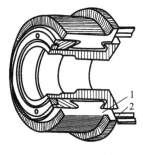

图4-10 换向器的结构

1—换向片;2—连接部分

2) 并励直流电动机

励磁绕组与电枢绕组并联,如图4-11(b)所示。励磁电压等于电枢绕组端电压。以上两类电动机的励磁电流只有电动机额定电流的1‰~5‰,所以励磁绕组的导线细而匝数多。

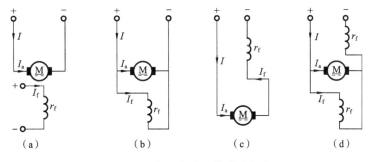

图4-11 直流电动机的励磁方式

(a) 他励电动机　(b) 并励电动机　(c) 串励电动机　(d) 复励电动机

3) 串励直流电动机

励磁绕组与电枢绕组串联,如图4-11(c)所示。励磁电流等于电枢电流,所以励磁绕组的导线粗而匝数较少。

4) 复励直流电动机

每个主磁极上套有两个励磁绕组,一个与电枢绕组并联,称为并励绕组。一个与电枢绕组串联,称为串励绕组,如图4-11(d)所示。两个绕组产生的磁动势方向相同时称为积复励,两个磁动势方向相反时称为差复励,通常采用积复励方式。

直流电动机的励磁方式不同,运行特性和适用场合也不同。一般情况下,直流电动机的主要励磁方式是并励式、串励式和复励式,直流发电机的主要励磁方式是他励式、并励式和复励式。

3. 直流电动机的工作原理

1) 直流电动机的基本工作原理

图4-12所示为直流电动机的工作原理图。在固定的磁极中间放着电枢,其铁芯外表面嵌放着电枢绕组。绕组的两个引出端分别与两个相互绝缘的换向器片连接。外加电源通过两只固定的电刷(A、B)分别与换向器片紧密接触,向绕组供给直流电。固定电刷A(N极)总是与N极下的线圈边接触,电刷B(S极)总是与S极下的线圈边接触。

在图4-12(a)所示的直流电动机中,给A、B的电刷上加上直流电源,则有直流电流从电刷A流入,经过线圈a、b、c、d,从电刷B流出。根据电磁力定律,载流导体ab和cd受到电磁力

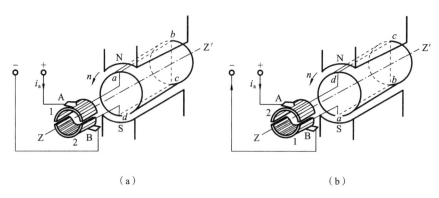

图 4-12 直流电动机的工作原理

(a) 电流方向：A→a→b→c→d→B (b) 电流方向：A→d→c→b→a→B

的作用,其方向可由左手定则判定,两段导体受到的力形成一个转矩,使得转子逆时针转动。

在图 4-12(b)所示的位置,电刷 A 和电刷 B 与换向片接触,直流电流从电刷 A 流入,在线圈中的流动方向是 d→c→b→a,从电刷 B 流出。此时载流导体 ab 和 cd 受到电磁力的作用方向同样可由左手定则判定,它们产生的转矩仍然使得转子逆时针转动。这就是直流电动机的工作原理。

从上述分析可以看出,转子上外加的电源是直流的,但由于电刷和换向片的作用,在转子线圈中流过的电流是交变的,其产生的转矩的方向不变。

实际的直流电动机转子上的绕组也不是由一个线圈构成,同样是由多个线圈连接而成,以减小电动机电磁转矩的波动。

2) 直流电动机的反电动势和电磁转矩

电枢旋转后,绕组的线圈边又因切割磁力线而产生感应电动势,用右手定则判断,它的方向与绕组中的电流方向是相反的,称为反电动势,记作 E_a。反电动势 E_a 与每极磁通 Φ 和电动机的转速 n 成正比,即

$$E_a = K_e \Phi n \quad (4-1)$$

式中：K_e 为电动势常数,由电动机结构决定。

直流电动机运转时,电枢中的电流为

$$I_a = \frac{U - E_a}{R_a} \quad (4-2)$$

式中：U 为外加电压,R_a 为电枢绕组的电阻。于是得

$$U = E_a + R_a I_a \quad (4-3)$$

这是直流电动机的电压平衡方程式,显然 $E_a < U$。式(4-3)两边同乘以电流 I_a,即得功率平衡方程,有

$$U I_a = E_a I_a + R_a I_a^2 \quad (4-4)$$

式中：$E_a I_a$ 为电磁功率,它转换为电动机的机械功率,如果不计摩擦损耗,它也就是电动机的输出功率；$R_a I_a^2$ 为电枢绕组的铜损耗；$U I_a$ 为电源供给的电功率(不计铁损耗)。

直流电动机的电磁转矩 T_{em} 与每极磁通 Φ 和电枢电流 I_a 成正比,即

$$T_{em} = K_T \Phi I_a \quad (4-5)$$

式中：K_T 为转矩常数,取决于电动机结构。

3）直流电动机的自适应运行过程

当直流电动机的励磁绕组和电枢绕组同时接入直流电源时,电枢绕组在主磁极磁场作用下产生电磁力,继而产生电磁转矩 T_{em}。当 T_{em} 大于转轴上的机械负载阻转矩 T_L 时,电动机启动并加速旋转;当 $T_{em}=T_L$ 时,电动机以某一转速 n 稳定运转,若机械负载转矩由 T_L 增至 T_L',这时电磁转矩 T_{em} 小于 T_L',转速立即下降,因 $E_a=K_e\Phi n$,所以电枢的反电动势 E_a 随之减小。又因为 $U=E_a+R_aI_a$,且外加电压 U 是定值,所以 E_a 的减小引起电枢电流 I_a 的增加,而 $T_{em}=K_T\Phi I_a$ 也随之增大,直到与负载转矩重新平衡,即 $T_{em}=T_L'$ 时,电动机的转速就不再下降,而以较低的转速 n' 稳定运转;如果负载减小,变化过程与上述相反,电动机最后将以较原来高一些的转速稳定运转。

综上所述,直流电动机的稳定运行状况取决于负载的大小;当负载发生变化时,电动机转速、电流、转矩都将自动地作相应地变化。转速公式可由式(4-1)和式(4-3)导得

$$n=\frac{E_a}{K_e\Phi}=\frac{U-R_aI_a}{K_e\Phi} \qquad (4-6)$$

式中:R_a 是电枢电路的电阻。

4. 直流电动机额定值

电动机制造厂按照国家标准,根据电动机的设计和试验数据而规定的每台电动机的主要性能指标称为电动机的额定值。额定值一般标在电动机的铭牌上或产品说明书上。直流电动机的额定值主要有下列几项。

1）额定功率

额定功率是指电动机按照规定的工作方式运行时所能提供的输出功率。对电动机来说,额定功率是指转轴上输出的机械功率,单位为 W(瓦)。

2）额定电压

额定电压是指电动机电枢绕组能够安全工作的最大外加电压,单位为 V(伏)。

3）额定电流

额定电流是电动机按照规定的工作方式运行时,电枢绕组允许流过的最大电流,单位为 A(安培)。

4）额定转速

额定转速是指电动机在额定电压、额定电流和额定功率的情况下运行时的转速,单位为 r/min(转/分)。

额定值一般标在电动机的铭牌上,又称为铭牌数据。还有一些额定值,例如额定转矩、额定效率等,不一定标在铭牌上,可查产品说明书或由铭牌上的数据计算得到。

直流电动机运行时,如果各个物理量均为额定值,就称电动机工作在额定运行状态,亦称为满载运行。在额定运行状态下,电动机利用充分,运行可靠,并具有良好的性能。如果电动机的电枢电流小于额定电流,称为欠载运行;电动机的电枢电流大于额定电流,称为过载运行。欠载运行时,电动机利用不充分,效率低;过载运行时,易引起电动机过热损坏。

5. 直流电动机的启动、调速和反转

1）启动

电动机启动的瞬间,转速 $n=0$,故 $E_a=K_e\Phi n=0$,此时电枢电流称为启动电流,记作 I_{st},

由式(4-2)得

$$I_{st}=\frac{U}{R_a} \quad (4-7)$$

由于电枢电阻R_a很小,因此启动电流可达额定值的10~20倍,会损坏换向器和电枢绕组等,并使供电线路的电压下降。因此,启动时可降低加在电枢绕组上的电压,或在电枢电路中串联启动变阻器,以限制启动电流。

2) 调速

由转速公式(4-6)看出,直流电动机的调速方法有以下三种(见图4-13)。

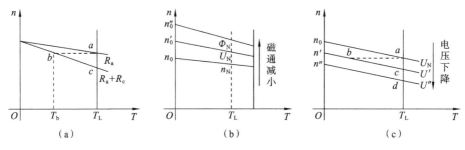

图4-13 直流电动机的调速方法
(a)电枢回路串入电阻调速时的机械特性　(b)减弱磁通调速时的机械特性　(c)降低电源电压调速时的机械特性

(1) 电枢串接电阻元件　在电枢电路中串联调速变阻器R_s,用以增加电枢电路的电阻,使转速降低。设R_a表示电枢绕组的电阻,则降低后的转速为

$$n=\frac{U-(R_s+R_a)I_a}{K_e\Phi} \quad (4-8)$$

改变R_s可调节转速n。

这种调速方法只能在额定转速以下作比较均匀的调节。这种调速方法消耗能量较多,故不经济;并且轻载时I_a很小,故调速范围较小。但此方法简便,因此在容量不大的直流电动机中应用较多。

(2) 弱磁调速　在并励或他励电动机的励磁电路中串联调速变阻器R_f(即磁场变阻器),用来调节励磁电流I_f以改变磁通Φ。I_f、Φ减小时,转速增加;I_f、Φ增大时,转速降低。由于I_f通常很小,故变阻器耗能较少。这种调速方法经济、方便,故应用很广。但是I_f只能在小于最大励磁电流(磁场变阻器置于阻值为零时的励磁电流)的范围内调节,也就是说,Φ只能在小于额定值的范围内进行调速(故称弱磁调速),所以,这种调速方法只能在额定转速以上作均匀调速,且只能作辅助调速用。

(3) 降低电源电压　直流电动机常由单独的可调整流装置供电,目前用得最多的可调直流电源是晶闸管整流(SCR)装置;调节电源电压就可均匀调速。因为加在电枢上的电压不能超过额定值,所以这种调速方法只能在额定转速以下作均匀调速。

这种调速方法具有调速范围广、平滑性好等优点。但需要专用的直流调压电源。在实际应用中,常将上述(1)、(2)或(3)、(2)两种方法结合起来,从而获得平滑、范围宽广的调速。

3) 反转

直流电动机的旋转方向取决于电枢电流方向和主磁极磁场方向,两者任变其一,就可使直流电动机反转。他励直流电动机通常是改变电枢电流方向来实现反转的。

4.1.2 车用直流电动机

在汽车的各种部件中,存在许多不同结构的直流电动机。根据其励磁方式,主要有串励电动机和永磁电动机。其中车用启动机中使用了串励电动机作为驱动源;还有许多小容量直流电动机,采用的是永磁电动机,如电动车窗电动机、汽车刮雨电动机等。

1. 车用启动机

汽车发动机需要通过外力带动发动机曲轴旋转来实现启动。启动方式有人力启动、辅助汽油机启动(用于大型柴油机)和电力启动。电力启动方式具有操纵轻便、启动迅速、安全、可靠,可重复启动等优点,所以为现代汽车广泛采用。启动系主要由蓄电池、点火开关、启动继电器、启动机等组成,其作用是利用启动机将蓄电池的电能转换为机械能,再通过传动机构将发动机拖转启动。下面介绍车用启动机的结构和特性。

1) 基本组成

车用启动机一般由直流电动机、单向传动机构和操纵机构三大部分组成,如图 4-14 所示。

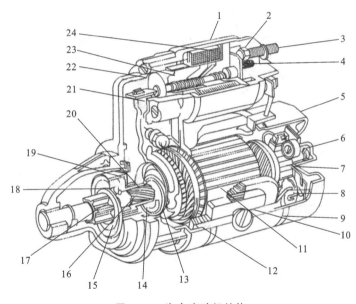

图 4-14 汽车启动机结构

1—电磁开关;2—触点;3—蓄电池接线柱;4—动触点;5—前端盖;6—电刷弹簧;7—换向器;8—电刷;9—机壳;
10—磁极;11—电枢;12—磁场绕组;13—导向环;14—止推环;15—单向离合器;16—电枢轴;17—驱动齿轮;
18—传动机构;19—制动盘;20—啮合弹簧;21—拨叉;22—活动铁芯;23—复位弹簧;24—电磁开关

直流电动机是启动机的核心。其作用是产生发动机启动时所需的电磁转矩。一般采用串励式直流电动机。单向传动机构的作用是传递或切断发动机与启动机之间的扭矩。操纵机构的作用是接通或切断启动机与蓄电池之间的主电路。车用启动机的直流电动机的结构如图 4-15 所示,主要由磁极、电枢、换向器等部件组成,与前面所述电动机的结构类似。

一般的车用启动机的电动机有四个励磁绕组。励磁绕组有两种连接方式:励磁绕组全部串联;或励磁绕组两两串联之后再并联的复式接法,如图 4-16 所示。复式接法可以在绕组导体截面相同的情况下,增大启动电流,从而提高启动转矩。

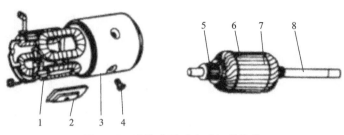

图 4-15 直流串励式电动机的结构

1—磁场绕组；2—磁极铁芯；3—外壳；4—磁极固定螺钉；5—换向器；6—转子铁芯；7—电枢绕组；8—电枢轴

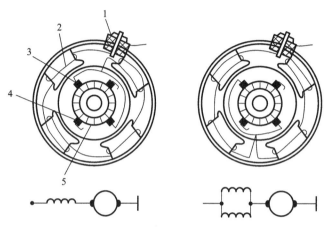

图 4-16 励磁绕组的接法

1—绝缘接线柱；2—磁场绕组；3—正电刷；4—负电刷；5—换向器

2) 串励电动机的机械特性

由式(4-6)和式(4-5)，可得直流电动机转速与转矩的关系 $n=f(T)$，即

$$n=\frac{U}{K_e\Phi}-\frac{R_aT}{K_eK_T\Phi^2} \tag{4-9}$$

在 $n—T$ 坐标系上画出的关系曲线，就是电动机的机械特性曲线。因为串励电动机的励磁绕组与电枢电路串联，所以它的特点是磁通随负载改变而改变。

(1) 当电流较小时，磁路未饱和。此时可认为磁通 Φ 与电枢电流成正比，即 $\Phi \propto I_a$；所以电磁转矩大为增加，即

$$T=K_T\Phi I_a=K'_T I_a^2 \tag{4-10}$$

同时，转速 n 却随 I_a、Φ 与 T 的增加而急剧下降，这可由串励电动机的转速公式看出

$$n=\frac{U-(R_f+R_a)I_a}{K_e\Phi} \tag{4-11}$$

式中：R_f 是励磁绕组的电阻；R_a 是电枢绕组的电阻。它们串联组成电枢电路的电阻。

将 $\Phi \propto I_a$ 这些比例关系代入式(4-11)，得

$$n=\frac{K_1}{\sqrt{T}}-K_2 \tag{4-12}$$

式中：K_1、K_2 均表示公式中出现的一些常数的组合。

(2) 当负载电流较大时，磁路趋于饱和。此时可认为磁通 Φ 基本不随负载电流变化，其机械特性为式(4-9)所示。

综合以上分析,得出串励电动机的机械特性曲线如图 4-17 所示。可见,串励电动机具有软的机械特性。这种机械特性特别适用于起重、提升和运输等设备。因为当负载减少时,转速能自动升高,可提高生产率。当负载增大时,转速自动降低,可保证安全运行,并且此时电动机的转矩大为增加,相对来说电流却增长不多,故具有较大的过载能力。

必须注意以下几个方面。

① 串励电动机不能空载或轻载运行。由图 4-17 可看出,串励电动机空载或轻载时转速很高,往往超过本身机械强度的允许限度,导致损坏电动机。

② 为安全起见,串励电动机与生产机械之间绝不允许采用皮带传动,以免皮带断裂或脱落时造成空载运行,发生"飞车"的危险。

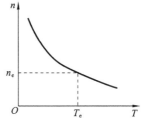

图 4-17 串励电动机的机械特性曲线

2. 雨刮器电动机——永磁电动机

汽车中除了使用串励电动机外,用永磁铁构成定子的永磁电动机也常常得到广泛的应用,如在电动雨刮器、电动车窗等汽车部件中都有应用。下面对雨刮器电动机进行分析介绍。

为确保驾驶员良好能见度,雨刮器是专门用来清除汽车挡风玻璃上的雨水、雪或灰尘的部件。根据其驱动方式的不同,有电动式、真空式和气动式三种。目前,使用最广泛的是电动雨刮器。电动雨刮器主要由电动机和传动机构组成,其中电动机大多使用的是三刷式永磁电动机。下面介绍永磁电动机的工作情况。

图 4-18 所示为电动雨刮器示意图。为满足高挡、低挡两种速度刮雨的需要,电动雨刮器的电动机必须要有变速的功能。

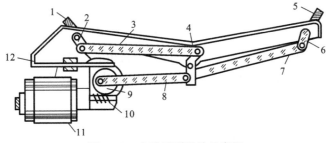

图 4-18 电动雨刮器的示意图

1、5—刷架;2、4、6—摆杆;3、7、8—拉杆;9—蜗轮;10—蜗杆;11—电动机;12—底板

图 4-19 所示为双速雨刮器电动机的工作原理图。它的磁极采用铁氧体永久磁铁,具有不易退磁的优点。三个电刷中 B_1 为低速运转电刷,B_2 为高速运转电刷,B_3 为公共电刷。B_1 与 B_2 的安装位置相差 60°。

基本工作情况:接通雨刮器开关,电源经过电刷给电动机的电枢绕组供电,电动机运转。通过传动机构带动雨刮片来回摆动,实现刮水功能。

调速方法(见图 4-20):通过改变电枢绕组的磁通量(永久磁铁和电枢绕组通电后产生的磁通的合成)来实现变速。磁通增加,转速降低,反之转速提高。置雨刮器开关于"H"挡时,电流从蓄电池正极→刮水器开关→B_2 电刷→电枢绕组(两个并联,个数不相等)→B_1 电刷→蓄电池负极。由于两绕组的个数不相等,有一部分电枢绕组产生的磁场互相抵消,产生的合成磁场减少,使电路的磁通量下降,电动机以较高的转速运转。置雨刮器开关于"L"挡时,电流从蓄电池正极

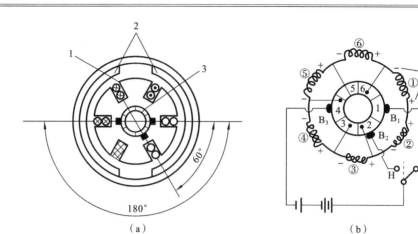

图 4-19 双速雨刮器电动机的工作原理
(a) 结构 (b) 工作原理
1—电枢绕组；2—永久磁铁；3—整流子；4—反电动势

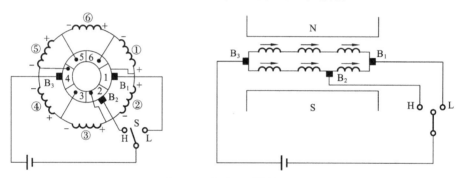

图 4-20 电动雨刮器的调速

→刮水器开关(L)→B_1 电刷→电枢绕组(两个并联,个数相等)→B_3 电刷→蓄电池负极。由于两绕组的个数相等,电流方向相同,产生的磁场方向一致,电动机以较低的转速运行。

【任务实施】

任务名称	车用串励式直流启动机检测	
任务目标	1. 通过对汽车启动机的拆装,掌握直流电动机的结构及工作原理 2. 能够对启动机各部件进行检测	
设备器材	汽车用启动机、万用表、维修工具	
实操内容及步骤	1. 启动机拆解 (1) 首先将待修启动机外部的尘污、油污清除。 (2) 拆下连接片与电磁开关,取下电磁铁芯。 (3) 拆下防尘箍,用钢丝钩子提起电刷弹簧取出电刷(共 4 只)。 (4) 拆下启动机贯穿螺栓,使后端盖、启动机外壳、电枢分离。 (5) 取下拨叉支承销,取下驱动端盖、拨叉与转子总成。 (6) 用专用工具拆下止推座圈,取下驱动齿轮、单向离合器。	测量结果记录

续表

实操内容及步骤	2. 启动机检测 （1）磁场绕组（定子）的检查　如图4-21所示，磁场绕组断路的检查：首先通过外部验视，看其是否有烧焦或断路处。若外部验视未发现问题，将万用表两表笔分别接触启动机的外壳引线（即电流输入接线柱）与磁场绕组绝缘电刷接头。 （2）磁场绕组搭铁的检查　用万用表电阻挡检测磁场绕组电刷接头与启动机外壳是否相通，如果相通，说明磁场绕组绝缘不良而搭铁；如果阻值较小，说明有绝缘不良处，应检修或更换磁场绕组。 （3）磁场绕组短路及搭铁的检查　磁场绕组短路的检查：可用2 V直流电源进行接线，如图4-22所示。电路接通后，将旋具放在每个磁极上，检查磁极对旋具的吸引力是否相同。若某一磁极吸力太小，就表明该磁场绕组有匝间短路故障存在。 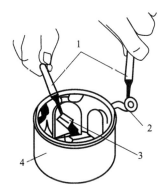 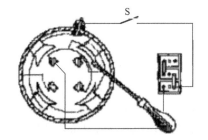 图4-21　磁场绕组断路的检查　　图4-22　磁场绕组短路的检查 1—万用表笔；2—引线；3—电刷； 4—启动机的定子外壳 （4）转子的检测　检查电枢是否有断路、短路故障。
任务总结	

【任务拓展】

1. 想一想

串励式电动机中的励磁绕组能不能接成并励式?为什么?

2. 做一做

分析:当直流电动机被机械卡住时,在启动时会产生什么后果?

任务 4.2 步进电动机的运行与控制

【任务描述】

通过本任务的学习,使学生了解步进电动机的作用和用途,熟悉步进电动机的基本结构和工作原理,了解步进电动机的特性参数和控制电路。

【任务分析】

1. 知识目标

(1) 了解步进电动机的作用和用途。

(2) 熟悉步进电动机的结构和工作原理。

(3) 了解步进电动机的特性参数和驱动电路。

(4) 熟悉步进电动机在汽车上的应用。

2. 能力目标

(1) 能够认识步进电动机的基本结构。

(2) 能正确检查步进电动机的控制电路。

【知识准备】

步进电动机(stepping motor)是将电脉冲信号转换为相应的角位移或直线位移的一种特殊电动机。每输入一个电脉冲信号,电动机就转动一个角度。它的运动形式是步进式的,所以称为步进电动机。又由于它输入的是脉冲电流,所以也称脉冲电动机。

步进电动机在不需要变换的情况下,能直接将数字脉冲信号转换成角位移或线位移,因此它很适合作为数字控制系统的伺服元件。此外,它还具有一系列的优点。一是输出角位移量或线位移量与输入的脉冲数成正比,转速或线速度与脉冲的频率成正比,在负载能力范围内,这些关系不受电压的高低、负载的大小、环境条件等外界各种因素的干扰。二是它每转一周都有固定的步数。三是控制性能好,它可以在开环系统中在很宽的范围内通过改变脉冲的频率来调节电动机的转速,并且能够快速启动、制动和反转。四是有些形式的步进电动机在停止供电的状态下存在定位转矩。

计算机技术、电力电子技术和微电子技术的发展给步进电动机的应用开辟了广阔的前景。汽车中也在大量使用步进电动机,如汽车智能大灯控制系统、怠速控制系统等都使用步进电动机。

步进电动机的主要缺点是效率较低,并且需要专用电源供给电脉冲信号,带负载的能力不强,在运行中会出现共振和振荡问题。

步进电动机的种类很多,主要有反应式、永磁式和混合式(见图4-23)。近年来又发展了直线步进电动机和平面步进电动机等。其中反应式步进电动机结构较简单,应用比较普遍,而且其他类型步进电动机的基本原理与它基本相似。本章着重分析反应式步进电动机。

图 4-23 常见步进电动机的外形

4.2.1 反应式步进电动机的结构及工作原理

1. 反应式步进电动机的结构

反应式步进电动机的结构形式很多,按定、转子铁芯的段数分为单段式和多段式两种。

1) 单段式

单段式是指定、转子为一段铁芯。由于各相绕组沿圆周方向均匀排列,所以又称为径向分相式。它是步进电动机中使用最多的一种结构形式。图4-24所示为三相反应式步进电动机的结构图。定、转子铁芯由硅钢片叠压而成,定子磁极的形式为凸极式,磁极的极面上开有小齿。

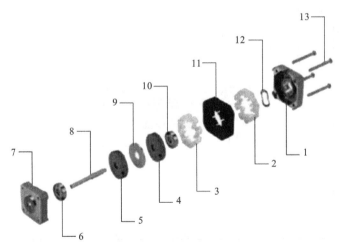

图 4-24 步进电动机结构图

1—后端盖;2、3—塑料骨架;4、5—转子铁芯;6、10—轴承;7—前端盖;8—轴;9—磁钢;11—定子铁芯;12—波纹垫圈;13—螺钉

定子上有三套控制绕组,每一套有两个串联的集中控制绕组,分别绕在径向相对的两个磁极上。每套绕组称为一相,三相绕组接成星形,所以定子磁极数通常为相数的两倍。转子上没有绕组,沿圆周也有均匀的小齿,其齿距和定子磁极上小齿的齿距必须相等,而且转子的齿数有一定的限制(见图4-25、图4-26)。这种结构的优点是制造简便,精度易于保证,步距角可以做得较小,容易得到较高的启动和运行频率。其缺点是在电动机的直径较小而相数又较多时,

沿径向分相较为困难,消耗功率大,断电时无定位转矩。

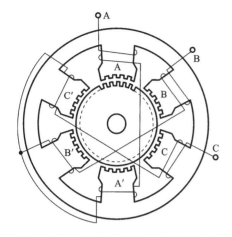

图 4-25 三相反应式步进电动机的结构　　图 4-26 三相反应式步进电动机的内部结构

2) 多段式

多段式是指定、转子铁芯沿电动机轴向按相数分成 m 段。由于各相绕组沿着轴向分布,所以又称为轴向分相式。按其磁路的结构特点有两种,一种是主磁路仍为径向,另一种是主磁路包含有轴向部分。

多段式径向磁路反应式步进电动机的结构如图 4-27 所示,每一段的结构和单段式径向分相结构相似。通常每一相绕组在一段定子铁芯的各个磁极上。定子的磁极数从结构合理考虑决定,最多可以和转子齿数相等。定、转子铁芯的圆周上都有齿形相近和齿距相同的均匀小齿,转子齿数通常为定子极数的倍数。定子铁芯(或转子铁芯)每相邻两段沿圆周错开 $1/m$ 齿距。此外,也可以在一段铁芯上放置两相或三相绕组,定子铁芯(或转子铁芯)每相邻两段要错开相应的齿距。这样可增加制造电动机的灵活性。

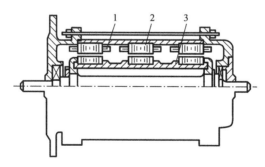

图 4-27 多段式径向磁路反应式步进电动机的结构
1—线圈;2—定子;3—转子

2. 反应式步进电动机的工作原理

反应式步进电动机是利用凸极转子交轴磁阻与直轴磁阻之差所产生的反应转矩而转动的,所以也称为磁阻式步进电动机。现以一个最简单的三相反应式步进电动机为例,说明其工作原理图。

图 4-28 所示的是一台三相反应式步进电动机的原理图。定子铁芯为凸极式,共有三对

（六个）磁极，每两个相对的磁极上绕有一相控制绕组。转子用软磁性材料制成，也是凸极结构，只有四个齿，下面通过几种基本的控制方式来说明其工作原理。

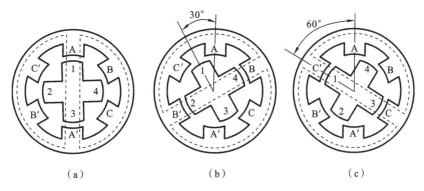

图 4-28　三相反应式步进电动机的原理图

1）三相单三拍通电方式

当 A 相控制绕组通电，其余两相均不通电，电动机内建立以定子 A 相极为轴线的磁场。由于磁通具有走磁阻最小的路径的特点，使转子齿 1、3 的轴线与定子 A 相极轴线对齐，如图 4-28(a) 所示。若 A 相控制绕组断电，B 相控制绕组通电时，转子在反应转矩的作用下，逆时针方向转过 30°，使转子齿 2、4 的轴线与定子 B 相极轴线对齐，即转子走了一步，如图 4-28(b) 所示。若再断开 B 相，使 C 相控制绕组通电，转子又转过 30°，使转子齿 1、3 的轴线与定子 C 相极轴线对齐，如图 4-28(c) 所示。如此按 A→B→C→A 的顺序轮流通电，转子就会一步一步地按逆时针方向转动（见图 4-29），其转速取决于各相控制绕组通电与断电的频率，旋转方向取决于控制绕组轮流通电的顺序。若按 A→C→B→A 的顺序通电，则电动机按顺时针方向转动。

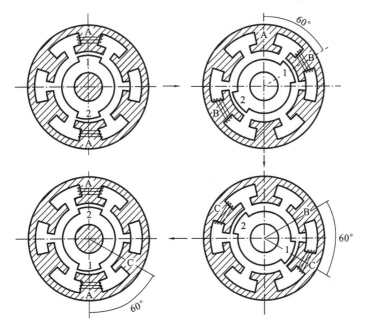

图 4-29　步进电动机 A→B→C→A 通电顺序工作原理图

上述通电方式称为三相单三拍运行。"三相"是指三相步进电动机；"单"是指每次只有一相控制绕组通电;控制绕组每改变一次通电方式称为一拍,"三拍"是指经过三次改变通电方式为一个循环。我们称每一拍转子转过的角度为步距角。

2) 三相双三拍通电方式

控制绕组的通电方式为 AB→BC→CA→AB 或 AB→CA→BC→AB,每拍同时有两相绕组通电,三拍为一个循环。当 A、B 两相控制绕组同时通电时,转子齿的位置应同时考虑到两对定子极的作用,只有 A 相极和 B 相极对转子齿所产生的磁拉力相平衡,才是转子的平衡位置,如图 4-30(a) 所示。若下一拍为 B、C 两相同时通电时,则转子按逆时针转过 30°到达新的平衡位置,如图 4-30(b) 所示。可见,双三拍运行时的步距角仍是 30°。但双三拍运行时,每一拍总有一相绕组持续通电,例如由 A、B 两相通电变为 B、C 两相通电时,B 相保持持续通电状态。C 相磁拉力力图使转子逆时针方向转动,而 B 相磁拉力却起到阻止转子继续向前转动的作用,即起到一定的电磁阻尼作用,所以电动机工作比较平稳。而在三相单三拍运行时,由于没有这种阻尼作用,所以转子达到新的平衡位置容易产生振荡,稳定性不如双三拍运行方式。

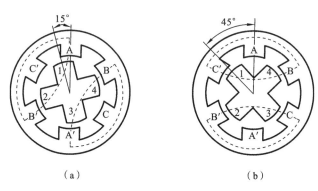

图 4-30 三相双三拍运行方式
(a) A、B 相导通 (b) B、C 相导通

3) 三相单双六拍通电方式

控制绕组的通电方式为 A→AB→B→BC→C→CA→A 或 A→AC→C→CB→B→BA→A,即一相通电和两相通电间隔地轮流进行,完成一个循环需要经过六次改变通电状态。A 相控制绕组通电和单三拍运行的情况相同,如图 4-28(a) 所示。当 A、B 两相同时通电时和双三拍运行的情况相同,转子只能按逆时针方向转过 15°,如图 4-30(a) 所示。当断开 A 相使 B 相单独接通,转子继续按逆时针方向转过 15°,如图 4-28(b) 所示。依次类推,若继续按 BC→C→CA→A 的顺序通电,步进电动机就一步一步地按逆时针方向转动。若通电顺序变为 A→AC→C→CB→B→BA→A 时,步进电动机将按顺时针反方向旋转。可见单、双六拍运行时,步距角为 15°,比三拍通电方式时减小了一半。因此,同一台步进电动机,采用不同的通电方式,可以有不同的拍数,对应运行时的步距角也不同。

此外,六拍运行方式每一拍也总有一相控制绕组持续通电,也具有电磁阻尼作用,电动机工作也比较平稳。

以上这种结构的反应式步进电动机的步距角较大,常常满足不了系统精度的要求,所以大多数采用图 4-31 所示的定子磁极,其上带有小齿,转子齿数很多的反应式结构,其步距角可以做得很小。下面进一步说明它的工作原理。

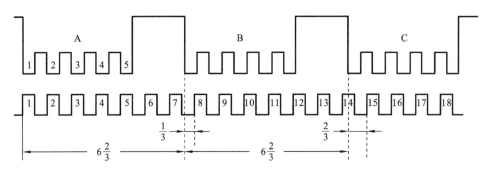

图 4-31 定、转子展开图,A 相绕组通电

图 4-31 所示的是最常见的一种小步距角的三相反应式步进电动机,定子每个极面上有 5 个齿,转子上均匀分布 40 个齿,定、转子的齿宽和齿距都相同。当 A 相控制绕组通电时,转子受到反应转矩的作用,使转子齿的轴线和定子 A、A′极下齿的轴线对齐,因转子上共有 40 个齿,其齿距角为 $360°/40=9°$,定子每个极距所占的齿数不是整数,如图 4-31 所示。因此,当定子 A 相极下定转子齿对齐时,定子 B 相极和 C 相极下的齿和转子齿依次有 1/3 齿距的错位,即 3°。同样,当 A 相断电 B 相控制绕组通电时,在反应转矩的作用下转子按逆时针方向转过 3°,使转子齿的轴线和定子 B 相极下齿的轴线对齐。这时定子 C 相极和 A 相极下的齿和转子齿又依次错开 1/3 齿距。依次类推,若继续按单三拍的顺序通电,转子就按逆时针方向一步一步地转动,步距角为 3°,当然改变通电顺序,即按 A→C→B→A,电动机按顺时针方向旋转。

若采用三相单双六拍的通电方式运行时,这与前面分析的道理完全一样,步距角也减小一半,为 1.5°。

通过以上分析可知,转子的齿数不能任意选取。因为在同一相的几个磁极下,定、转子齿应同时对齐或同时错开,才能使几个磁极的作用相加,产生足够的反应转矩,所以转子齿数应是定子磁极的偶数倍。另外,在不同相的磁极下,定、转子相对位置应依次错开 $1/m$ 齿距,这样才能在连续改变通电状态下,获得连续不断的运动,否则,当某一相控制绕组通电时转子齿都将处于磁路的磁阻最小的位置上,各相绕组轮流通电时转子将一直处于静止状态,电动机不能正常运行。

增加拍数和转子的齿数可以减小步距角,有利于提高控制精度。增加电动机的相数可以增加拍数,也可以减小步距角。但相数越多,电源及电动机的结构越复杂,造价也越高。反应式步进电动机一般做到六相,个别的也有八相或更多相。增加转子的齿数是减小步进电动机步距角的一个有效途径,目前,所使用的步进电动机转子的齿数一般很多,对相同相数的步进电动机既可采用单拍方式,也可采用单双拍方式。所以同一台电动机可有两个步距角,如 3°/1.5°、1.5°/0.75°、1.2°/0.6° 等。

4.2.2 反应式步进电动机的特性

1. 步进电动机的静态指标术语

(1) 相数 产生不同对极 N、S 磁场的激磁线圈对数,常用 m 表示。

(2) 拍数 完成一个磁场周期性变化所需脉冲数或导电状态,用 n 表示,或指电动机转过一个齿距角所需脉冲数。以四相步进电动机为例,有四相四拍运行方式即 AB→BC→CD→

DA→AB,四相八拍运行方式即 A→AB→B→BC→C→CD→D→DA→A。

(3) 步距角 对应一个脉冲信号,电动机转子转过的角位移,用 θ 表示。$\theta=360°$/(转子齿数 J × 运行拍数),以常规二、四相,转子齿为 50 齿电动机为例。四拍运行时步距角为 $\theta=360°/(50\times4)=1.8°$(俗称整步),八拍运行时步距角为 $\theta=360°/(50\times8)=0.9°$(俗称半步)。

(4) 定位转矩 电动机在不通电状态下,电动机转子自身的锁定力矩。

(5) 静转矩 电动机在额定静态电流作用下,电动机不做旋转运动时,电动机转轴的锁定力矩。此力矩是衡量电动机体积(几何尺寸)的标准,与驱动电压及驱动电源等无关。

虽然静转矩与电磁激磁安匝数成正比,与定、转子间的气隙有关,但过分采用减小气隙,增加激磁安匝来提高静力矩是不可取的,这样,会增加电动机的发热及机械噪声。

2. 步进电动机的动态指标术语

(1) 步距角精度 步进电动机每转过一个步距角的实际值与理论值的误差。用百分数表示为

$$步距角精度 = \frac{误差}{步距角} \times 100\%$$

不同运行拍数,其值不同,四拍运行时应在 5% 之内,八拍运行时应在 15% 以内。

(2) 失步 电动机运转时运转的步数不等于理论上的步数。

(3) 失调角 转子齿轴线偏移定子齿轴线的角度。电动机运转必存在失调角,由失调角产生的误差,采用细分驱动是不能解决的。

(4) 最大空载启动频率 电动机在某种驱动形式、电压及额定电流下,在不加负载的情况下,能够直接启动的最大频率。

(5) 最大空载的运行频率 电动机在某种驱动形式、电压及额定电流下,电动机不带负载的最高转速频率。

(6) 运行矩频特性 电动机在某种测试条件下测得运行中输出力矩与频率关系的曲线称为运行矩频特性,这是步进电动机诸多动态性能特性曲线中最重要的,也是选择步进电动机的根本依据。如图 4-32 所示。

其他性能特性还有惯频特性、启动频率特性等。电动机一旦选定,电动机的静力矩确定,而动态力矩却不然。步进电动机的动态力矩取决于电动机运行时的平均电流(而非静态电流)。平均电流越大,电动机输出力矩越大,即电动机的频率特性越硬。如图 4-33 所示。

其中,曲线 3 的电流最大或电压最高;曲线 1 的电流最小或电压最低,曲线与负载的交点为负载的最大速度点。要使平均电流大,尽可能提高驱动电压,使采用小电感大电流的电动机。

(7) 步进电动机的共振点 步进电动机均有固定的共振区域,二、四相步进电动机的共振区一般在 180~250 p/s 之间(步距角 1.8°)或在 400 p/s 左右(步距角为 0.9°)。电动机驱动电源的电压越高,电流越大,负载越轻,电动机体积越小,则共振区向上偏移,反之亦然。为使电动机输出电矩大,不失步和整个系统的噪声降低,一般工作点均应偏移共振区。

(8) 噪-频特性 步进电动机在某种测试条件下测得运行中的噪声和频率关系曲线称为噪-频特性。它与步进电动机驱动器的关系非常大。这一品质特性在许多场合非常重要。

86BYG20
测试条件：40 V DC SH 2046电源
4A 1-2相励磁

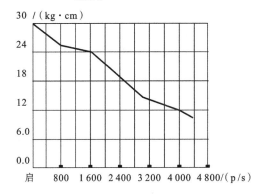

图 4-32 步进电动机输出力矩与频率的关系

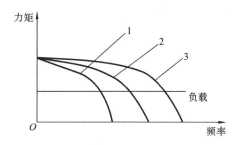

图 4-33 步进电动机动态力矩与频率的关系

4.2.3 步进电动机驱动控制系统

步进电动机需要由专门的驱动电源供电。驱动电源和步进电动机是一个有机的整体，步进电动机的运行性能是电动机及其驱动电源二者配合所反映的综合效果。

驱动电源的形式很多，分类方法也很多。按配套的步进电动机容量大小，可分为功率步进电动机驱动电源和伺服电动机驱动电源两大类；按输出脉冲的极性，可分为单向脉冲电源和正、负双极性脉冲电源两种；按功率放大器的形式分为单一电压型、高低压切换型、电流控制高低压切换型、细分电路电源和定电流斩波升频升压等。

步进电动机的驱动电源由变频信号源、脉冲分配器和脉冲放大器三部分组成。使用、控制步进电动机必须由环形脉冲，功率放大等组成的控制系统，其方框图如图 4-34 所示。

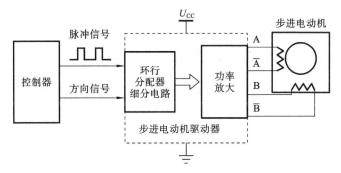

图 4-34 步进电动机驱动器控制框图

1. 脉冲信号的产生

脉冲信号一般由计算机产生，一般脉冲信号为方波信号。如何产生脉冲信号的装置及人机界面等辅助部分称为控制器。

2. 信号分配

步进电动机以二、四相电动机为主。二相电动机工作方式有二相四拍和二相八拍两种，具体分配如下：二相四拍为 AB→$\overline{A}$B→$\overline{A}$$\overline{B}$→A$\overline{B}$，步距角为 1.8°；二相八拍为 AB→B→$\overline{A}$B→$\overline{A}$→

$\overline{AB}\to\overline{B}\to A\overline{B}\to A\to AB$,步距角为 0.9°。四相电动机工作方式也有两种,四相四拍为 AB→BC→CD→DA→AB,步距角为 1.8°;四相八拍为 AB→B→BC→C→CD→D→AB,步距角为 0.9°。

3. 功率放大

功率放大是驱动系统最为重要的部分。步进电动机在一定转速下的转矩取决于它的动态平均电流而非静态电流(而说明书上的电流均为静态电流)。平均电流越大,电动机的力矩就越大。要达到平均电流大,这就需要驱动电源尽量克服电动机的反电势。因而不同的场合采取不同的驱动方式,到目前为止,驱动方式一般有以下几种:恒压、恒流和细分驱动等。

4. 驱动器

为尽量提高电动机的动态性能,将信号分配、功率放大组成步进电动机的驱动电源,如图 4-35 所示。

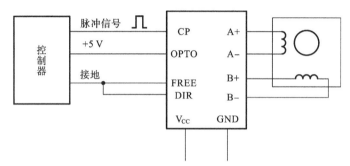

图 4-35 步进电动机驱动器电路

说明:

CP 接控制器输出的脉冲信号(负信号,低电平有效);OPTO 接控制器+5 V 信号;FREE 与控制器地线相接,驱动器不工作;DIR 为方向控制,与控制器地线相接,电动机反转;VCC 为直流电源正端;GND 为直流电源负端;A+为接电动机引出线,红线;A−为接电动机引出线,绿线;B+为接电动机引出线,黄线;B−为接电动机引出线,蓝线。

4.2.4 步进电动机系统在汽车中的应用

怠速空气控制阀(IAC)位于节气门体内。它有一个可移动针阀(见图 4-36),由小型步进电动机驱动。该步进电动机能够准确移动,其经过测量的值被称为"步"。

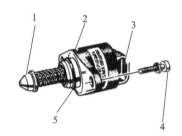

图 4-36 怠速控制阀结构

1—IAC 针阀;2—IAC 阀;3—电气插头;4—IAC 阀固定螺钉总成;5—IAC 阀 O 形环

燃油喷射系统中的节气门体,其节气门间隙是生产厂家预先设定的(这是"最小间隙")。

节气门关闭的情况下,IAC阀通过改变旁通管路的空气流量,对急速进行适宜的控制(见图4-37),以适应不同条件下的急速。

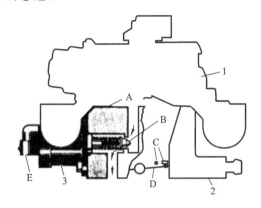

图 4-37 急速空气控制
1—燃油计量体总成;2—节气门体总成;3—IAC阀
A—过滤空气入口;B—针阀;C—发动机真空口或排放控制;D—节气门;E—电气插头

为了确定由节气门闭合位置(0%节气门角度)所显示的急速或减速中IAC针阀的适宜位置,车载计算机(PCM)需要参照:蓄电池电压;ECT;发动机负载(MAP/MAF),空调压缩机,动力转向压力开关(PSPS),驻车/空挡位置(PNP)开关;发动机转速;车速。

针阀的移开(离开底座)可以增加气流和转速;针阀的移入(靠近底座)可以减小气流和转速。

发动机每次关闭时,PCM均向IAC阀发出指令,按校准步骤,让其阀移动到底座(伸出),然后离开底座(缩回)(见图4-38)。这为重新启动发动机建立了一个正确的工作参数,它也可以提供转动时所需要的准确空气量,因为发动机转动时节气门还是处于关闭状态。

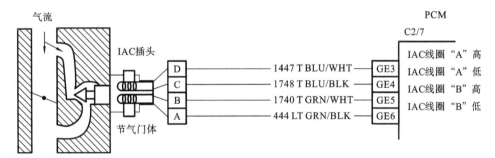

图 4-38 IAC 电路

【任务实施】

任务名称	汽车电控发动机急速步进电动机简易测量
任务目标	1. 通过对步进电动机控制电路的测量,掌握步进电动机检测方法 2. 能实现对步进电动机故障的诊断
设备器材	爱丽舍电控发动机一台

续表

	实操内容、方法及步骤	测量结果记录	检查记录
	（1）启动发动机后,使发动机在急速下运转,手轻靠在步进电动机上,此时可以感觉到有轻微的振动。 　　用诊断仪读取系统数据流,观察发动机急速时,急速步进电动机步数是否正常,踩下加速踏板,观察发动机转速升高或降低过程中,步进电动机步数变动是否存在迟滞现象。 （2）当急速步进电动机步数存在异常时,拆下急速步进电动机,观察其前端是否有积碳。若积碳较多,必须先用清洗剂进行清洗,然后装车试验,如不能排除异常则按下步操作进行。 （3）拔下插接件,把数字万用表打到电阻挡,根据电路图,两表笔分别接调节器 AC、BD 针脚,检查步进电动机电路是否存在异常,25℃时额定电阻值为 53±5.3 Ω(实测 30℃时电阻参考值:49.0～51.0 Ω)。 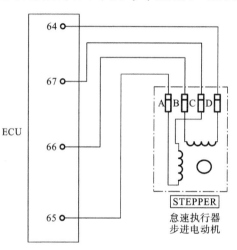 （4）若步进电动机未出现上述故障,则可排除急速步进电动机本身故障。 （5）操作完毕,整理器材、线材和工具。	水温: 急速转速: ――――― 步进电动机步数: ――――― 电阻测量: ―――――	
任务总结			

【任务拓展】

1．想一想

(1) 什么是步进电动机？步进电动机分哪几种？

(2) 如何控制步进电动机的旋转方向？

2．做一做

(1) 查阅资料，说明步进电动机在现代轿车上的应用。

(2) 当步进电动机通电后，电动机轴不转怎么办？

(3) 步进电动机驱动器通电后，电动机在抖动，不能运转，怎么办？

任务 4.3　三相异步电动机的运行与控制

【任务描述】

掌握三相异步电动机的基本结构和工作原理，熟悉常用低压控制电器的功能、结构及图形符号，能够识读三相异步电动机的控制电路；通过三相异步电动机的正转—停—反转的运行和控制，提高动手操作能力和安全意识；通过熟悉交流异步电动机在新能源汽车上的应用，进一步了解三相异步电动机的广泛应用及汽车电动机驱动系统的发展。

【任务分析】

1．知识目标

(1) 了解三相异步电动机的基本结构和工作原理。

(2) 了解三相异步电动机的电磁转矩和机械特性。

(3) 了解常用低压控制电器的作用、结构及工作原理。

(4) 掌握三相异步电动机的启动、调速、反转和制动的方法。

(5) 熟悉三相异步电动机的基本控制电路。

(6) 熟悉交流异步电动机在新能源汽车上的应用。

2．能力目标

(1) 能识读三相异步电动机的控制电路。

(2) 能依据三相异步电动机的控制电路进行正确接线。

(3) 能正确检查控制电路接线。

(4) 能注意安全用电并安全操作。

【知识准备】

电动机按照用电性质分类，可分为直流电动机和交流电动机两大类。交流电动机又分为同步电动机和异步电动机。虽然电动机种类繁多，但是所有电动机都是由电路和磁路两个基本部分组成。它们的工作原理都是建立在电与磁的相互转化与相互作用的基础上，所依据的电磁定律都是基于电磁力定律和电磁感应定律。

由于交流异步电动机具有结构简单，制造、使用和维护方便，运行可靠，效率高，价格低等特点，在工农业生产中得到广泛应用。三相异步电动机是应用最多的一种交流异步电动机，它的工作电源是三相交流电。根据粗略估计,在全国电动机总数量中,有85%以上是三相异步电动机。三相异步电动机存在的缺点之一是调速性能差,但随着电力电子技术和计算机控制技术的发展,使得其调速性能完全可以与直流电动机相媲美。

4.3.1 三相异步电动机的结构

三相异步电动机由定子和转子这两大基本部分组成,在定子和转子之间有一定的气隙。此外,还有端盖、轴承、接线盒、风扇等其他附件,图4-39所示为三相异步电动机的构造。

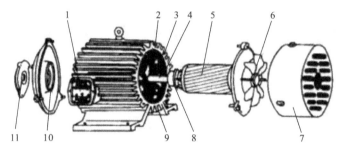

图4-39 三相异步电动机的构造
1—接线盒;2—定子铁芯;3—定子绕组;4—转轴;5—转子;6—风扇;
7—罩壳;8—轴承;9—机座;10—端盖;11—轴承盖

1. 定子部分

定子是用来产生旋转磁场的,在工作时静止不动。三相异步电动机的定子一般由外壳、定子铁芯、定子绕组等部分组成。

1) 外壳

外壳包括机座、端盖、轴承盖及接线盒等部件。

2) 定子铁芯

定子铁芯是电动机磁路的一部分,由0.5 mm厚表面涂有绝缘漆的薄硅钢片叠压而成,图4-40所示为定子铁芯的结构。定子铁芯圆周内表面沿轴向有均匀分布的直槽,用以嵌放定子绕组。为了增加散热面积,当定子铁芯比较长时,沿轴线方向上每隔一定距离有一条通风沟。

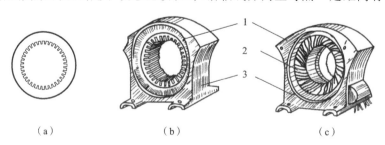

图4-40 定子铁芯的结构
(a) 定子铁芯的硅钢片 (b) 定子铁芯和机座 (c) 嵌有三相绕组的定子
1—定子铁芯;2—绕组;3—机座

3) 定子绕组

定子绕组是三相电动机的电路部分。三相电动机有三相绕组,通入三相对称电流时,就会产生旋转磁场。三相绕组由三个彼此独立的绕组组成,且每个绕组又由若干线圈连接而成。每个绕组即为一相,每个绕组在空间相差120°电角度。通常电动机三相定子绕组的首、末端都固定在电动机外壳的接线盒上,首端分别标为 U_1、V_1、W_1,末端分别标为 U_2、V_2、W_2。根据电源电压的不同,三相定子绕组可作星形或三角形连接,图4-41所示为定子绕组的连接。例如,电源的线电压为380 V,如果电动机定子的额定相电压为220 V,则绕组必须接成星形;如果电动机定子的额定相电压为380 V,则绕组必须接成三角形。只有这样,才能保证各相绕组在其额定电压下工作。

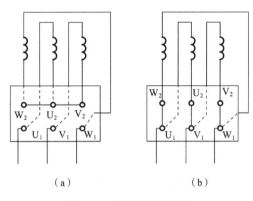

图 4-41 定子绕组的连接

(a) 星形连接　(b) 三角形连接

2. 转子部分

转子是电动机的旋转部分,用来切割定子旋转磁场,产生感应电动势及电流,并形成电磁转矩,使电动机旋转。转子由转子铁芯和转子绕组组成。

转子铁芯是电动机主磁路的一部分。转子铁芯套在转轴上,可绕轴转动。与定子铁芯一样,转子铁芯也是由0.5 mm厚的硅钢片叠压而成,转子外表面分布有冲槽,槽内嵌放转子绕组。

异步电动机的转子绕组是自成闭路的短路线圈。转子绕组不需外接电源供电,其电流是由电磁感应作用产生的。它有两种结构形式:笼型转子和绕线型转子。图4-42所示为笼型转子的结构,图4-43所示为绕线式转子的结构。

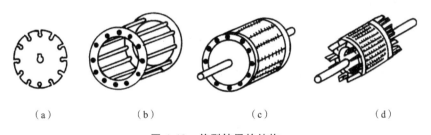

(a)　　　(b)　　　(c)　　　(d)

图 4-42 笼型转子的结构

(a) 硅钢片　(b) 笼型绕组　(c) 铜条转子　(d) 铸铝转子

1) 笼型转子

笼型转子是在转子铁芯的每一个槽中插入一根铜条,在铜条两端用铜制短路环焊接起来。如图4-42(b)、(c)所示,其形状如松鼠笼,故称之为笼型转子。现在中、小型笼型电动机的转子一般采用铸铝的方法,图4-42(d)所示为铸铝转子。

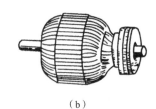 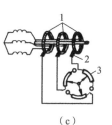

(a) (b) (c)

图 4-43 绕线式转子的结构

(a) 硅钢片 (b) 转子 (c) 电路

1—滑环;2—电刷;3—变阻器

三相异步电动机的笼型转子由于构造简单、价格便宜、运行安全可靠、使用方便,因而三相异步电动机成为使用最广泛的一种电动机。

2) 绕线型转子

绕线型转子的绕组与定子绕组一样,也是一个三相绕组,一般接成星形,三相引出线分别接到转轴上的三个与转轴绝缘的集电环上,通过电刷装置与外部变阻器相连,如图 4-43(c)所示。转动可变电阻器的手柄,可调节串入每相绕组的电阻值,并可使之短路。

绕线型转子的结构比较复杂,价格也比较贵。但是由于它的转子绕组内可以串入电阻或某种电子控制电路,使之具有较好的启动和调速特性,从而改善异步电动机的运行性能。绕线型转子一般用于对启动和调速特性要求较高的场合,如大型机床和某些起重设备上。

笼型转子与绕线型转子只是在结构上有所不同,它们的工作原理是一样的。

为了保证转子能够自由旋转,在定子与转子之间必须留有一定的空气隙。中、小型电动机的空气隙在 0.2~1.5 mm 之间。气隙的大小对异步电动机的运行有很大影响。气隙越小,则磁路中磁阻越小,定子与转子之间的相互感应作用就越好,可以降低电动机的励磁电流,提高电动机的功率因数。但是气隙过小,会对电动机的装配带来困难,对定子与转子的同心度要求也会很高,并导致运行不可靠。

3. 其他部分

其他部分包括端盖、风扇等。端盖除了起防护作用外,在端盖上还装有轴承,用来支承转轴。风扇则用来通风,冷却电动机。

4.3.2 三相异步电动机的工作原理

三相异步电动机的工作原理是基于电磁感应的基础上的,因此在具体讨论工作原理之前,先分析讨论三相异步电动机的旋转磁场的概念。

1. 旋转磁场

在三相异步电动机中,定子三相对称绕组中通入三相对称电流,从而在电动机中产生了旋转磁场。现以两极异步电动机为例,分析定子三相绕组通入对称三相电流产生磁场的情况。

定子三相对称绕组是三个外形、尺寸、匝数等完全相同的绕组,分别为 $U_1—U_2$、$V_1—V_2$、$W_1—W_2$,其中 U_1、V_1、W_1 分别是三个绕组的首端,U_2、V_2、W_2 分别是三个绕组的末端。图 4-44(a)所示为绕组 $U_1—U_2$ 的示意图,另二相绕组的接法相同,同时将它们对称地放置在圆筒状铁芯的内表面,如图 4-44(b)所示。三个绕组在空间的位置差是 120°电角度。

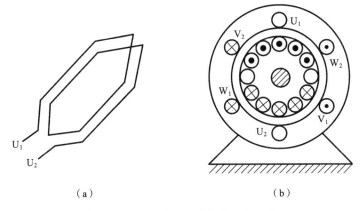

图 4-44　三相异步电动机的三相绕组

为了分析方便,选定交流电在正半周时,电流从绕组的首端流入,从末端流出;反之,在负半周时,电流从绕组的末端流入,从首端流出。假设将定子绕组连成星形接法,三相绕组的首端 U_1、V_1、W_1 分别与三相交流电的相线 U、V、W 相连接,图 4-45 所示为三相绕组的星形连接。由于三个绕组完全相同,故产生对称三相电流,图 4-46 所示为对称三相电流波形。

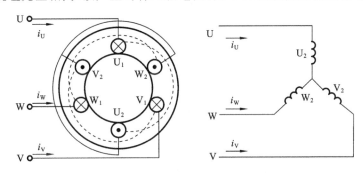

图 4-45　三相绕组的星形连接

定子绕组在三相交流电不同相位时合成旋转磁场。当 $\omega t=0°$ 时,U 相电流为零;V 相电流为负值,电流由 V_2 端流进,V_1 端流出;W 相电流为正,电流从 W_1 端流进,W_2 端流出。根据右手螺旋定则,可以判定此时定子三相绕组电流产生的合成磁场方向。当 $\omega t=90°$ 时,U 相电流为正,电流由 U_1 端流进,U_2 端流出;V 相电流为负值,电流由 V_2 端流进,V_1 端流出;W 相电流为负,电流从 W_2 端流进,W_1 端流出,这一时刻合成磁场方向已顺时针方向在空间转过了 90°。同理,可分别得出 $\omega t=180°$、$\omega t=270°$ 和 $\omega t=360°$ 时定子三相绕组电流产生的合成磁场方向。图 4-47 所示为旋转磁场的分布情况。

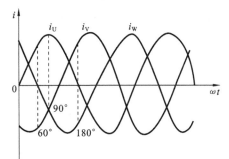

图 4-46　对称三相电流波形

由此可见,电流变化一个周期,合成磁场在空间也旋转了一周。电流持续变化,磁场也不断地旋转。通过以上几个特殊瞬间的合成磁场分析,不难推断出,在三相绕组中通入的交流变化一个周期时,产生的具有一对磁极(磁极对数 $p=1$)的合成磁场沿圆周铁芯内表面的空间旋

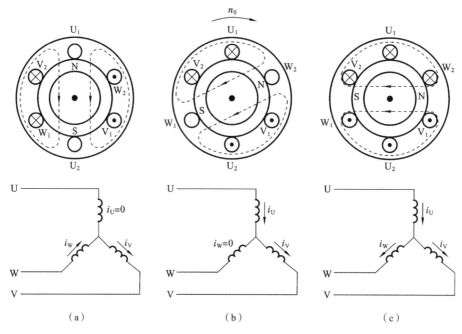

图 4-47 旋转磁场的分布情况
(a) $\omega t=0°$ (b) $\omega t=60°$ (c) $\omega t=90°$

转一周。

通过分析,可得以下结论。

(1) 在对称三相绕组中通入对称三相电流后,所产生的合成磁场是随电流交变而在空间旋转的磁场,即旋转磁场。

(2) 旋转磁场的转速——同步转速。旋转磁场的速度又称同步转速,它与三相电流的频率和磁极对数(p)有关。根据以上的分析可知,对只有 2 极($p=1$)电动机,三相电流中电流变化一个周期,其 2 极旋转磁场在空间旋转一周。同样的分析方法可知,4 极($p=2$)电动机当交流电流变化一个周期时,其 4 极合成磁场将在空间转过半个圆周。与两极旋转磁场($p=1$)比较,转速降低了一半。

依此类推,有 p 对磁极的异步电动机,其旋转磁场的转速 n_1 为

$$n_1=\frac{60f_1}{p} \tag{4-13}$$

n_1 又称电动机的同步转速,单位为转/分(r/min)。

可见,旋转磁场的转速 n_1 与电源频率 f_1 成正比,与磁极对数 p 成反比。我国的电网频率 f_1 为 50 Hz,若 $p=1$,则 $n_1=3\,000$ r/min;若 $p=2$,则 $n_1=1\,500$ r/min,依次类推。同步转速与极对数对应表见表 4-1。当磁极对数一定时,如果改变交流电的频率,则可改变旋转磁场的同步转速,这就是变频调速的基本原理。

表 4-1 同步转速与极对数对应表($f_1=50$ Hz)

极对数 p	1	2	3	4	5	6
同步转速 n_1/(r/min)	3 000	1 500	1 000	750	600	500

（3）旋转磁场的旋转方向　旋转磁场的旋转方向是由通入三相绕组的三相电流的相序决定的。

在分析2极旋转磁场时，U_1—U_2绕组电流首先达到正最大值，其次是V_1—V_2绕组的电流、再次是W_1—W_2绕组的电流达到正最大值。即定子绕组三相电流的相序是U→V→W。这时旋转磁场的方向在空间是从U相绕组→V相绕组→W相绕组，按顺时针方向旋转。反之，我们若改变三相绕组通电的顺序，例如将V、W相绕组与电源的连线进行对调，则此时W相绕组通以电流i_V，V相绕组通以电流i_W，即通入三相绕组的电流相序改变为U→W→V。按上述方法进行分析，可以判断这时的旋转磁场是按逆时针方向旋转的。

改变旋转磁场的旋转方向有重要的实用意义。因为异步电动机电动状态下转子的转向是与旋转磁场的转向相一致的。所以工程上常采用对调两根电源线来实现异步电动机的反转。

2. 转子转动原理

图4-48所示为转子转动原理图。

三相异步电动机定子的三相绕组通入三相对称电流，产生了旋转磁场。旋转磁场在气隙中以同步转速n_1转。根据电磁感应定律，转子导体受到旋转磁场的磁力线切割，就会在导体中产生感应电动势。根据右手定则，可判断出转子导体感应电动势的方向。图4-48中标出顺时针方向旋转磁场以及感应电动势的方向。需要注意的是，此时是磁极（场）在运动。用相对运动的观点，可以认为磁极不动，转子导体沿着与磁极运动方向相反的方向运动。根据以上分析，可以判定位于N极下的导电转子导体中产生的感应电动势的方向是离开纸面指向外面的，用"⊙"表示。而S极下导电转子导体中感应电动势的方向是指向纸面的，用"⊗"表示。由于转子

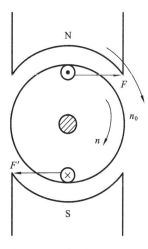

图4-48　转子转动原理图

是一个闭合线圈，它已构成电流的闭合通路，故在感应电动势的作用下，在导体中产生了感应电流。

若忽略转子导体中感应电动势与感应电流之间的相位差，则可认为，感应电流与感应电动势具有相同方向。根据电磁力定律，当在磁场中与磁力线垂直方向上存在载流导体时，将受到电磁力的作用，电磁力的方向由左手定则确定。据此，可确定N极下的转子导体将受到向右方向的电磁力F。S极下的导体将受到向左方向的电磁力F'。电磁力将产生与旋转磁场方向相同的电磁转矩，转子在电磁转矩的作用下，以n转速克服阻力转动起来，转动方向与旋转磁场的旋转方向相同。

如果转子转速一旦等于旋转磁场的转速，则二者之间就没有相对运动了，当然也就不可能产生电磁力和电磁转矩。因而转子的转速必然要低于旋转磁场的转速，即二者的转速之间有差异，所以这种类型的电动机称为"异步"电动机。又因为其转子导体的电流是由电磁感应作用产生的，所以异步电动机又称为"感应"电动机。

3. 转差率

显然，对异步电动机转子导体中产生感应电动势、感应电流以及转矩，起决定作用的是磁场转速与转子转速二者之差，即磁场切割转子导体的速度。为了衡量异步电动机磁场转速与

转子转速的差异程度,引出了转差率的概念。

设旋转磁场相对于静止空间的转速用 n_1 表示,该转速又称同步转速。转子相对于静止空间的转速用 n 表示。则旋转磁场相对于转子的转速是 $\Delta n = n_1 - n$,这个转速差 Δn 与同步转速 n_1 之比称为异步电动机的转差率,用 s 表示,即

$$s = \frac{n_1 - n}{n_1} = \frac{\Delta n}{n_1} \tag{4-14}$$

转差率是分析和表示异步电动机性能的一个重要物理量。

根据式(4-14),可以得到电动机的转速常用公式为

$$n = (1-s)n_1 \tag{4-15}$$

4. 三相异步电动机的电磁转矩

三相异步电动机转轴上产生的电磁转矩是决定电动机输出的机械功率大小的一个重要因素,也是电动机的一个重要的性能指标。

1) 电磁转矩的物理表达式

三相异步电动机的工作原理告诉我们,电磁转矩是旋转磁场与转子绕组中感应电流相互作用产生的。由于转子电路是感性的,转子电流比转子感应电动势滞后 φ_2。因此电动机转轴上的电磁转矩应与旋转磁场磁通(Φ_m)和转子电流的有功分量 $I_2\cos\varphi_2$ 成正比。

电磁转矩 T 的表达式为

$$T = K_T \Phi_m I_2 \cos\varphi_2 \tag{4-16}$$

式中:K_T 为与电动机本身结构有关的常数。

式(4-16)是分析异步电动机转矩特性的重要依据。

2) 转矩特性

电磁转矩与转差率之间的关系 $T = f(s)$ 称为电动机的转矩特性。可以推得

$$T = \frac{K'_T U_1^2 s R_2}{R_2^2 + (sX_{20})^2} \tag{4-17}$$

式中:K'_T、转子电阻 R_2、转子不动时的感抗 X_{20} 都是常数,且 X_{20} 远大于 R_2。由式(4-17)可知,转差率一定时,电磁转矩与外加电压的平方成正比,即 $T \propto U_1^2$。因此,电源电压有效值的微小变动,将会引起转矩的很大变化。

4.3.3 三相异步电动机的运行

1. 三相异步电动机的启动

三相异步电动机从接入电源开始转动到稳定运行的过程称为启动。

对三相异步电动机的启动主要有三点要求:启动电流尽量小,以减小对电网的冲击;启动转矩尽量大一些,以加速启动过程,缩短启动时间;启动设备尽量简单。

三相异步电动机启动过程大致如下。

启动时电磁转矩(T_{st})必须大于负载阻转矩 T_L,转子才能启动并加速旋转,T 随 n 增大而增大,转子进一步加速,当 T 增至最大转矩(T_m)以后就变为减小,即已进入稳定区,转速继续增加,T 一直减小到 $T = T_L$ 为止,这时电动机便以某一转速等速地稳定运行。

下面主要介绍笼型异步电动机的启动方法。笼型异步电动机的启动分直接启动和降压

启动。

1) 笼型异步电动机直接启动

启动时,电动机定子绕组直接接入额定电压的电网上的启动称为直接启动或全压启动。

启动开始时,旋转磁场与静止的转子之间有很大的相对转速,转子电路的感应电动势很大,因此转子电流也很大,为额定情况时的5~8倍。转子电流很大时,定子电流也相应增大,即启动电流(I_{st})也很大,一般为额定电流(I_N)的4~7倍。

虽然启动时转子电流很大,但因此时功率因数($\cos\varphi_2$)很低,所以启动转矩并不大。

容量不大的鼠笼式异步电动机转子的转动惯量不大,启动后能在极短时间内达到正常转速,启动电流也随之极快地降低到正常值。这是一种最简单的启动方式。但不是所有电动机都适用于直接启动。

电动机能否可以直接启动主要取决于供电变压器的容量以及供电线路上容许的电压偏移。一般地说,变压器容量以及线路容许电压偏移愈大,直接启动的电动机容量的限制可以适当放宽。

一般规定,异步电动机的功率低于7.5 kW时允许直接启动。如果功率大于7.5 kW,而供电变压器容量较大,能符合下列经验公式要求的异步电动机也可采用直接启动法,即

$$\frac{I_{st}}{I_N} \leq \frac{1}{4}\left[3+\frac{供电变压器容量(kV \cdot A)}{启动电动机容量(kW)}\right] \quad (4-18)$$

式中:I_{st}/I_N表示启动电流是额定电流的倍数。例如,设供电变压器容量为250 kVA,电动机的启动电流倍数$I_{st}/I_N=7$,则容量不超过10 kW的异步电动机都可采用直接启动法。

2) 笼型异步电动机降压启动——丫—△启动法

降压启动是在启动时利用启动设备将电源电压适当降低后加到电动机定子绕组上,以限制电动机的启动电流,等电动机的转速升高后,再将电动机定子绕组上的电压恢复到额定值。降压启动的目的是减小启动电流,但由于启动转矩与电源电压的平方成正比,所以启动转矩将大为下降。因此,降压启动方法仅适用于空载或轻载启动。常用的降压方法有:丫—△启动法和自耦变压器启动法。在此主要介绍丫—△启动法。

丫—△启动法只适用于正常工作时定子绕组为△形连接的电动机。启动时,先把定子绕组接成丫形,待转速达到相当高时,再改为正常的△连接。这仅需要一只丫—△启动器,用手动或自动控制线路就可实现。图4-49所示为应用丫—△方式启动笼型异步电动机的接线图。启动开始时,定子绕组的相电压减低到额定相电压的$\frac{\sqrt{3}}{3}$,因此启动电流得以减小。但因$T \propto U_1^2$,所以启动转矩降低为额定电压时的启动转矩的$\frac{1}{3}$。因此,这种启动法适用于电动机空载或轻载启动。

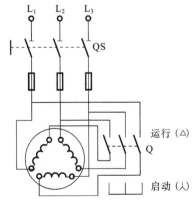

图4-49 应用丫—△方式启动笼型异步电动机的接线图

2. 三相异步电动机的调速

由转差率公式和同步转速公式,可得出转子转速n为

$$n = n_1(1-s) = \frac{60f_1}{p}(1-s) \quad (4-19)$$

由式(4-19)可见，改变 p、f_1、s 三者中的任一物理量，都能改变异步电动机的转速。下面介绍这三种调速方法。

1) 变极调速

变极调速是通过改变定子每相绕组的连接方式，从而改变定子磁极对数的。下面以4极变2极为例，说明变极调速的原理。设定子每相绕组都是由两个"半相绕组"连接组成，则这两个半相绕组顺向串联时得到的磁极数为 $2p=4$，如图4-50所示。若两个半相绕组反向并联，如图4-51所示，得到的磁极对数为 $2p=2$。由此可见，定子每相的一半绕组中电流改变方向，就可改变磁极对数。

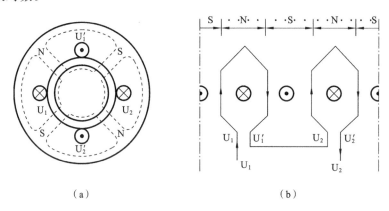

图 4-50 变速调速原理图($2p=4$)

(a) 剖视原理图　(b) 顺串展开图

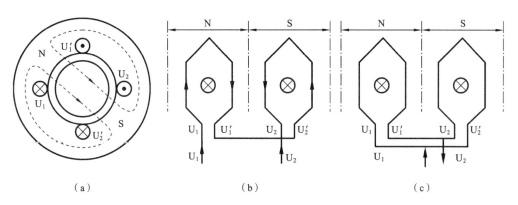

图 4-51 变速调速原理图($2p=2$)

(a) 剖视原理图　(b) 反串展开图　(c) 反并展开图

根据电机学原理，只有定子和转子具有相同的磁极数，电动机才能产生恒定的电磁转矩，因此改变定子磁极数的同时，必须同时改变转子的磁极数。由于笼型电动机的转子磁极数能自动跟随定子磁极数的改变而改变，因此变极调速只适用于笼型电动机。磁极对数可以改变的电动机称多速电动机。多速电动机可制成双速，三速或四速电动机。这种方法只能分级调速，不能均匀调速。这种调速方法比较经济、简便，常用于金属切削机床或其他不要求均匀调速的生产机械上，如金属切削机床、升降机、起重机、风机、水泵等。

2) 变频调速

根据转速公式，改变异步电动机的供电频率 f_1，就可改变电动机的转速 n_1 和 n，达到调速目的。但 f_1 的升高或降低影响到异步电动机的其他参数,如定子绕组中的输入电压 U_1、输入电流 I_1 和磁通 Φ。

三相异步电动机每相电压 U_1 和磁通 Φ 的关系为

$$U \approx E = 4.44 f/N\Phi_m$$

三相异步电动机在设计时,都给定了额定电压 U_{1N}、额定电流 I_{1N} 及相应的额定频率 f_{1N},磁通 Φ 的数值都定为接近磁路饱和的数值。在额定频率 f_{1N} 以下,采用定子电压补偿的 U_1/f_1 = 常数的恒转矩变频调速,保持 Φ 不变。在额定频率 f_{1N} 以上,采用 $U_1 = U_{1N}$ = 常数的恒功率变频调速。图 4-52 所示为变频调速机械特性曲线。

此外,还有转差频率控制方式的变频调速。只要保持磁通不变,不论定子频率如何变化,转矩的大小总与相对切割速度 Δn 呈正比。如果在保持磁通不变的条件下控制 Δn,即可控制电动机的转矩。这种控制方式可以得到较高的调速精度。

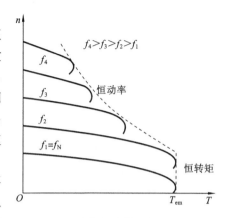

图 4-52 变频调速的机械特性曲线

我国电网的频率为 50 Hz,用改变 f_1 的方法调速,需要专门的变频设备。变频电源目前一般应用晶闸管和大功率晶体管变频装置,可以平滑地调节交流电频率,因而可使笼型电动机实现无级调速。变频调速具有优异的性能,主要体现以下几个方面。

(1) 调速范围大。

(2) 平滑性好　连续改变频率 f_1,可以实现无级调速。

(3) 稳定性好　调速时机械特性的硬度基本不变,所以转矩波动时,转速变化不大。

(4) 能适应各种不同负载的要求。

(5) 运行效率高　由于机械特性较硬,运行时转差率小,效率高。

其缺点是需用专门的变频设备,价格较高。但随着半导体变流技术的不断发展,工作可靠、性能优异、价格便宜的变频调速装置将不断出现,变频调速的应用将日益广泛,会从根本上解决笼型异步电动机的调速问题。

3) 转子电路串接电阻调速

改变转差率调速的具体方法较多,这里只介绍用于绕线型异步电动机的改变转子电路电阻的调速方法。

图 4-53 所示为转子电路串电阻调速的机械特性曲线。设负载转矩为 T_L,转子电路电阻为 R_a,运行于 a 点,转速为 n_a。若 T_L 不变,将 R_a 增大为 R_b,工作点移至 b 点,转速为 n_b,从而实现调速。

用这种方法调速具有一定的平滑性,并且设备简单、方法简便。缺点是变阻器上耗能较多,经济性差。这种调速方法常用于起重机提升设备,矿井运输用的绞车及通风机等。

需要注意的是,启动变阻器不可用于调速,因为它是按短时间运行而设计的,不能长时间通过电流,否则会因过热而损坏。调速时应有专作调速用的调速变阻器。

3. 三相异步电动机的制动

三相异步电动机的制动可分为机械制动和电气制动两大类。机械制动是指利用机械装置使电动机在电源切断之后迅速停止转动的方法;电气制动是指利用改变电动机线路或某些参数值,使电动机产生一种与实际旋转方向相反的电磁转矩的方法。此时的电磁转矩即为制动转矩。电动机的制动状态是相对于电动机电动状态(电磁转矩与电动机实际旋转方向相同)的一种运行方式。

在电力拖动系统中,电动机经常工作在制动状态。例如,许多生产机械工作时,需要快速停车或由高速运行快速下降到低速运行,这就要求电动机进行制动。对于像起重机、提升机构等势能性负载,为获得稳定的下放速度,电动机也必须工作在制动状态。制动方法主要分反接制动、能耗制动、回馈制动等方法。这里仅将常用的反接制动和能耗制动简介如下。

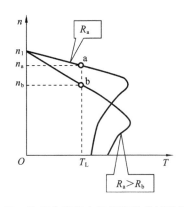

图 4-53 转子电路串电阻调速的机械特性曲线

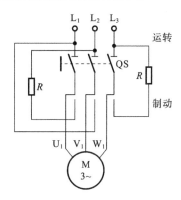

图 4-54 反接制动电路

1) 反接制动

图 4-54 所示为反接制动电路。笼型电动机原来处于电动状态,现在需要停车。此时,可将接到电源的三根端线中的任意两根对调,旋转磁场立即反向旋转,转子中的感应电动势和电流也都反向,因而产生制动转矩,使电动机迅速停转。当电动机转速接近于零时,应立即切断电源,以免电动机反转。

反接制动的制动力大,无须直流电源;但制动过程中冲击强烈,容易损坏机械零件,而且频繁的反接制动容易使电动机过热而损坏。

根据前面所学知识,已知对调任意两根电源线,即改变电源相序,就可改变旋转磁场方向,从而改变电动机旋转方向。需要注意的是:若希望改变电动机旋转方向,一般应在停车之后换接。因为如果电动机正在高速旋转时突然将电源反接,这实际上成为反接制动,不但制动冲击强烈,而且电流较大,如无防范措施,容易发生事故。

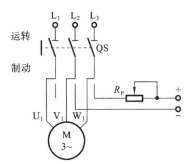

图 4-55 能耗制动电路

2) 能耗制动

图 4-55 所示为能耗制动电路。当电动机脱离三相电源时,立即在两相定子绕组之间接入一个直流电源,同时串入电阻,直流电流在定子绕组中产生一个固定的磁场,使旋转着的转子中感应出电动势和电流,从而获得与转速方向相反的制动转矩,强制旋转的转子迅速停止。

能耗制动的制动平稳、无冲击,能准确停车;但需直流电源,大功率电动机的直流制动设备价格较贵,而且低速时制动转矩小。

4.3.4 三相异步电动机的控制

在工业生产过程中,如汽车制造与装配,大多数生产机械均采用电动机作为动力源。三相异步电动机作为应用最广泛的电动机,需要对其运行进行自动控制。低压电器和相应的控制技术广泛运用于电动机运行控制,这里重点介绍低压电器的基本知识,以及电动机的启动、停止及其正、反转基本控制电路。

1. 低压电器的基本知识

图 4-56 所示为三相异步电动机的启动、停止电路图,电路由主电路和控制电路组成,其中主电路是指直接给电动机供电的电路,由三相电源、电动机、接触器主触点、热继电器发热元件组成;控制电路由刀开关(QS)、熔断器(FU)、热继电器(FR)、启动按钮(SB_2)、停止按钮(SB_1)、接触器(KM)和电动机(M)组成。

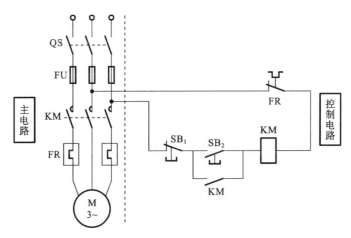

图 4-56 三相异步电动机的启动、停止电路图

1) 低压电器

(1) 刀开关 刀开关(QS)是一种手动电器,广泛应用于配电设备中,作隔离电源用,有时也用于直接启动三相异步电动机。常用的刀开关有 HD 系列和 HS 系列。后者为刀形转换开关,转换开关用于转换电路,从一种连接方式转换至另一种连接方式。

(2) 熔断器 熔断器(FU)是一种用于过载与短路保护的电器。使用时,熔断器串接在所保护的电路中,当电路中的电流超出限定值时,熔断器的熔体熔化,从而分断电路,保护线路中的电气设备。一般情况下,要求通过熔体的电流等于或小于熔体额定电流的 1.25 倍时,可以长期不熔断,超过其额定电流的倍数越大,熔体熔断的时间就越短。

(3) 热继电器 热继电器(FR)是用来保护电动机,使之免受长期过载的一种电器。热继电器是利用电流的热效应动作的。

(4) 控制按钮 控制按钮(SB)是一种手动操作接通或断开小电流控制电路的开关,图 4-57所示为控制按钮结构及符号。控制按钮的结构一般由按钮帽、复位弹簧、动触点、动断静触点、动合静触点等组成。控制按钮按照静态时静触点分合状态,可分为启动按钮、停止按钮及复合按钮。

(5) 交流接触器 交流接触器(KM)是一种自动开关,是电力拖动中最主要的控制电器之

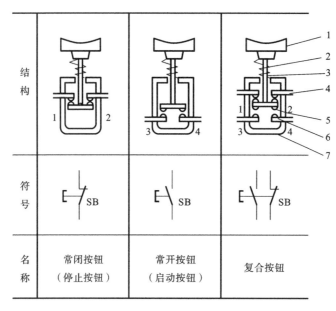

图 4-57 控制按钮结构及符号

1—按钮帽；2—复位弹簧；3—支柱连杆；4—常闭静触头；5—桥式动触头；6—常开静触头；7—外壳

一，常用来接通和断开电动机或其他设备的主电路。图 4-58 所示为交流接触器的结构，图 4-59 所示为交流接触器的图形符号，属于同一器件的线圈和触点用相同的字母表示。交流接触器是利用电磁铁的吸引力而动作的。它主要由电磁铁和触点两部分组成。电磁铁由线圈和铁芯构成，其铁芯分为动、静铁芯，静铁芯固定不动。接触器的动触点与动铁芯直接相连，当铁芯移动时，拖动动触点相应移动。

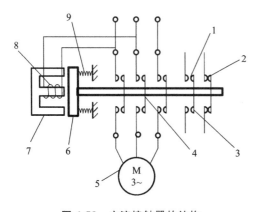

图 4-58 交流接触器的结构

1—常开触点；2—常闭触点；3—辅助触点；4—主触点；
5—电动机；6—衔铁；7—铁芯；8—线圈；9—弹簧

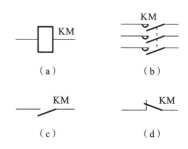

图 4-59 交流接触器的图形符号

（a）吸引线圈 （b）动合（常开）主触点
（c）动合（常开）辅助触点 （d）动断（常闭）辅助触点

交流接触器的触点分为主触点和辅助触点。主触点通常为三对动合触点，它的接触面积较大，带有灭弧装置，允许通过较大的电流；辅助触点既有动合触点，又有动断触点。辅助触点通过电流较小，常接在控制电路中。

2) 三相异步电动机的启动与停止

对图 4-56 所示的三相异步电动机的控制回路的分析如下。

合上刀开关(QS), 引入电源, 按下启动按钮(SB_2), 交流接触器(KM)线圈通电, 使得对应动合主触点闭合, 电动机接通电源启动。同时, 与启动按钮(SB_2)并联的接触器(KM)常开辅助触点闭合, 当松开 SB_2 时, KM 线圈通过自身的常开辅助触点保持通电状态, 这种状态称为自锁, 而此常开辅助触点称为自锁触点。需要电动机停止时, 可按下停止按钮(SB_1), 接触器(KM)线圈失电, KM 常开主触点与常开辅助触点都断开, 切断电动机的主电路和控制电路, 电动机停止转动。

2. 三相异步电动机的基本控制电路

工业上用的生产机械动作是各式各样的, 因而满足生产机械动作要求的低压控制电路也是多种多样的, 但各种控制电路一般都由一些基本控制环节按照一定要求连接而成。下面以工业生产中最常用的三相异步电动机的控制电路为例, 说明低压控制的基本环节。下面主要介绍对电动机的正转—停止—反转的基本控制电路。

1) 电路组成

根据前面所学知识, 若要改变三相异步电动机的旋转方向, 只要将三根电源线中的任意两根对调即可。因此, 可利用两个接触器和三个按钮组成正、反转控制电路。图 4-60 所示为三相异步电动机的正转—停止—反转的控制电路, 由刀开关(QS)、正转接触器(KM_1)、反转接触器(KM_2)、停止按钮(SB_1)、正转按钮(SB_2)、反转按钮(SB_3)、熔断器(FU_1、FU_2)、热继电器(FR)和电动机(M)组成。正转接触器(KM_1)的三对主触点把电动机按相序 U_1、V_1、W_1 与电源相接; 反转接触器(KM_2)的三对主触点把电动机按相序 U_1、W_1、V_1 与电源相接。

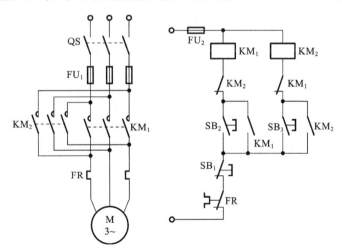

图 4-60 三相异步电动机的正转—停止—反转的控制电路

2) 工作原理分析

(1) 闭合刀开关(QS), 按下正转按钮(SB_2)时, 正转接触器(KM_1)线圈通电, 主触点闭合, 电动机正转; 与此同时, KM_1 的动断辅助触点断开了反转接触器(KM_2)的线圈, 因此, 即使按了反转按钮(SB_3), 反转接触器也不会工作; 同理, 在反转接触器(KM_2)动作后, 正转接触器(KM_1)也不会工作; 这使得两个接触器在同一时间内只允许一个处于工作状态, 这称为电气联锁或互锁,此时这两个接触器常闭辅助触点也称为互锁触点。

(2) 在正转过程中要求反转时,必须先按下停止按钮(SB_1),让KM_1线圈断电,互锁触点(KM_1)闭合,然后按下反转按钮(SB_3),KM_2线圈得电,电动机反转;反之亦然。从而实现电动机的"正转—停止—反转"控制,这种操作方式适用于大功率电动机及一些频繁正、反转的电动机。

4.3.5　交流异步电动机在新能源汽车上的应用

在新能源汽车中,一般情况下是电动机取代发动机,并在电动机控制器的控制下,将电能转化为机械能来驱动汽车行驶。其中,在纯电动汽车、太阳能电动汽车和燃料电池电动汽车中,电动机作为纯驱动装置;在串联式混合动力汽车中,电动机作为主要动力装置;在并联式混合动力汽车中,电动机作为辅助动力装置。新能源汽车与普通燃油汽车的最重要区别就在于电动机驱动系统。

新能源汽车经常采用的驱动电动机包括直流电动机、交流异步电动机、永磁电动机和开关磁阻电动机。最早应用于电动汽车的是直流电动机,这种电动机的优点是控制性能好、成本低。随着电子技术、机械制造技术和自动控制技术的发展,交流异步电动机、永磁电动机和开关磁阻电动机显示出比直流电动机更加优越的性能,这些电动机正在逐步取代直流电动机。目前,日本在乘用车中采用的是PM(内置式)电动机;而在美国,异步电动机是主流的电动机。

异步电动机具有结构简单、价格便宜、运行可靠、维护方便、效率较高的优点,得到广泛应用。其主要缺点在于功率因数低,运行时必须吸收无功电流来建立磁场,故其功率因数小于1。在新能源汽车的应用中,笼型异步电动机较为广泛,其结构简单、造价低、结构坚固,而且维护起来也很容易。

交流异步电动机成本低而且可靠性高,逆变器即便损坏出现短路时,也不会产生反电动势,所以不会出现急刹车的可能。因此,交流异步电动机广泛应用于大型、高速的电动汽车中。

新能源汽车在减速或制动时,电动机处在发电制动状态,可以给蓄电池充电,实现机械能转换为电能。在新能源汽车上,由功率半导体器件构成的PWM逆变器把蓄电池提供的直流电变换为频率和幅值都可以调节的交流电。三相异步电动机逆变器的控制方法主要有V/f恒定控制法、转差率控制法、矢量控制法和直接转矩控制法(DTC)。其中,后两种控制方式目前处于主流地位。

新能源汽车专用的电动机通过从蓄电池中获取有限的能量来运行,所以要求其在各种环境下的效率都要很高,因而,在性能上要求比一般工业用的电动机更加严格。适合作为电动汽车专用的电动机需要满足几个特性:小型轻量化(坚固性)、高效性(续驶里程长)、低速大转矩情况下的大范围内的恒定输出、寿命长,以及高可靠、低噪声和成本低廉。但是目前全部满足以上要求的电动机还未被开发出来。目前更适于新能源汽车的电动机是交流异步电动机和PM电动机。在美国,异步电动机应用较多,这也被认为与其路况有关。在美国,高速公路已经具有一定的规模,除了大城市外,汽车一般以一定的高速持续行驶,所以能够实现高速运转,故在高速时有较高效率的异步电动机得到广泛应用。

【任务实施】

任务名称	三相异步电动机的正转—停止—反转的控制	
任务目标	1. 通过对三相异步电动机正转—停止—反转控制电路的接线,掌握由电气原理图接成实际电路的方法 2. 能实现电气控制系统各种保护、自锁和互锁控制	
设备器材	TS-B通用电工实验台,三相异步电动机	
实操内容及步骤	认识各电器的结构、图形符号、接线方法。将三相异步电动机接成△形,按图4-61所示的线路接线。接完线后,经指导教师检查符合要求,方可进行通电操作。 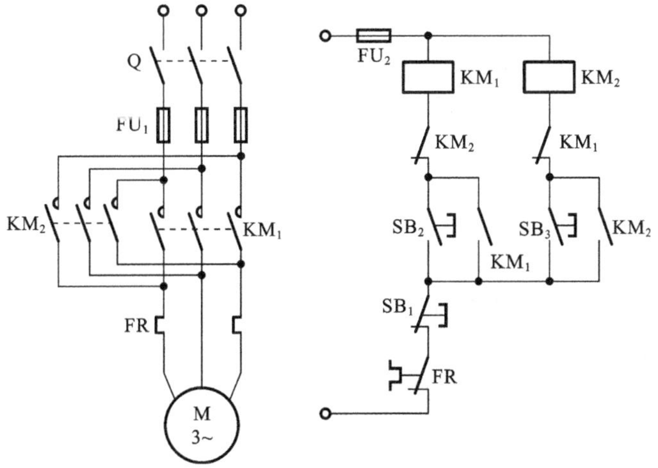 图 4-61 三相异步电动机的正转—停止—反转的控制电路图 (1) 开启控制屏电源总开关,按启动按钮,调节调压器输出,使输出线电压为 220 V。 (2) 按正向启动按钮(SB_2),观察并记录电动机的转向和接触器的运行情况。 (3) 按反向启动按钮(SB_3),观察并记录电动机的转向和接触器的运行情况。 (4) 按停止按钮(SB_1),观察并记录电动机的转向和接触器的运行情况。 (5) 再按 SB_3,观察并记录电动机的转向和接触器的运行情况。 (6) 操作完毕,按控制屏停止按钮,切断三相交流电源。 (7) 整理器材、线材和工具。	测量结果记录
任务总结		

【任务拓展】

1．想一想

(1) 三相交流异步电动机的保护电路提供哪些类型的保护？

(2) 单相交流异步电动机是根据什么原理工作的？

2．做一做

观察机床上的三相交流异步电动机控制电路和保护电路各主要器件。

任务4.4　汽车交流发电机的检测与运用

【任务描述】

了解汽车用交流发电机的结构和分类，理解相关的工作原理，并能对其检测和分析。通过学习，对汽车电工技术在汽车上的重要性有进一步的认识。

【任务分析】

1．知识目标

(1) 了解交流发电机的基本原理。

(2) 了解汽车交流发电机的结构和分类。

(3) 理解汽车交流发电机的工作原理及整流原理。

(4) 掌握汽车交流发电机的基本检测方法。

2．能力目标

(1) 能识别交流发电机的类型。

(2) 能使用专用工具对汽车交流发电机进行拆卸和安装。

(3) 能使用万用表对汽车交流发电机的定子和转子进行基本检测。

【知识准备】

发电机是将其他形式的能源转换成电能的机械设备，它由水轮机、汽轮机、柴油机或其他动力机械驱动。发电机在工农业生产、国防、科技及日常生活中有广泛的用途。

发电机的形式很多，但其工作原理都基于电磁感应定律和电磁力定律。发电机与电动机基本原理不同。电动机是利用通入电流的线圈产生磁场，以电磁力的作用推动线圈，是运用"电流磁效应"原理将电能转换机械能的装置。发电机是利用各种动力（如水力、风力）使线圈在磁铁的两极间转动；当线圈转动时，线圈内的磁场改变，因此产生感应电流，是运用"电磁感应"原理将机械能转换成电能的装置。

4.4.1　交流发电机的基本工作原理

1．单相交流发电机的基本原理

图 4-62 所示为单相交流发电机原理模型。在这个模型中，产生感应电动势的线圈是不动的，运动的是磁场。产生磁场的是一个可旋转的电磁铁，在转子铁芯上绕有励磁线圈，通过电

刷与滑环,励磁电源向励磁线圈供电,产生磁场。由于空气的磁导率太低,在旋转磁铁的外围安装环形铁芯,也就是定子,可大大加强磁感应强度,在定子铁芯的内围有一对槽,线圈嵌在槽内。当电磁铁旋转时产生旋转磁场,线圈切割磁力线产生感应电动势,如果外接负载则产生交流电流。

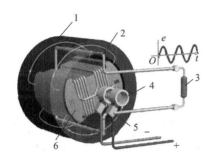
图 4-62 单相交流发电机的原理模型
1—定子铁芯;2—矩形线圈;3—负载电阻;
4—滑环;5—电刷;6—转子

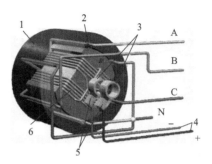
图 4-63 三相交流发电机的原理模型
1—定子铁芯;2—转子;3—滑环;
4—励磁电源输入端;5—电刷;6—励磁线圈

2. 三相交流发电机的基本原理

实际应用的都是三相交流发电机,图 4-63 所示为三相交流发电机原理模型,其定子铁芯的内圈均匀分布着 6 个槽,嵌装着三个相互间隔 120°的线圈,分别称为 A 相线圈、B 相线圈、C 相线圈。图中的三相交流发电机采用的是星形接法,三个线圈的公共点引出线是中性线(N),每个线圈的引出线是相线。当转子匀速旋转时,三个线圈顺序切割磁力线,都会产生感应电动势,其幅度与频率相同。由于三个线圈相互间隔 120°,它们感应电动势的相位也相差 120°。

4.4.2 汽车交流发电机的结构

目前,国内外生产的汽车交流发电机的结构基本相同,多是由三相同步交流发电机和 6 只二极管组成的三相桥式全波整流器两大部分组成,主要有转子、定子、整流器、前后端盖、风扇、皮带轮等部件,如图 4-64 所示。

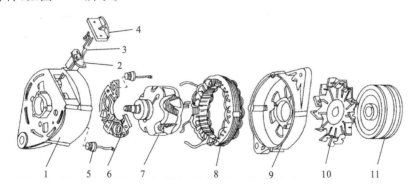
图 4-64 汽车交流发电机的结构
1—后端盖;2—电刷架;3—电刷;4—电刷弹簧盖板;5—硅二极管;
6—散热板;7—转子;8—定子总成;9—前端盖;10—风扇;11—皮带轮

1. 转子总成

转子的作用是产生磁场。主要由两块爪极和磁场绕组、转子轴、滑环等组成,如图 4-65 所示。

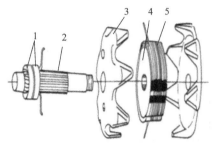

图 4-65 转子总成分解
1—滑环;2—转子轴;3—爪极;
4—磁轭;5—励磁绕组

转子轴上压装着两块爪极,两块爪极各有 6 个由低碳钢制成的鸟形磁极,空腔内装有磁轭(也称铁芯),用于导磁。磁轭上绕有磁场绕组(又称励绕组或转子线圈),阻值为 4～6 Ω,磁场绕组的两根引线分别焊在与转子轴绝缘的两滑环上。滑环由两个彼此绝缘的铜环组成,它与装在后端盖上的两个电刷相接触,电刷通过引线分别接在两个接线柱上。

当两滑环通入直流电时(通过电刷),磁场绕组中就有电流通过,并产生轴向磁通,使得爪极一块被磁化为 N 极,另一块被磁化为 S 极,从而形成六对相互交错的磁极。当转子转动时,就形成旋转的磁场。

交流发电机的磁路为:磁轭→N 极→转子与定子之间的气隙→定子→定子与转子间的气隙→S 极→磁轭,如图 4-66 所示。

2. 定子总成

定子的作用是产生感应电动势,其主要由定子铁芯和定子绕组组成,如图 4-67 所示。

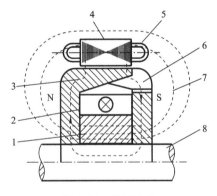

图 4-66 转子磁路
1—磁轭;2—磁场绕组;3—磁极;4—定子;
5—定子绕组;6—磁极;7—漏磁通;8—轴

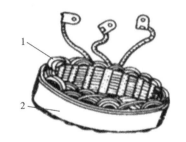

图 4-67 定子的结构
1—定子绕组;2—定子铁芯

定子铁芯由内圈带槽的硅钢片叠成,定子绕组的导线就嵌放在定子铁芯的槽中。

定子绕组为三相绕组,采用星形接法(人)或三角形(△)接法,产生三相交流电,如图 4-68 所示。

三相绕组的必须按一定要求绕制,才能使之获得频率相同、幅值相等、相位互差 120°的三相电动势。

3. 整流器

交流发电机整流器的作用是将定子绕组的产生的三相交流电整流成为直流电。整流器由

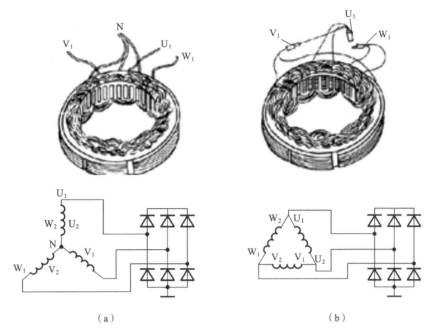

图 4-68 三相定子绕组的绕法
(a)星形连接 (b)三角形连接

6只硅整流二极管组成三相全波桥式整流电路,6只整流管分别压装(或焊装)在两块整流板上,如图4-69所示。

硅整流二极管只有一根引线,有正二极管和负二极管之分。引出线为正极的称正二极管,引出线为负极的称负二极管。

整流板有正、负极之分。将三只正二极管安装在一块铝制散热板上,称为正元件板;将三只负二极管安装另一块铝制散热板上,称为负元件板,也可用发电机后盖代替负元件板。在正元件板上有一个输出接线柱B(发电机的输出端)。负元件板上直接搭铁,负整流板一定要与壳体相连接。整流板的形状各异,有马蹄形、长方形、半圆形等。

4. 前、后端盖和电刷总成

端盖一般分为前端盖和后端盖两部分,起固定转子、定子、整流器和电刷组件的作用。端盖一般用铝合金铸造,一是可有效地防止漏磁,二是铝合金散热性能好,而且能够减小发电机的质量。前端盖铸有支脚、调整臂和出风口。后端盖上铸有支脚和进风口,而且还装有电刷总成。

电刷总成由电刷、电刷架和电刷弹簧组成。电刷的作用是将电源通过滑环引入磁场绕组,由石墨制成。电刷架内装电刷和弹簧,利用弹簧的弹力与滑环紧密接触,多采用酚醛玻璃纤维塑料模压而成或用玻璃纤维增强尼龙制成。

5. 皮带轮

皮带轮通常用铸铁或铝合金制成,也有用薄钢板卷压而成的,分为单槽、双槽和多楔形槽三种,利用半圆键装在风扇外侧的转轴上,再用弹簧垫片和螺母紧固。

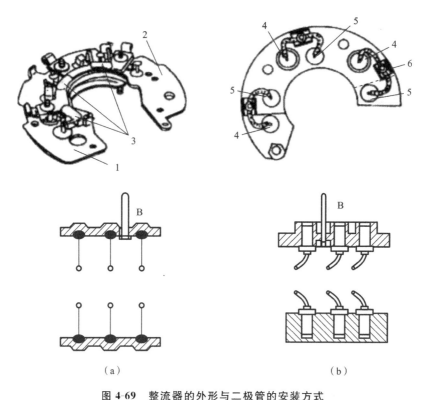

图 4-69 整流器的外形与二极管的安装方式

(a) 焊装式 (b) 压装式

1—负元件板；2—正元件板；3—二极管；4—正二极管；5—负二极管；6—接线螺栓

4.4.3 汽车交流发电机的工作原理

1. 汽车交流发电机的工作原理

交流发电机定子的三相绕组按一定的规律分布在发电机的定子槽中,内部有一个转子,转子上安装着爪极和磁场绕组。当磁场绕组通电时,产生的磁场使爪极被磁化为 N 极和 S 极。当转子旋转时,磁通交替地在定子绕组中变化。根据电磁感应原理可知,定子的三相绕组中便产生交变的感应电动势,而后经整流器整流为直流电输出,这就是交流发电机的工作原理,如图 4-70 所示。

由于三相绕组在定子槽中是对称绕制的,因此三相交流电动势大小相等、相位差互为 120°,其瞬时值为

$$e_U = E_m \sin\omega t = \sqrt{2} E_\phi \sin\omega t$$

$$e_V = E_m \sin\left(\omega t - \frac{2\pi}{3}\right) = \sqrt{2} E_\phi \sin\left(\omega t - \frac{2\pi}{3}\right)$$

$$e_W = E_m \sin\left(\omega t + \frac{2\pi}{3}\right) = \sqrt{2} E_\phi \sin\left(\omega t + \frac{2\pi}{3}\right)$$

式中：E_m 为每相电动势的最大值,单位为 V；ω 是电角速度,$\omega = 2\pi f = \frac{\pi p n}{30}$,$f$ 为交流电动势的频率（为转速的函数）,单位为 Hz；p 为磁极对数；n 为发电机转速,单位为 r/min；E_ϕ 为每相电

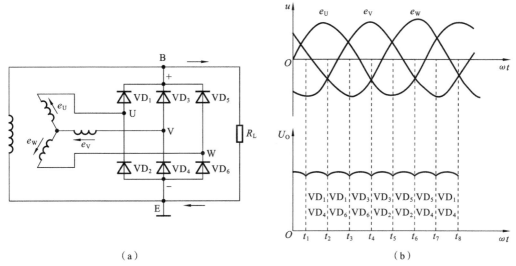

图 4-70 交流发电机的工作原理与整流原理图
(a) 发电机工作原理图 (b) 整流波形图

动势的有效值。

定子每相电动势的有效值为

$$E=\frac{E_{\mathrm{m}}}{\sqrt{2}}=4.44KfN\Phi=4.44K\frac{pn\Phi}{60}=C_{\mathrm{e}}\Phi n \text{ (V)}$$

式中：K 为绕组系数（和发电机定子绕组的绕线方法有关，若采用整距集中绕制时，$K=1$）；N 是每相绕组的匝数（匝）；Φ 为每极磁通（Wb）；C_{e} 是电机结构常数。由此可见，交流电动势的幅值是发电机转速的函数。因此，当转速 n 变化时，三相电动势的波形为变频率、变幅值的交流波形。

2. 汽车交流发电机的整流原理

交流发电机是利用二极管的单向导电性把交流电转变为直流电的。普通交流发电机是用 6 只二极管组成的三相桥式整流电路，把定子绕组中感应出来的交流电转变为直流电的。

【任务实施】

任务名称	汽车交流发电机的检测
任务目标	1. 万用表的操作 2. 发电机的检测
设备器材	发电机 1 台，万用表 1 只
实操内容、方法及步骤	1. 转子总成的检测 (1) 磁场绕组的检测　如图 4-71 所示，将万用表拨至电阻"R×1"挡，然后将两表笔分别于两个滑环接触，测量其阻值，并记录结果。

图 4-71 测量绕组之间的电阻值

（2）磁场绕组搭铁的检查 如图 4-72 所示，将万用表拨至电阻"R×10 K"挡，然后将一表笔接触爪极或转子轴，另一表笔接触滑环，测量其阻值，并记录结果。

图 4-72 测量绕组与转子铁芯的绝缘性

2. 定子总成的检测

（1）三相绕组的检测 目测线圈漆包线，如发现变成焦糊色或严重脱皮，则说明定子线圈有短路故障。用万用表的电阻"R×1"挡测量检查，如图 4-73 所示。

三个接头中任意两个都应连通，阻值应相等。如测出的电阻值过大或过小时，则表示线圈开路或短路。

图 4-73 检测三相绕组电阻

（2）定子绕组的绝缘情况的检查 按图 4-74 所示的方法，检查定子绕组的绝缘情况。

图 4-74 检测绕组间的绝缘性能

续表

实操内容、方法及步骤	（3）绕组有无搭铁的检查　按图 4-75 所示方法,检查绕组有无搭铁。  图 4-75　检测绕组有无搭铁	
任务总结		

【任务拓展】

1. 想一想

(1) 在汽车上使用的交流发电机是根据什么原理?

(2) 汽车交流发电机的整流是根据什么原理?

2. 做一做

(1) 启动汽车交流发电机,用万用表测量发电机的输出电压。

(2) 用万用表对汽车交流发电机的整流器进行检测。

项目 5 汽车模拟电路的检测与运用

【项目导入】

本项目主要介绍二极管、三极管、集成运算放大器的检测和运用。

二极管是汽车电子电路中最常用的半导体器件。利用它把汽车发电机产生的交流电转换为直流电,二极管配合其他稳压元件能够为汽车仪表和电子控制电路提供所需的电压;使用特殊的二极管电路来实现对汽车信号的检测、控制及显示。

三极管是汽车电子电路中最重要的半导体器件。它具有电流放大特性,根据需要,对它施加一定的工作条件,能够实现相应的功能。在汽车控制电路中,三极管放大电路能将功率小的控制信号放大,驱动负载;能够将传感器采集到的微弱信号经放大转换,实现检测和控制或报警。

集成运算放大器转换速率高、传输延迟短、性能稳定可靠,被汽车电路广泛应用。集成运算放大器的线性应用可以进行信号的运算放大,实现电子控制,它的非线性应用可以进行信号测量,实现检测与报警。

任务 5.1 二极管的检测与运用

【任务描述】

掌握二极管结构和单向导电特性,会用万用表检测二极管;通过对汽车发电机整流器的检测,掌握二极管整流的作用;通过直流稳压电源的制作,掌握直流稳压电源的结构、特性和检测方法;了解特殊二极管在汽车信号检测、控制及显示方面的应用。

【任务分析】

1. 知识目标

(1) 了解二极管结构特征和单向导电性。

(2) 掌握二极管整流的作用,熟悉汽车发电机整流器的结构和检测方法。

(3) 掌握直流稳压电源的结构、特性和检测方法。

(4) 了解特殊二极管在汽车信号检测、控制及显示方面的应用。

2. 能力目标

(1) 对各个功能类型的二极管进行正确识别与性能测试。

(2) 掌握二极管在汽车电源、光电控制以及显示电路上的应用方法。

(3) 具备对整流器和稳压电路等电路故障的检修能力。

【知识准备】

5.1.1 半导体二极管及其应用

自然界的物质按导电性能分,可以分为导体、绝缘体及半导体。半导体的导电性能介于导体和绝缘体之间。

自然界中属于半导体的物质很多,用来制造半导体器件的材料主要是硅(Si)、锗(Ge)和砷化镓(GaAs)等。

1. PN 结的形成及单向导电性

1) 本征半导体

纯净的半导体称为本征半导体。用于制造半导体的纯硅和锗都是四价元素,其原子最外层轨道上有 4 个价电子,价电子为相邻的原子所共有,形成共价键结构。

共价键中的价电子受共价键的束缚,不易成为自由电子。在室温下,只有少数的价电子获得足够的能量摆脱共价键的束缚,成为自由电子,与此同时,在共价键中留下一个空位,这个空位称为空穴。这种现象称为本征激发。空穴和电子是成对出现的,称为空穴-电子对。空穴-电子对在不断地产生。同时,自由电子在运动中也很容易被空穴吸引而重新结合,成对消失。这种现象称为复合。在温度一定时,自由电子和空穴的产生与复合达到动态平衡,此时自由电子和空穴的浓度一定。在电场的作用下,这些自由电子和空穴将做定向运动,形成电流。由此可见,半导体中的导电粒子有两种:带正电的空穴和带负电的自由电子,它们统称为载流子。在本征半导体中载流子的浓度低,数目少,导电性能弱。本征半导体导电能力与温度有关,当温度升高或受光照时,本征激发略有增强,载流子的数目相应地略有增加,但导电能力仍然很弱。

2) 杂质半导体

为提高半导体的导电能力,可在本征半导体中掺入微量的杂质元素,掺杂后的半导体称为杂质半导体。根据掺入杂质的不同,可分为 N 型半导体和 P 型半导体。

在四价的硅(或锗)中掺入五价元素(如磷)后,杂质原子与周围的四价元素结合形成共价键时多余一个价电子,如图 5-1(a)所示。这个多余的价电子在室温下就能挣脱原子核的束缚成为自由电子,杂质原子则变成了正离子,掺入多少杂质原子就能产生多少自由电子,因此自由电子的浓度就大大增加。虽然本征激发产生电子与空穴对的现象依然存在,但空穴与电子是成对出现的,并且在这种掺杂情况下空穴被复合的机会增多了,从总体看是自由电子数远远大于空穴数,这样,参与导电的载流子主要就是自由电子,这种以电子导电为主的半导体称为 N 型半导体,其中自由电子的数目多就称为多数载流子(简称多子),空穴的数目少就称为少数载流子(简称少子)。

在四价的硅(或锗)中掺入三价元素(如硼)后,杂质原子与周围的四价元素结合形成共价键时因缺少一个价电子而产生一个空穴,如图 5-1(b)所示。这个空穴在室温下很容易被其他的自由电子所填补,杂质原子则变成了负离子,这样的掺杂就使空穴的浓度大大增加。考虑到本征激发,从总体看是空穴数远远大于自由电子数,这样,参与导电的载流子主要就是空穴,这种以空穴导电为主的半导体称为 P 型半导体,其中空穴为多子,自由电子为少子。

图 5-2 所示为 P 型半导体和 N 型半导体中杂质离子和载流子的示意图。需要注意的是,

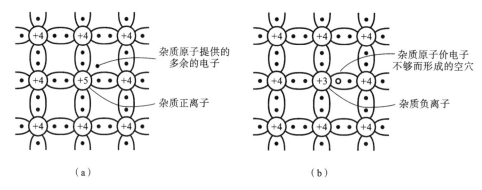

图 5-1 杂质半导体的结构示意图
(a) N 型半导体 (b) P 型半导体

杂质离子虽然带正电,但不能移动,不是载流子,不参与导电。在杂质半导体中虽然两种载流子的数目不等,但整个半导体仍然呈电中性。

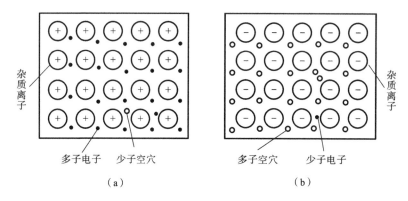

图 5-2 杂质半导体结构示意图
(a) N 型半导体 (b) P 型半导体

3) PN 结的形成

在一块完整的半导体基片上,通过一定的掺杂工艺,使其一边形成 P 型半导体,另一边形成 N 型半导体,于是在两者的交界处就形成一特殊的薄层,这个薄层称为 PN 结。

PN 结的形成过程是由于 P 型和 N 型半导体的交界面两侧的多数载流子存在浓度差而引起多子的扩散运动(载流子的扩散运动所形成的电流称为扩散电流),如图 5-3(a)所示的运动情形是 N 区中的多子自由电子扩散到 P 区,与 P 区的空穴复合而消失,相当于 P 区中的多子空穴扩散到 N 区,与 N 区的自由电子复合而消失。结果在交界面就形成了由不能移动的杂质离子构成的空间电荷区即 PN 结。PN 结形成的同时也建立了内建电场(简称内电场),内电场的方向是从 N 区指向 P 区。如图 5-3(b)所示。

内电场的建立,一方面使多子的扩散受到阻碍,另一方面又促使 P 区与 N 区交界面附近的少子产生漂移运动(把自由电子和空穴在电场的作用下所产生的定向运动称为漂移运动,所形成的电流称为漂移电流)。PN 结在外界条件一定时,扩散运动与漂移运动最终会达到动态平衡,这时,扩散过去多少载流子,必然漂移过来多少同类的载流子,扩散电流等于漂移电流,此时内电场强度和 PN 结的宽度一定。

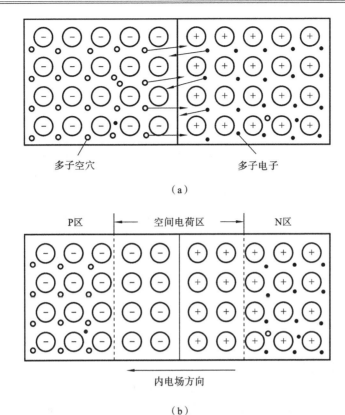

图 5-3 PN 结的形成过程

4）PN 结的单向导电性

加在 PN 结上的电压称为偏置电压。若 P 区接高电位，N 区接低电位，则称 PN 结外接正向电压或 PN 结正向偏置，简称正偏；反之，若 N 区接高电位，P 区接低电位，则称 PN 结外接反向电压或称 PN 结反向偏置，简称反偏。如图 5-4 所示。

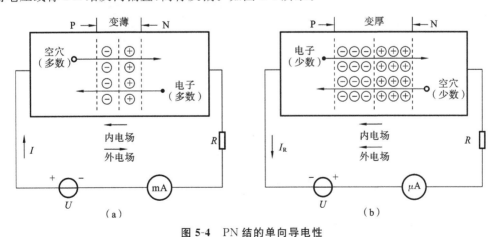

图 5-4 PN 结的单向导电性
(a) PN 结正偏　(b) PN 结反偏

PN 结正偏时，外电场与内电场方向相反，P 区的多子空穴向 PN 结移动，进入空间电荷区中和部分负离子；N 区的多子电子也向 PN 结移动，进入空间电荷区中和部分正离子。因此，空间电荷区变窄,内电场被削弱,扩散运动大于漂移运动,在接通的回路中是扩散电流大于漂移电流,这样形成的电流称为正向电流。当外加正向电压增加到一定值后,正向电流显著增加,PN 结呈现很小的电阻值,这称为 PN 结导通。

PN 结反偏时,外电场与内电场方向相同,P 区的多子空穴和 N 区的多子电子背离 PN 结移动,空间电荷区变宽,多子的扩散运动受到阻碍,少子的漂移运动得到加强,在接通的回路中是漂移电流大于扩散电流,这样形成的电流称为反向电流。不过少子的浓度很低,反向电流很小,通常为微安级,与正向电流相比可以忽略不计。在一定温度条件下,加较小的反向电压就可以使少数载流子都参与导电,因此反向电流几乎不随外加反向电压的增大而增大,故反向电流也称为反向饱和电流。此时的 PN 结呈现很大的电阻值,这称为截止。

需要指出的是,外加在 PN 结上的反向电压增大到一定程度时,二极管的反向电流将随反向电压的增加而急剧增大,这种现象称为反向击穿。反向击穿后,只要反向电流和反向电压的乘积不超过 PN 结容许的耗散功率,PN 结一般不会损坏,在电压降低到击穿电压以下后,其性能可恢复到原来状态,这种击穿是可逆的,称为电击穿。若反向击穿电流过大,PN 结会因结温过高而烧坏,这种击穿称为热击穿,热击穿是不可逆的。

综上所述,PN 结具有单向导电性,即加正向电压时导通,加反向电压时截止。

2. 半导体二极管

1) 二极管的结构与分类

半导体二极管简称二极管,它是由一个 PN 结构成的半导体器件,在 PN 结的两端各引出一条电极引线,然后用外壳封装起来,就构成了二极管。图 5-5(a)所示为二极管的结构示意图,P 型区的引出线称为正极或阳极,N 型区的引出线称为负极或阴极。图 5-5(b)所示为二极管的电路符号,图中的箭头方向表示正向电流的流通方向。

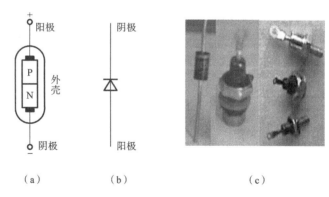

图 5-5 半导体二极管的结构、符号及实物
(a) 二极管结构示意图　(b) 二极管符号　(c) 二极管实物

二极管的种类很多,按材料分有硅二极管、锗二极管和砷化镓二极管等;根据 PN 结面积大小分有点接触型、面接触型;按用途分有整流、稳压、开关、发光、光电、变容、阻尼二极管等。还可以按功率等其他形式进行分类。二极管实物如图 5-5(c)所示。

点接触型和面接触型二极管的结构如图 5-6 所示。

2) 二极管的伏安特性

二极管的管芯是由 PN 结构成的,因此它同样具有单向导电性。加于二极管上的电压与

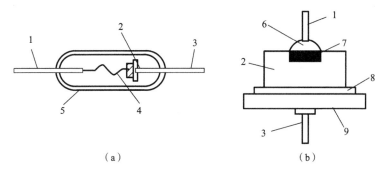

图 5-6 点接触型和面接触型二极管的结构示意图

(a) 点接触型　(b) 面接触型

1—正极引线；2—N 型锗片；3—负极引线；4—外壳；5—触丝；6—铝合金小球；7—PN 结；8—金锑合金；9—底座

流过二极管的电流的关系称为二极管的伏安特性，如图 5-7 所示。图中实线为硅管的伏安特性，虚线为锗管的伏安特性。从曲线形状表现出的非线性可以看出二极管是非线性元件。伏安特性曲线分为正向特性、反向特性和反向击穿特性三个部分。

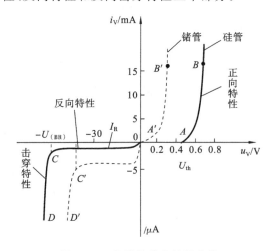

图 5-7 二极管的伏安特性曲线

（1）正向特性　当外加电压为零时，电流为零；当正向电压小于 U_{th} 时，外电场不足以克服 PN 结的内电场对多子扩散运动造成的阻力，其正向电流极小，二极管几乎不导通，呈现出较大的电阻值，好像有一个门坎，因此将电压 U_{th} 称为门坎电压（又称死区电压）。在室温下硅管 U_{th} 约 0.5 V，锗管 U_{th} 约 0.1 V。如图 5-7 中的 $OA(OA')$ 段。

当正向电压超过门坎电压时，正向电流就会急剧地增大，二极管呈现很小的电阻而处于导通状态。这时硅管的正向导通压降为 0.6～0.8 V，锗管为 0.1～0.3 V，如图 5-7 中的 AB ($A'B'$) 段，工程上定义这一电压为导通电压，用 $U_{(on)}$ 表示。一般取硅管的导通电压为 0.7 V，锗管的导通电压为 0.2 V。二极管正向导通时，要特别注意它的正向电流不能超过最大值，否则将烧坏 PN 结。

（2）反向特性　二极管两端加上反向电压时，在很大的电压范围内，二极管相当于阻值非常大的电阻，反向电流很小，且不随反向电压而变化。此时的电流称之为反向饱和电流 I_R，如图 5-7 中的 $OC(OC')$ 段。

反向击穿特性:二极管反向电压加到一定数值时,反向电流急剧增大,二极管失去单向导电性,这种现象称为反向击穿。此时对应的电压称为反向击穿电压,用 U_{BR} 表示,如图 5-7 中的 $CD(C'D')$ 段。

与前面谈到的 PN 结反向击穿相似,从击穿特性可以看出,在击穿区间,电流在很大范围内变化而电压的变化却很小,这点是制作稳压二极管的依据。二极管的反向击穿也有电击穿和热击穿,热击穿会烧坏二极管,使用时应该避免。

3) 二极管的主要参数

二极管的参数反映了二极管的电性能的指标,是合理选择和使用二极管的重要依据,二极管的参数主要有以下几种。

(1) 最大整流电流 I_{FM}　最大整流电流 I_{FM} 是指二极管在长时间工作时允许通过的最大正向平均电流,实际应用中通过二极管的正向平均电流不得超过此值,否则将烧坏二极管。

(2) 最高反向工作电压 U_{RM}　指允许加在二极管两端的最大反向电压,通常规定反向工作电压为反向击穿电压的一半。

(3) 反向电流 I_R　指二极管未击穿时的反向电流值。反向电流也叫反向饱和电流,因在小于反向击穿电压时电流大小变化很小。反向电流越小二极管的单向导电性能越好。反向电流值会随温度的升高显著增大,在实际使用中应加以注意。

4) 普通二极管的应用

普通二极管的主要作用有整流、导通后电压降几乎不变特性的应用、限幅作为开关。

(1) 二极管的整流作用　见 5.1.2 节中的"单相桥式整流电路",这里先不作介绍。

(2) 利用二极管导通后电压降几乎不变的特性作低压稳压电源。

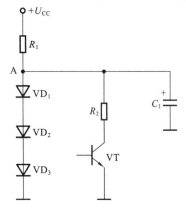

图 5-8　二极管构成的简易直流电源

例 5-1　图 5-8 所示为用二极管构成的简易直流稳压电路,试分析其工作原理。

解　三只二极管在直流电源的作用处于导通状态,而二极管在导通后其管压降几乎不变,由此可以方便地构成简易的直流稳压电源。例如,设每只二极管的导通压降为 0.6 V,那么,三只二极管导通后的直流电压降就是 1.8 V,在 A 点到地接了一个旁路电容,就可以将 A 点的任何交流信号旁路到地。从而更能保证 A 点的直流电压的稳定。需要注意的是,三个二极管是串联的,要导通它们就同时导通,要截止就同时截止。

(3) 二极管的限幅作用。

例 5-2　二极管双向限幅电路如图 5-9 所示,设二极管具有理想特性,输入电压为幅度为 12 V 的正弦波,试根据输入电压分析输出电压并画出其波形。

解　利用二极管的单向导电性及导通后压降基本不变的特性,可以构成限幅电路,根据需要可以把输出电压的幅度限制在一定的范围之内。

在图 5-9 中,当输入电压高于 9 V 时,VD_1 导通,VD_2 截止,输出电压被限制在 9 V;当输入电压低于 -9 V 时,VD_2 导通,VD_1 截止,输出电压被限制在 -9 V;当输入电压在 -9 V~9 V 之间变化时,两个二极管都截止,输出电压等于输入电压。因此电路将输出电压限制在 ±9 V 的范围之内。

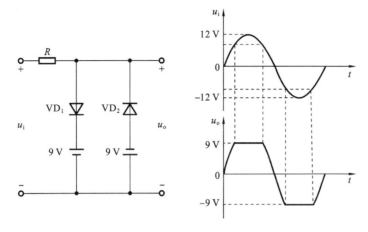

图 5-9 二极管双向限幅电路

由此可见,在信号幅度没有大到让限幅电路动作的程度,限幅电路不工作,只有在信号幅度大到让限幅电路动作的程度时,限幅电路才工作,将信号幅度进行限制。

(4) 二极管的开关作用。

例 5-3 试分析如图 5-10 所示的开关电路。

解 该图是二极管开关电路,当正极加有 U_{CC} 时,二极管导通,输入信号 u_i 可以通过二极管向输出方向传输,当二极管正极无 U_{CC} 作用时,二极管截止,信号被隔断,无输出信号 u_o。由此可见,通过控制 U_{CC} 的有无来控制二极管的开与关(即导通与截止),从而实现对信号的传输和阻断。

普通二极管除上述讲到的应用之外,还有钳位、温度补偿、检波、隔离、元件保护作用等,这里就不一一介绍了。

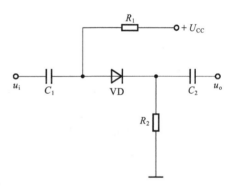

图 5-10 二极管开关电路

3. 特殊用途的二极管简介

1) 稳压二极管

(1) 稳压二极管的特性 稳压二极管是用一种特殊工艺制造的面接触型硅二极管,其符号和伏安特性曲线如图 5-11 所示。它的伏安特性曲线与普通二极管相似,只是稳压管的反向击穿特性曲线很陡。正常情况下,稳压二极管工作在反向击穿状态,由于反向击穿特性很陡,反向电流发生很大变化而其两端电压变化却很小,因此具有稳压作用。稳压管在使用中,只要反向电流不超过它的最大稳定电流,就不会造成破坏性的热击穿。在电路应用中稳压管通常要串联阻值适当的限流电阻。

(2) 稳压管的主要参数。

① 稳定电压 U_Z 稳定电压是稳压管正常工作(反向击穿)时管子两端的电压。它随工作电流和温度的不同略有变化。

② 稳定电流 I_Z 稳定电流是稳压管工作时的反向参考电流,通常指对应于工作电压为 U_Z 的电流值。如果工作电流小于 I_{Zmin},稳压管失去稳压效果而进入截止区,如果工作电流大

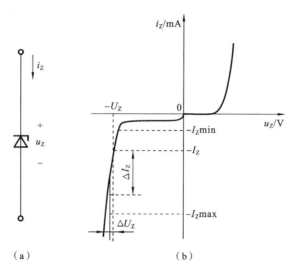

图 5-11 稳压二极管符号和伏安特性曲线
(a) 符号 (b) 伏安特性曲线

于 I_{Zmax},稳压管就会因过热而烧坏。

③ 最大耗散功率 P_{ZM} 最大耗散功率是保证稳压管安全工作所允许的最大功耗,其数值为稳定电压 U_Z 和最大稳定电流 I_{Zmax} 的乘积。

④ 动态电阻 r_Z 动态电阻是稳压范围内电压变化量与相应的电流变化量的比值,即 $r_Z = \Delta U_Z/\Delta I_Z$,如图 5-11(b) 所示。反向击穿特性越陡,$r_Z$ 就越小,稳压性能就越好。

(3) 稳压二极管应用电路举例 在汽车电路中,由于各个电器总成或元件工作电流比较大,汽车电源系统的电压容易出现波动,对于汽车仪表和一部分电子控制电路,需要提供稳定电压的地方经常利用稳压管来获取所需的电压。图 5-12 所示的是利用稳压管为汽车仪表提供稳定电压的电路,图中稳压管与汽车仪表并联,与限流电阻 R 串联,稳压管的稳压值 U_Z 与仪表所需工作电压一致,限流电阻与稳压管联合起来调整电路中的电压,使仪表上的电压保持稳定。工作过程简述如下。

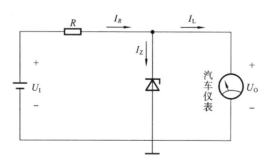

图 5-12 汽车仪表稳压电路

稳压管在工作中存在下述关系式:

$$U_O = U_I - I_R R \tag{5-1}$$

$$I_R = I_Z + I_L \tag{5-2}$$

设电源电压值 U_I 增大,U_O 将会上升,加在稳压管上的反向电压也将增加,流过稳压管的

电流 I_Z 将大大增加,由式(5-2)可知,I_R 也增大,则电阻 R 上的电压 $U_R=I_R R$ 也增大,只要电路参数设置恰当,就能使 U_1 的增大量绝大部分降落在限流电阻 R 上,从而使输出电压 U_0 维持恒定。反之,如果 U_1 下降,则 I_Z 减小,电阻上的压降减小,使输出维持恒定。

2) 发光二极管和光电二极管

发光二极管是一种通以正向电流就会发光的二极管。它是一种把电能转换成光能的半导体器件。发光二极管简称为 LED,它根据制造材料的不同,可发出红、橙、黄、绿、蓝色光。图 5-13(a)、(b)所示为发光二极管实物和电路符号。发光二极管的伏安特性与普通二极管相似,其工作电流既可以是直流,也可以是交流。发光二极管的正向导通电压接近 2 V,工作电流为几个毫安到几十毫安,发光的亮度随通过的正向电流的增大而增强,典型工作电流为 10 mA 左右。发光二极管的反向击穿电压一般大于 5 V,但为使器件稳定可靠工作,应使其工作在 5 V 以下。

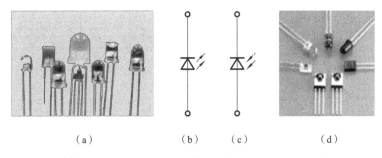

图 5-13 发光二极管和光电二极管的实物与电路符号

(a) 发光二极管实物　(b) 发光二极管符号　(c) 光电二极管符号　(d) 光电二极管实物

发光二极管的形状可以做成点状的,也可以是条状的;可以单个使用,也可以做成数码显示器和点阵显示器。在汽车电路中,发光二极管主要应用在仪表上作为指示信号灯或报警信号灯。

图 5-14 所示的是由发光二极管构成的数码显示器,由 8 个发光二极管可以组成 1 位七段数码管,可表示一位数字和小数点,数码管用的发光二极管是制成条状的。数码管有共阳极和共阴极两种,图 5-14(c)所示为把发光二极管的正极(也称为"阳极")接在一起,即"共阳极"数码管。使用这种数码管显示某个数字时,只需将对应的发光二极管的负极(也称为"阴极")通过限流电阻接到电源的负极上,就能显示相应数字。例如,要显示数字"9",将 a、b、c、d、f、g 接到电源的负极上,相应的二极管就发光,显示出数字"9"。

图 5-14(d)所示为把发光二极管的负极接在一起,并接到电源的负极上的数码管称为"共阴极"数码管,显示原理与共阳极数码管相似。

光电二极管是一种将光信号转为电信号的半导体器件,其电路符号和实物如图 5-13(c)、(d)所示。光电二极管的结构与普通二极管类似,使用时光电二极管 PN 结工作在反向偏置状态,在光的照射下反向电流随光照强度的增加而上升(这时的反向电流称光电流);在无光照射时,光电二极管的伏安特性和普通二极管一样,此时的反向电流称暗电流,一般在几微安,甚至更小。

利用光电二极管制成光电传感器可以把非电信号转变为电信号,以便控制其他电子器件。汽车上的许多传感器就是利用光电二极管制成的,例如用于汽车自动空调系统的日照强度传

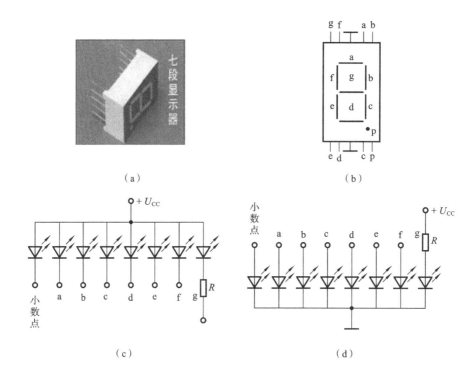

图 5-14 七段数码管结构及引脚分布
(a) 实物　(b) LED 引脚　(c) 共阳极 LED 结构示意图　(d) 共阴极 LED 结构示意图

感器就是一个光电二极管,其应用见任务 5.3 中的"集成运算放大器在汽车电子电路中的应用举例"((2)光电测量电路)。

4. 二极管的简易测试

1) 普通二极管的极性判断与好坏检测

一般情况下,二极管都有一定的标注,塑料封装二极管有标记环的一侧是负极,国产二极管带色点的一端为正极,有的标注有二极管的符号。

(1) 用指针式万用表检测二极管　用指针式万用表电阻挡来判断二极管的极性,如图 5-15所示。根据二极管正向电阻小、反向电阻大的特点,将万用表置到电阻"R×1 K"挡。用表笔分别与二极管的两极相接,测出两个电阻值。在所测得阻值较小的一次,与黑表笔相接的一端为二极管正极(指针式万用表置电阻挡时,黑表笔连接的是表内电池的正极,红表笔连接的是表内电池的负极),与红表笔相接的一端是二极管的负极。

二极管好坏的判别:一般硅二极管的正向电阻为几千欧,而锗二极管的正向电阻只有几百欧。不论是硅管还是锗管,反向电阻一般都在几百千欧姆以上,而且硅管比锗管大。用不同倍率的电阻挡或不同灵敏度的万用表测量时,所测的数据会略有不同,但正反向电阻值相差几百倍的规律不变。判断二极管的好坏,关键是看它的单向导电性能,正向电阻越小,反向电阻越大,二极管的质量就越好。

如果测得的正、反向电阻值均很小,说明二极管内部短路;若正、反向电阻值均很大,说明二极管内部开路。在这两种情况下,二极管就不能使用了。

(2) 用数字式万用表检测二极管　将数字万用表置二极管挡,用红、黑表笔分别与二极管

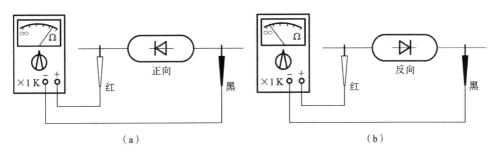

图 5-15 二极管的测试示意图
(a) 正向特性 (b) 反向特性

的两极相接进行检测(数字式万用表置电阻挡或二极管挡时,红表笔连接的是表内电池的正极,黑表笔连接的是表内电池的负极),如果一次指示 600 多,另一次指示"1",则指示 600 多的那一次,红表笔相连的一极是二极管的正极,所指示的值是二极管正向导通后的压降,单位为 mV,且这个二极管是硅二极管(锗二极管的正向导通电压只有 200 mV 左右)。

2) 稳压二极管的检测

稳压二极管的识别:从外形上看,金属封装的稳压二极管管体的正极一端为平面形,负极一端为半圆面形。塑封的稳压二极管管体上印有彩色标记的一端为负极,另一端为正极。有的稳压管的外壳上标注有稳压管的符号以及稳压值。检测稳压管可用下述方法。

(1) 判别电极　与判别普通二极管电极的方法基本相同,即用指针式万用表电阻"R×1 K"～"R×10 K"挡,先将红、黑表笔任意接稳压二极管的两端,测出一个电阻值,然后交换表笔再测出一个电阻值,两次测得的阻值应该是一大一小,所测阻值小的那一次即为正向接法。此时,黑表笔所接的一端为稳压二极的正极,红表笔所接的一端为负极。好的稳压二极管,一般正向电阻值在 10 kΩ 左右,反向电阻为无穷大(说明表内电池电压低于稳压值)。

(2) 稳压二极管与普通二极管的区分　常用稳压二极管的外形与普通小功率整流二极管基本相似,可以根据型号标志加以鉴别。若其型号标志看不清,可以用万用表来鉴别。方法是:先用指针式万用表的电阻"R×1 K"挡,把被测管的正、负电极判断出来,然后把万用表拨到电阻"R×10 K"挡上,黑表笔接到被测管的负极,红表笔接被测管的正极,若此时测得的反向电阻值比"R×1 K"挡测得的反向电阻值小很多,说明被测管为稳压二极管;反之,则为整流或检波二极管。这种方法判断的原因是,万用表电阻"R×1 K"挡内部使用的电池电压为 1.5 V,一般不会将被测管击穿,所以测出的反向电阻比较大。而用"R×10 K"挡测量时,其内部电池电压一般都在 9 V 以上,当被测管为稳压二极管,且稳压值低于电池电压值时,即被反向击穿,使测得的电阻值大为减小。但如果被测管是一般整流或检波二极管,则无论用"R×1 K"挡还是"R×10 K"挡测量,所得阻值都不会相差悬殊。不过,如果稳压二极管的稳压值高于万用表的电池电压时,用这种方法是无法鉴别稳压管的。

(3) 稳压值的判断　方法如下。

方法一:由型号识读稳压值。

2CW×.× 或 2CW×× 型稳压管中,2CW 后面的数字值表示稳压值,单位为 V。例如 2CW0.7,表示稳压值为 0.7 V;2CW2.7,表示稳压值为 2.7 V。

MA×××× 型稳压管中,4 位阿拉伯数字的后 3 位表示稳压值为 ××.× V。例如 MA1043 和 MA1360,它们的稳压值分别为 4.3 V 和 36 V。

BZ×55C型稳压管中,55C后面的字母和数字表示稳压值。例如BZ×55C6V8和BZ×55C27的稳压值分别是6.8 V和27 V。

稳压管的型号比较多,这里不再逐一举例了。从以上例子可以看出,凡是能够从型号中解读出稳压值的稳压二极管,型号中至少有一组阿拉伯数字,只有一组数字,它就表示稳压值;有两组阿拉伯数字时,先找出表示稳压值的一组,剩下的一组则表示稳压管的稳定电流或误差等。

方法二:用指针式万用表测量稳压值。

稳压值在15 V以下的稳压二极管,可以用万用表电阻"R×10 K"挡测量其稳压值。读数时刻度线最左端为15 V,最右端为0 V。也可以万用表50 V(某些表可用10 V)挡刻度来读数,并有

$$稳压值 = \frac{50-X}{50 \times 15} \text{ (V)}$$

式中:X为50 V挡刻度线上的读数。

该方法可以准确判断15 V以下的稳压二极管的稳压值。

3) 发光二极管的检测

发光二极管的极性的识别:对于一个没剪过引脚的发光二极管,通常长的引脚是正极,短的引脚是负极。还可以透过封装的玻璃观察两个金属片的大小来判断,通常金属片大的一端为负极,金属片小的一端为正极。

用万用表检测发光二极管的方法如下。

(1) 其正向电阻一般为几千欧到几十千欧。反向电阻一般应为无穷大。

(2) 给发光二极管通以正向电流时会发光。例如将数字万用表置到"二极管"挡,红表笔接发光二极管的正极,黑表笔接负极时,二极管会发光,只是发光的亮度较暗。

5.1.2 直流稳压电路

常用的直流稳压电源一般由电源变压器、整流电路、滤波电路和稳压电路组成,其构成如图5-16所示。

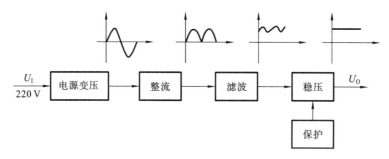

图5-16 整流稳压电源的构成

1. 单相桥式整流电路的组成及工作原理

二极管是电子电路中最常用的半导体器件。下面介绍利用二极管的单向导电作用,将交流电变换为直流电的整流电路。

单相桥式整流电路由变压器和四个二极管组成,如图5-17所示。图中Tr为电源变压器,

用来将电网220 V交流电压变换为整流电路所要求的交流低电压,同时保证直流电源与电网有良好的隔离。$V_1 \sim V_4$为整流二极管,令它为理想二极管,R_L为要求直流供电的负载等效电阻。图中的b、d点为桥的端点,a、c点为桥的顶点。桥式整流电路信号的连接规则是:端点接输出,顶点接输入。桥式整流电路的输入是变压器副边绕组的交流电压,输出是加在负载R_L上的直流电压U_O。

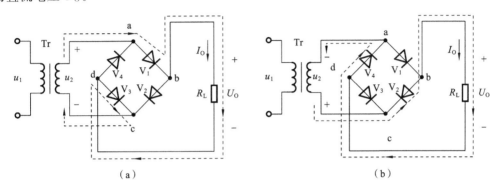

图 5-17 单相桥式整流电路
(a) 输入正半周 (b) 输入负半周

设变压器二次电压$u_2 = \sqrt{2}U_2\sin\omega t$,波形如图5-18(a)所示。在$u_2$的正半周,即a点为正、c点为负时,$V_1$、$V_3$承受正向电压而导通,$V_2$、$V_4$反偏截止,此时负载$R_L$上有从上到下的电流流过,负载上获得直流电压$U_O$,其方向为上正下负。电流路径为$a \to V_1 \to b \to R_L \to d \to V_3 \to c$。整流波形如图5-18(b)所示。

在u_2的负半周,即a点为负,c点为正时,V_2、V_4承受正向电压而导通,V_1、V_3反偏截止,此时负载R_L上有从上到下的电流流过,负载上获得直流电压U_O,其方向为上正下负。电流路径为$c \to V_2 \to b \to R_L \to d \to V_4 \to a$。整流波形如图5-18(c)所示。

由此可见,在交流电压u_2的整个周期内,其正、负半周使二极管轮流导通,始终有同方向的电流流过负载电阻R_L,使负载上获得直流电。这种整流方式称为全波整流。不过从图5-18(d)、(e)可以看出,此直流电为脉动的直流电。其大小是随时间变化的,还不能满足大多数用电装置的要求。

单相桥式整流电路输出电压的平均值为

$$U_O = 0.9U_2 \qquad (5-3)$$

流过负载的平均电流为

$$I_O = \frac{U_O}{R_L} \qquad (5-4)$$

每个二极管流过的电流为负载电流的一半,即

$$I_D = \frac{1}{2}I_O = \frac{U_O}{2R_L} \qquad (5-5)$$

若把整流电路中的二极管当成理想二极管,在u_2的正半周,V_1、V_3导通,视为短路,这样截止的V_2、V_4与u_2并联,其承受的反向峰值电压为

$$U_{RM} = \sqrt{2}U_2 \qquad (5-6)$$

同理,在u_2的负半周,V_2、V_4导通,截止的V_1、V_3也承受$U_{RM} = \sqrt{2}U_2$的反向峰值电压。

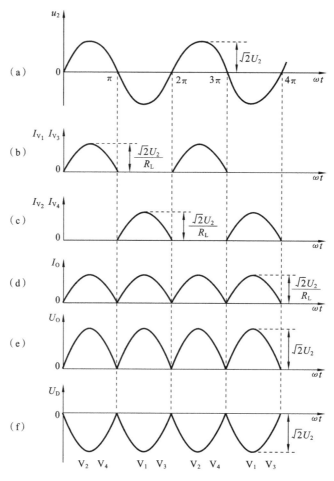

图 5-18 单相桥式整流电路电压、电流波形

二极管承受的反向峰值电压的波形如图 5-18(f)所示。

为使用方便,实际应用中常将单相桥式整流电路的四个二极管制作在一起,封装后成为的一个器件,称为整流桥或简称为桥堆,其外形和电路符号以及简化的桥式整流电路如图 5-19 所示。整流桥有四只管脚,标注"~"的两只管脚外接交流电,标注"＋"和"－"的两只管脚分别为整流输出电压的正、负极。

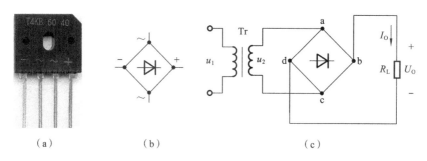

图 5-19 单相整流桥外形和电路符号以及简化的桥式整流电路
(a) 单相整流桥外形　(b) 单相整流桥的电路符号　(c) 单相桥式整流电路

2. 滤波电路的组成及工作原理

1) 电容滤波电路

整流电路将交流电变为脉动的直流电,但其中含有较大的交流成分(称为纹波电压)。这样的直流电压应用在某些直流设备(如电镀、电解、直流电动机和直流电磁铁等)上还是允许的,而在大多数情况下,这样的直流电不能满足电子设备的要求,需在整流电路的后面加接滤波电路,减小纹波,使之接近理想的直流电压。滤波电路的种类很多,有电容滤波电路、电感滤波电路和复合滤波电路,这里重点介绍电容滤波电路。

图 5-20 所示为电容滤波电路及其电流、电压波形图。

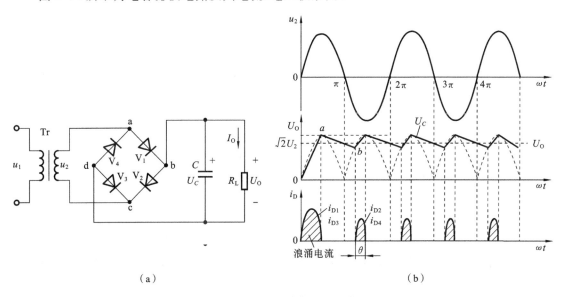

图 5-20 电容滤波电路及其波形
(a) 电容滤波电路 (b) 电流、电压波形

设电容两端初始电压为零,并假定 $t=0$ 时接通电路,在 u_2 的正半周,当 u_2 由零上升时,V_1、V_3 导通,电流经 V_1、V_3 向负载电阻供电,同时给电容元件 C 充电。由于充电时间常数很小(二极管导通时内阻 R_D 很小,充电时间常数 $\tau_1 = R_D C$ 趋近于零),在 u_2 达到最大值时,U_C 也紧跟着达到最大值 U_{2m},然后 u_2 下降,而电容元件上的电压不能突变。当 u_2 下降到小于电容上的电压 U_C 时,V_1、V_3 截止,电容元件 C 向负载电阻 R_L 放电,由于放电时间常数 $\tau_2 = R_L C$ 一般较大,电压 U_C 按指数规律缓慢下降,等到 u_2 的负半周的 $|u_2| > U_C$ 时,V_2、V_4 导通,电容元件 C 再次被充电,输出电压增大。这样,在 u_2 的不断作用下,电容元件的充、放电周而复始地进行,从而得到近似为一锯齿波的直流电压,使负载电压的纹波大大减小。同时,从波形图上不难发现,滤波后的直流电压值增大了。

从以上分析可以看出,电容放电越慢,输出电压越平滑,其平均值就越大,为获得良好的滤波效果,一般取

$$R_L C \geq (3 \sim 5) \frac{T}{2} \tag{5-7}$$

式中:T 为输入交流电压的周期。此时输出电压的平均值近似为

$$U_O \approx 1.2 U_2 \tag{5-8}$$

2) 其他形式的滤波电路

电感滤波电路如图 5-21(a)所示,电感元件 L 起着阻止负载电流变化,使之趋于平直的作用。整流电路输出电压中的直流分量通过电感元件时,电感元件近似于短路,使直流分量全部加到负载 R_L 上,而输出电压中的交流分量通过电感元件时,电感元件对其阻碍很大,交流电压绝大部分降落在电感上,负载上只有很小的交流电压,从而达到了滤除交流成分的目的。电感滤波电路一般适合于低电压、大电流的场合。

图 5-21(b)、(c)、(d)所示分别为 L 型滤波和 π 型滤波电路。它们的滤波效果会更好些。

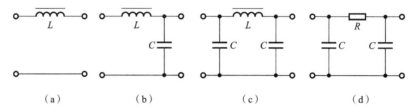

(a)　　　　(b)　　　　(c)　　　　(d)

图 5-21　电感滤波、L 型滤波和 π 型滤波电路

3. 稳压电路的组成及工作原理

交流电压经整流滤波后,所得到的直流电压的波动已经很小了,但当电网波动或负载变化时,其输出电压的大小也将发生变化。为保证输出电压的稳定,通常在滤波之后加一级直流稳压电路。

1) 稳压管稳压电路

常见的稳压管并联稳压电路如图 5-22 所示,经整流滤波后的直流电压 U_I 会受到电网电压的变化而引起波动,设输入电压 U_I 减小,U_O 将会下降,加在稳压管上的反向电压也将减小,流过稳压管的电流 I_Z 将大为减小,I_R 也减小,电阻 R 上的电压($U_R = I_R R$)也减小,在电路参数设置恰当的情况下,就能使 U_I 减少部分转换在限流电阻 R 上,从而使输出电压 U_O 维持恒定。如果 U_I 增大,则 I_Z 增大,电阻上的压降增大,使输出维持恒定。

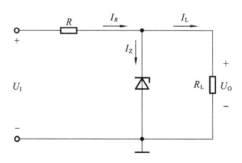

图 5-22　稳压二极管稳压电路

再设输入电压 U_I 不变,考虑负载变化的情形。若 R_L 增大(亦即负载电流 I_L 减小),输出电压 U_O 也将增大,则流过稳压管的电流 I_Z 有较大的增加,致使电阻 R 上的电压增大,经此过程的调节,使输出电压 U_O 维持恒定。若 R_L 减小,使输出电压 U_O 下降,则 I_Z 显著减小,致使电阻 R 上的电压减小,迫使 U_O 上升,使输出电压维持恒定。

2) 集成稳压器

利用半导体工艺将串联型稳压电源做在一个芯片上,形成了集成稳压器。集成稳压器体积小,价格低,使用方便,性能可靠,稳定精度高。集成稳压器的类型很多,按输出电压可调与否可分为固定式和可调式;按引出端子数目,集成稳压器可分为三端固定式、三端可调式、四端可调式和多端可调式等。

4. 汽车发电机整流器的分析

汽车发电机可分为直流发电机和交流发电机,由于交流发电机的性能在许多方面优于直流发电机,从而被广泛应用。目前,汽车采用三相交流发电机,利用整流器将定子绕组的三相交流电变为直流电,经滤波后供给负载,或者供给逆变器,同时给蓄电池提供充电电压。

交流发电机必须配装电压调节器,电压调节器对发电机的输出电压进行控制,使其保持基本恒定,以满足汽车用电装置的需求。

整流器由整流板和整流二极管组成,形成三相桥式整流电路。一般交流发电机的整流器是由6只整流二极管分别压装(或焊装)在相互绝缘的两块板上组成的。整流二极管有正二极管和负二极管之分,引出电极为正极的为正二极管,外壳是它的负极,管底涂有红色标记,3只正二极管的外壳装在同一块板上,称为正极板,成为发电机的正极,用螺栓引至后端盖外部作为发电机的火线接线柱,标记为"B"("A""+"或"电枢");引出电极为负极的为负二极管,外壳是它的正极,管底涂有黑色标记,3只负二极管装在负极板上。负极板(标记为"E")和发电机外壳直接相连(搭铁),也可以将发电机的后盖直接作为负极板。

汽车用整流二极管有如下特点。

(1) 允许的工作电流大,一般的正向平均电流可达几十安,浪涌电流可达几百安。

(2) 能承受较高的反向电压,可承受的反向峰值电压可达几百伏。

(3) 只有一根引线(引出电极)。

整流器总成的形状各异,有马蹄形、半圆形和圆形等。

下面介绍三相桥式整流器的工作原理。

图 5-23 所示为某款轿车发电机整流器二极管及其安装示意图。

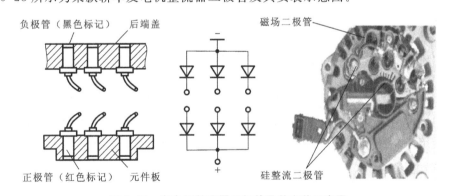

图 5-23 发电机整流器二极管及其安装示意图

图 5-24(a)所示的是发电机绕组及三相桥式整流电路,汽车发电机定子的三相绕组中产生的电动势是对称电动势,即电动势的大小相等,相位互差120°,其波形图如图5-24(b)所示。负极端连接在一起的3只正二极管,其正极端电位最高者导通;正极端连接在一起的3只负二极管,是负极端电位最低者导通。一般时间内同时导通的二极管总是两个,正、负二极管各一个。根据以上原则,整流器的整流过程如下。

在 $t=0$ 时,$u_U=0$,u_W 为正值,u_V 为负值,则二极管 VD_5、VD_4 处于正向电压作用下而导通。电流从 W 相流出,经 $VD_5 \to R_L \to VD_4 \to V$ 相构成回路。由于二极管内阻很小,所以 W、V 相之间的线电压几乎都加在负载上。

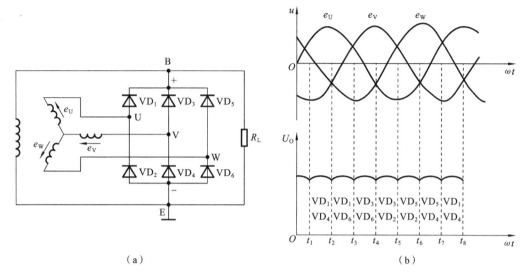

图 5-24　交流发电机整流原理
(a) 发电机绕组及整流电路　(b) 三相绕组电压及整流输出波形图

在 $t_1 \sim t_2$ 时间内,U 相电压最高,而 V 相电压最低,VD_1、VD_4 处于正向电压而导通,U、V 相之间的线电压加在负载上。

在 $t_2 \sim t_3$ 时间内,U 相电压仍最高,而 W 相电压变为最低,VD_1、VD_6 导通。U、W 相之间的线电压加在负载上。

在 $t_3 \sim t_4$ 时间内,V 相电压最高,而 W 相电压最低,VD_3、VD_6 导通,V、U 相之间的线电压加在负载上。

以后各个时间段内二极管导通的情况见图 5-24(b)。

在三相桥式整流电路中,二极管的依次循环导通,使得负载 R_L 两端得到一个比较平稳的脉动直流电压,如图 5-24(b) 所示。

需要说明的是,当交流发电机三相定子绕组采用星形连接时,三相绕组三个末端的公共接点称为三相绕组的中性点(N),中性点对发电机的搭铁端是有电压的,称为中性点电压。中性点电压一般用来控制各种用途的继电器,如磁场继电器,充电指示灯继电器等。

【任务实施】

任务名称	汽车交流发电机整流器的检测
任务目标	1. 了解汽车交流发电机的结构与拆装方法 2. 熟悉整流器在发电机中的位置 3. 掌握整流器的结构和拆装与检测方法
设备器材	电气试验台,发电机试验台架,汽车交流发电机,拆卸工具,数字万用表,适量清洗剂及清洗用具

实操内容、步骤与方法	1. 汽车交流发电机的拆装及清洗(以某一车型为例) 图 5-25 所示为典型汽车交流发电机的结构,汽车用硅整流交流发电机是三相同步交流发电机,其基本结构由转子、定子、整流器、端盖等四部分组成。 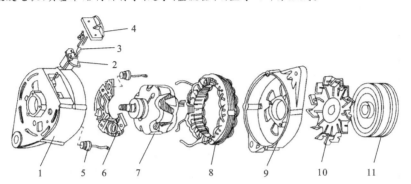 **图 5-25 汽车交流发电机的结构** 1—后端盖;2—电刷架;3—电刷;4—电刷弹簧盖板;5—硅二极管; 6—散热板;7—转子;8—定子总成;9—前端盖;10—风扇;11—皮带轮 2. 整流器的检查(主要检查整流器二极管) (1) 检查正极管　用数字万用表的二极管挡位,黑表笔接整流器端子"B",红表笔分别接整流器各个接线柱,万用表都应有数字显示(三位数),说明二极管导通,若显示"1"即不导通,说明二极管断路,应该更换整流器总成,调换两表笔进行测试,此时应为不导通状态,否则为二极管短路,也应该更换整流器总成。 (2) 检查负极管　同样用数字万用表的二极管挡位,红表笔接整流器端子"E",黑表笔分别接整流器各个接线柱,万用表都应显示导通状态,否则说明二极管断路,应该更换整流器总成;调换两表笔进行测试,此时应显示为不导通,否则说明二极管短路,也应该更换整流器总成。 (3) 在不分解发电机的情况下检测二极管　用数字万用表的电阻挡,红表笔接发电机的端盖,黑表笔接发电机的电枢"B"接线柱,若阻值在 40~50 Ω 之间,说明无故障;若阻值在 10 Ω 左右,说明有的二极管失效,必须拆下来检查;若阻值为 0 Ω,说明有不同的二极管击穿。	检查记录
任务总结		

【任务拓展】

1．想一想

（1）整流的目的是什么？

（2）在桥式整流电路中，若有一只整流管接反或开路，分别会出现怎样的情况？

2．做一做

（1）用万用表电阻挡判别二极管的极性。

（2）找出整流桥的直流输出端和交流输入端。

（3）设计一个利用稳压管组成的稳压电路。要求稳压输出为9 V，画出电路图，并简述电路的工作原理。

任务5.2 三极管的检测与运用

【任务描述】

了解三极管结构及特性，学会用万用表检测三极管，学会调整三极管的工作状态；通过对基本放大电路的组装和检测调试，掌握放大电路的基本特性以及静态和动态性能指标的检测方法；通过对汽车电子电压调节器和蓄电池电压过低报警电路的设计与制作，理解三极管开关电路的应用，了解基本应用电路的设计方法，训练制作电路的基本能力。

【任务分析】

1．知识目标

（1）理解三极管的结构、特性和作用，掌握三极管的检测方法。

（2）掌握基本放大电路的结构，分析方法和主要性能。

（3）了解放大电路输出波形失真产生的原因及处理方法。

（4）掌握三极管开关电路的特性及其应用方法。

（5）了解汽车电子电路的设计与制作方法。

2．能力目标

（1）能对各种类型的三极管进行正确识别与性能测试。

（2）能对三极管的工作状态进行规范的调节。

（3）能完成基本放大电路的组装与检调任务。

（4）掌握基本放大电路常见故障的分析和处理方法。

（5）能够读懂三极管应用电路图。

【知识准备】

5.2.1 三极管及其性能测试

半导体三极管具有放大作用，它的用途很广。半导体三极管可分为单极型和双极性两种类型，双极型半导体三极管（简称BJT）又称为晶体三极管，简称三极管。因为它有空穴和自由电子两种载流子导电，因此称为双极型三极管；它是利用输入电流控制输出电流的一种三极管。另一种类型的三极管是单极型三极管,又称场效应管(简称FET),它工作时只有一种载流子,它是利用电场效应来控制输出电流的半导体三极管。本任务讨论的三极管即指的是双极型三极管,场效应管的内容请参阅其他资料。

1. 三极管的结构与符号

三极管的结构示意图如图5-26所示,它是由三层不同性质的半导体组合而成的。按半导体的组合方式不同,可将其分为NPN三极管和PNP三极管。本节主要讨论NPN三极管,但讨论的结果同样适用于PNP三极管。

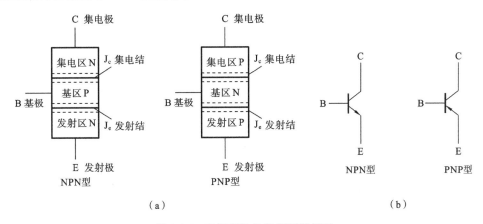

图 5-26 三极管结构示意图及符号
(a)三极管结构示意图 (b)三极管符号

图5-26(a)所示为三极管结构示意图。三层半导体组成两个PN结,形成三个区,分别为发射区、基区和集电区。从各个区分别引出一个电极,分别对应地称为发射极E、基极B和集电极C。发射区与基区之间的PN结称为发射结J_e,集电区与基区之间的PN结称为集电结J_c。

三极管在制造工艺方面有如下特点:发射区的掺杂浓度最高,基区制造得很薄且掺杂浓度最低,集电区掺杂浓度比发射区低,但它的结面积较大。制造工艺的这些特点为三极管具有放大能力提供了内部条件。

三极管的电路符号如图5-26(b)所示,发射极箭头方向表示发射结加正向电压时发射极的电流方向。

三极管除了按照结构分为NPN型和PNP型之外,还可以按照以下方法分类:按制造材料,可分为硅管与锗管(两种管子的特性大致相同,硅管受温度影响较小,工作稳定);按照功率的大小分为小功率管、中功率管和大功率管;按照工作频率的高低分为高频管和低频管;按照用途的不同,分为放大管和开关管。

2. 三极管的电流分配与放大作用

三极管的电流分配关系可以用如图5-27所示的测试电路来讨论。该测试电路提供了使三极管放大的外部条件,即发射结加正向电压(简称正偏),集电结加反向电压

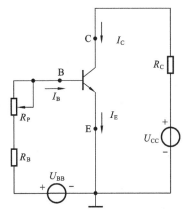

图 5-27 三极管电流分配关系的测试电路

(简称反偏)。该测试电路有两个回路,第一个是输入回路,路径为 U_{BB} 正极→R_B→R_P→基极 B→发射极 E→U_{BB} 负极;第二个是输出回路,路径为 U_{CC} 正极→R_C→集电极 C→发射极 E→U_{CC} 负极。输入回路的两个端子是基极 B 和发射极 E,输出回路的两个端子是集电极 C 和发射极 E。发射极是输入回路和输出回路公共的,所以把这个电路叫共发射极电路,简称共射电路。基极电源 U_{BB} 使发射结正偏,集电极电源使集电结反偏,从而使三极管处于放大状态。在这两个电源的作用下,三极管的三个电极中就有电流流过,它们分别是基极电流 I_B,集电极电流 I_C,发射极电流 I_E,电流方向如图 5-27 所示。

电阻 R_B 和 R_P 为基极偏置电阻,调节电位器 R_P 的阻值,就可以改变基极电流 I_B 的大小,而 I_B 的变化将引起集电极电流 I_C 的变化,这样,对于每一个确定的 I_B 就会有一个确定的 I_C 与之对应。实验测量数据见表 5-1。

表 5-1 三极管各极电流的测量数据

I_B/mA	0	0.02	0.04	0.06	0.08	0.10
I_C/mA	<0.001	1.66	3.32	4.98	6.64	8.13
I_E/mA	<0.001	1.68	3.36	5.04	6.72	8.23

由表 5-1 中数据可以看出以下一些关系。

(1) 三极管各极电流的分配关系为:发射极电流等于基极电流与集电极电流之和。即

$$I_E = I_C + I_B \tag{5-9}$$

(2) 集电极电流 I_C 和发射极电流 I_E 都远大于基极电流 I_B,且 I_C/I_B 和 I_E/I_B 基本保持不变。通常,用集电极电流与基极电流的比值来反映三极管的电流放大能力,令

$$\bar{\beta} = \frac{I_C}{I_B} \tag{5-10}$$

$\bar{\beta}$ 称为三极管共发射极电路的直流电流放大系数。当三极管制成后,$\bar{\beta}$ 也就确定了,其值在几十至几百之间。

同样,三极管对电流的放大作用还体现在基极电流的变化 ΔI_B,引起集电极电流的变化 ΔI_C,由表 5-1 可以看出,微小的 ΔI_B 可以引起较大的 ΔI_C,令

$$\beta = \frac{\Delta I_C}{\Delta I_B} \tag{5-11}$$

式中:β 为共发射极交流电流放大系数。

尽管 $\bar{\beta}$ 和 β 是两个不同的概念,但当三极管导通时,在 I_C 相当大的变化范围内,交流放大系数 β 与直流电流放大系数 $\bar{\beta}$ 近似相等,即有 $\bar{\beta} \approx \beta$,且为常数,所以在实际应用中,两者混用而不加区分。

(3) 当 $I_B=0$(基极开路)时,集电极电流 I_C 并不为零,而是存在一个很小的电流,这个电流是从集电极穿过基区到达发射极,就把它称为穿透电流(用 I_{CEO} 表示),$I_{CEO}<0.001$ mA。穿透电流在一般计算时可以忽略,不过在温度升高时穿透电流会增大。穿透电流越小越好。

图 5-28 所示为 NPN 型三极管和 PNP 型三极管各极电流关系及方向的示意图,两种管型的三极管各极的电流关系完全相同,但 PNP 型与 NPN 型的三极管各极电流的方向正好相反。

3. 三极管的特性曲线

三极管的特性曲线是表示三极管各极电压和电流之间关系的曲线,特性曲线可以用晶体

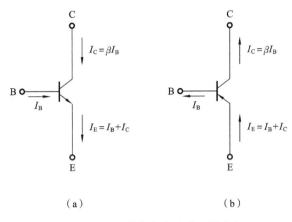

图 5-28 三极管各极电流关系及方向
(a) NPN 型　(b) PNP 型

管特性曲线仪直接测得,也可以查阅晶体管特性手册或用实验的方法测绘出来。常用的特性曲线有输入特性曲线和输出特性曲线。输入、输出特性曲线显示的是三极管的外特性,它们是分析三极管工作状态的依据之一。三极管在电路中的连接状态不同,其特性曲线也不一样。下面对最常见的共发射极电路的特性曲线进行讨论。

1) 输入特性曲线

输入特性曲线描述的是在保持三极管的集电极与发射极之间的电压 u_{CE} 为一定值时,基极电流 i_B 随基、射极之间的电压 u_{BE} 之间的关系,如图 5-29(a)所示为某 NPN 型三极管的输入特性。由图可见,曲线的形状与二极管的伏安特性相似,也是非线性曲线,不过,它与 u_{CE} 有关,$u_{CE}=1$ V 的输入特性曲线比 $u_{CE}=0$ V 的特性曲线向右移动了一段距离,即当 u_{CE} 增大时,输入特性曲线向右移动,但在 $u_{CE}>1$ V 以后,曲线向右移动的距离很小,可以近似认为 $u_{CE}>1$ V 与 $u_{CE}=1$ V 时的曲线重合。在实际应用中 u_{CE} 是大于 1 V 的。

由特性曲线可以看出,在 u_{BE} 较小时,三极管的发射结不导通,i_B 为 0,只有当 u_{BE} 为 0.5 V 时,三极管才开始有基极电流,这个电压 u_{BE} 称为死区电压(用 U_{th} 表示,硅管的死区电压是 0.5 V,锗管的死区电压是 0.1 V),在 u_{BE} 大于 0.5 V 后,i_B 随 u_{BE} 的增大迅速增大,三极管发射结处于导通状态,不过发射结导通后,i_B 的幅度变化很大而管压降 u_{BE} 的变化却较小,只在 0.6～0.8 V 之间,通常取 0.7 V,称之为导通电压 $U_{BE(on)}$。硅管的导通压降取 0.7 V,锗管的导通压降取 0.2 V。

2) 输出特性曲线

三极管的输出特性曲线是指基极电流 i_B 为一定值时,集电极电流 i_C 随集、射极电压 u_{CE} 而变化的关系曲线。图 5-29(b)所示为某 NPN 型三极管的共发射极输出特性。该特性曲线是一族曲线,它是在 i_B 取不同值时测定的,每条曲线的基本形状相似,并当 i_B 等量增加时,输出特性曲线等间距地平行上移。对其中的某一条曲线,起始部分很陡,u_{CE} 略有增加,则 i_C 增加很快,当 u_{CE} 超过某一数值(约 1 V)后,曲线变得比较平坦,几乎与横轴平行(略向上倾斜)。

三极管的输出特性曲线可分为三个区域。

(1) 截止区　当发射结所加正向电压低于死区电压或发射结加反向电压时,三极管的发射结处于截止状态,基极电流 $I_B=0$,三极管处于截止状态。把 $I_B=0$ 时对应的那条输出特性

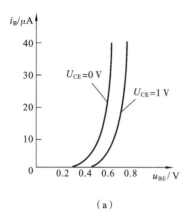 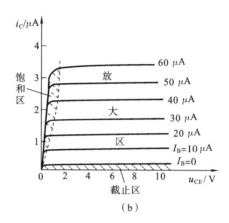

图 5-29 三极管的特性曲线

(a) 输入特性曲线　(b) 输出特性曲线

曲线与横轴之间的区域称为截止区。在截止区,三极管的集电极电流很小,它就是穿透电流 I_{CEO}。三极管处于截止状态时无放大作用,集电极与发射极之间相当于一个断开的开关。

使三极管截止的条件是:发射结反偏或零偏,集电极反偏。事实上,加于发射结上的电压低于死区电压时,三极管就已经处在截止状态。

(2) 放大区　在图 5-29 所示曲线中,$I_B>0$ 的所有曲线的平坦部分称为放大区。使三极管工作在放大区的条件是:发射结正偏,集电结反偏,即对于 NPN 型三极管,$u_{BE}>0$,$u_{BC}<0$;对于 PNP 型三极管,$u_{BE}<0$,$u_{BC}>0$。

在放大区,I_C 基本上与 u_{BE} 无关,且 I_C 随 I_B 成比例的增大,即 $I_C=\beta I_B$,亦即 I_C 受 I_B 的控制。

(3) 饱和区　在图 5-29 所示曲线中,在 u_{CE} 较小(小于 1 V 或更小)的部分,特性曲线上升段拐点连接线左侧区域称为饱和区。确切地说,$u_{CE}>u_{BE}$ 的所有曲线的陡峭变化部分都属于饱和区。使三极管工作在饱和区的条件是:发射结正偏,集电结正偏或零偏。

在饱和区,I_B 增大而 I_C 很少增大,即集电极电流不再受基极电流的控制,说明 I_C 达到了饱和状态,三极管失去了放大作用,这时三极管的集电极与发射极之间的电压称为饱和压降,用 $U_{CE(sat)}$ 表示。一般小功率三极管的 $U_{CE(sat)}\leqslant 0.3$ V。

在三极管从放大状态向饱和状态变化时,要经过一个临界状态,称之为临界饱和。此时 $u_{CE}=u_{BE}$(即发射结正偏,集电结零偏 $u_{BC}=0$),对应于图 5-29 中饱和区域的虚线称为临界饱和线,它是饱和区与放大区的分界线。在 $u_{CE}\geqslant u_{BE}$ 时,三极管进入了放大区,在 $u_{CE}\leqslant u_{BE}$ 时,三极管进入了饱和区。

在实际应用中,通常,通过测量三极管的两极电压来判定三极管的工作状态。现举例如下。

例 5-4　设三极管都是硅管,测得各三极管的对地电压如图 5-30 所示。试判断它们的工作状态。

解　VT1 为 NPN 型三极管,因为 $u_{BE}=0.7$ V>0,发射结正偏,$u_{BC}=-3.3$ V<0,集电结反偏,因此 VT1 工作在放大状态。事实上,当发射结正偏,$u_{CE}>u_{BE}$ 时也可判定为三极管处于放大状态,此三极管的 $u_{CE}=4$ V$>u_{BE}=0.7$ V,故为放大状态。

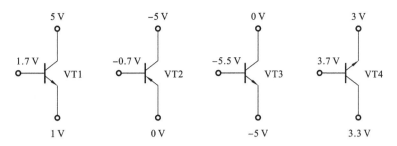

图 5-30 三极管各极对地电压

VT2 为 PNP 型三极管，因为 $u_{EB}=0.7\ V>0$，发射结正偏，$u_{CB}=-4.3\ V<0$，集电结反偏，因此 VT2 也工作在放大状态（注意符号下标的变化，如 u_{BE} 与 u_{EB} 的不同）。

另外，因为三极管 VT2（PNP 型管）的发射结正偏，$u_{EC}=5\ V>u_{EB}=0.7\ V$，所以三极管为放大状态。

VT3 为 NPN 型三极管，因为 $u_{BE}=-0.5\ V<0$，发射结反偏，$u_{BC}=-5.5\ V<0$，集电结也为反偏，因此 VT1 工作在截止状态。事实上，发射结反偏时，三极管就已经处在截止状态。三极管截止时，集电极与发射极之间就像开关处于断开状态一样。

VT4 也是为 NPN 型三极管，因为 $u_{BE}=0.7\ V>0$，发射结正偏，$u_{BC}=0.4\ V>0$，集电结也为正偏，因此 VT4 工作在饱和状态。此题三极管的发射结正偏，而 $u_{CE}<u_{BE}$，故也可以判定为三极管处在饱和工作状态。三极管饱和时，管压降 U_{CE} 很小，集电极与发射极相当于一个闭合的开关。

4．三极管的主要参数

三极管的参数用来表示三极管的性能指标和应用范围，它是选用三极管的依据。三极管的主要参数有：电流放大系数、极间反向电流及极限参数。

1）电流放大系数

在分析三极管的电流分配与放大作用时已经讨论过电流放大系数。三极管电流放大系数通常指的是三极管共发射极接法时的电流放大系数。有直流电流放大系数和交流电流放大系数之分。

直流电流放大系数 $\bar{\beta}$ 定义为三极管的集电极电流 I_C 与基极电流 I_B 之比，即

$$\bar{\beta}=\frac{I_C}{I_B} \tag{5-12}$$

$\bar{\beta}$ 有时用 h_{FE} 表示。

交流电流放大系数 β 定义为集电极电流变化量与基极电流变化量之比，即

$$\beta=\frac{\Delta i_C}{\Delta i_B}\bigg|_{u_{CE}=常数}$$

β 有时用 h_{fe} 表示。

在实际应用中，交流电流放大系数与直流电流放大系数不去严格区分，笼统地称为电流放大系数，并用符号 β 表示。

2）极间反向电流

这里只讨论穿透电流。前面已经谈过，穿透电流 I_{CEO} 是基极开路时，集、射极之间的反向电流。实验证明，I_{CEO} 受温度的影响很大，它随温度的升高而增大。在选用管子时，I_{CEO} 愈小，

表示管子的温度稳定性愈好,工作愈稳定。硅管的 I_{CEO}(通常为几微安)比锗管(通常为几十至几百微安)小很多,所以硅管的热稳定性比锗管好。

3) 极限参数

极限参数是指三极管工作时允许加在各极间的最高工作电压、流经它的最大工作电流,以及集电极上允许耗散的最大功率。使用三极管不能使其超过这些极限,否则,就会使三极管性能变坏,甚至烧坏。

(1) 集电极最大允许电流 I_{CM}　三极管正常工作时,集电极所允许通过的最大电流称为集电极最大允许电流。使用中若 $i_C > I_{CM}$,三极管不一定会损坏,但 β 值会下降。

(2) 集、射极反向击穿电压 $U_{(BR)CEO}$　$U_{(BR)CEO}$ 为基极开路时,允许加在集电极与发射极之间的最大电压。使用时若 $u_{CE} > U_{(BR)CEO}$,就会导致三极管损坏。

(3) 集电极最大允许耗散功率 P_{CM}　P_{CM} 是三极管正常工作时,集电极所允许耗散的最大功率。三极管工作时,u_{CE} 的大部分降落在集电结上,因此集电极功率损耗(简称功耗)近似为集电结功耗。它将使集电结温度升高而致使三极管发热。

三极管的耗散功率可以用 $P_C = u_{CE} i_C$ 计算,一个确定的三极管,P_{CM} 是一个常量。若 $P_C > P_{CM}$,三极管就会烧坏。为了使三极管安全工作,可以根据三个极限参数 I_{CM}、$U_{(BR)CEO}$ 和 P_{CM} 确定三极管的安全工作范围。

例 5-5　某三极管的极限参数 $I_{CM} = 20$ mA,$U_{(BR)CEO} = 20$ V,$P_{CM} = 100$ mW。当工作电压 $U_{CE} = 10$ V 时,工作电流 I_C 不得超过　空①　mA;若工作电压 $U_{CE} = 1$ V 时,I_C 不得超过　空②　mA;当工作电流 $I_C = 2$ mA 时,U_C 不得超过　空③　V。

解　分析时,结合公式 $P_C = u_{CE} i_C$ 计算。

对于"空①":由公式可算得工作电流 $I_C = 10$ mA,结果 $I_C < I_{CM}$,空①填"10"。

对于"空②":可算得工作电流 $I_C = 100$ mA,但结果 $I_C > I_{CM}$,而三极管工作时不能超过 $I_{CM} = 20$ mA 的极限参数,所以 I_C 只能取最大值 20 mA。空②填"20"。

对于"空③":当工作电流 $I_C = 2$ mA 时,可算得工作电压 $U_C = 50$ V $> U_{(BR)CEO}$,而三极管工作时不能超过 $U_{(BR)CEO} = 20$ V 的极限参数,所以 U_C 只能取最大值 20 V。空③填"20"。

5. 三极管的简易测试

1) 管脚与管型的判定

在实际应用三极管时,经常要判断三极管的管型及其好坏。判断的方法主要有目测和用万用表检测两种方法。实际工作中先是目测,在目测法不能准确判断时,就需要用万用表进行检测。

(1) 目测法。

① 管型的判别　一般情况下,管型是 NPN 还是 PNP,应该从管壳上标注的型号来判别。依照部颁标准,三极管型号的第二位(字母),A、C 表示 PNP 管;B、D 表示 NPN 管。

例如 3AX、3CG、3AD、3CA 等均表示 PNP 型三极管,3BX、3DG、3DD、3DA 等均表示 NPN 型三极管。三极管型号中的第 1 位数字 3 表示三极管,第 3 位字母表示三极管的功率或频率特性,第 4 位数字表示系列号。详细内容可参见三极管手册。

国内常见的三极管还有一些以数字命名的,如 9011~9018 系列三极管,除 9012、9015 为 PNP 管外,其余型号均为 NPN 管。

② 管脚极性的判别　常用的小功率三极管有金属圆壳封装和塑料封装(半圆柱形)等,管

脚排列如图5-31(a)所示。大功率三极管的外形有金属壳封装(扁柱形,管脚排列如图5-31(b)所示),以及塑料封装(扁平、管脚直列)等形式。

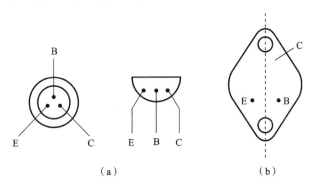

图 5-31 常用三极管的封装形式和管脚排列
(a) 小功率管 (b) 大功率金属封装管

根据图形的显示,可以自己总结引脚分布规律,例如塑料半圆柱封装:头在上,平面向自己,左起 ebc。

(2) 用万用表判别。

① 基极的判别 用指针式万用表的黑表笔接假定的基极,用红表笔分别接触另外两个极。若测得电阻都较小,约为几百欧至几千欧;将红黑表笔对调,测得电阻都较大,约为几百千欧以上,这个管子就是 NPN 管,最初黑表笔接的就是基极。

类似地,用指针式万用表的黑表笔接假定的基极,用红表笔分别接触另外两个极。若测得电阻都较大,约为几百千欧以上;将红黑表笔对调,测得电阻都较小,约为几百欧至几千欧。这个管子就是 PNP 管。最初黑表笔接的就是基极。

② 集电极和发射极的判别 对 NPN 管,基极确定后,假定其余两电极中的一个为集电极,将黑表笔接到该电极上,红表笔接到假定的发射极上。用手指把假定的集电极和已测出的基极捏起来(但不要使之相碰。手指用水湿润一下),记下电阻读数;再将表笔对调(表笔对调后,手指捏的就换成基极与黑表笔现在相连的电极),记下电阻读数。比较两次读数,阻值较小时黑表笔所接的电极是集电极,余下的电极为发射极。

对 PNP 管,方法同 NPN 管,只需将表笔对调即可,即红表笔接的是集电极,而黑表笔接的是发射极。

注意:数字式万用表的红表笔与表内电源正极相连,黑表笔与表内电源负极相连;而指针式万用表的红表笔是与表内电源负极相连的,黑表笔是与表内电源正极相连的。因此,当用数字式万用表检测晶体管时,判定结果与指针式正好相反。

另外,在有些万用表(部分指针式和所有数字式)上,具有 h_{FE} 挡,在确定了管型之后,利用 h_{FE} 挡也可确定三极管的电极。方法是:将万用表的转换开关拨到 h_{FE} 挡,再把三极管的三个电极插入 E、B、C 插孔中,若能读出放大倍数,则插孔中的三个电极分别是 E、B、C。

2) 三极管好坏的判断

测三极管正向阻值很大时,表明三极管开路,如反向电阻值很小,或 C—E 极间的电阻值接近零,说明三极管短路或已击穿。如 C—E 极间的电阻值很小,则表明三极管的穿透电流过大,已不能使用。

上述测量是用指针式万用表在三极管的空脚上进行的,如果三极管是焊在电路上,就要考虑并联处电路的影响,不能仅以电阻值来判断三极管的好坏。

三极管好坏的判断还有其他的方法,请同学们参阅相关的资料。

5.2.2 三极管的开关作用

1. 三极管开关电路

三极管在基极电流的控制下,工作状态在饱和导通(以下简称为饱和)与截止两种状态之间交替变换,此时称三极管工作在开关状态。它就像一个开关的断开与闭合交替变换一样。

(1) NPN型三极管开关电路 图5-32所示为三极管开关电路。图5-32(a)所示为NPN型三极管等效为开关闭合的情形。当基极B输入一个高电平控制信号时,三极管VT的发射结正偏导通,且基极电流较大,三极管进入饱和状态,管压降U_{CE}很小(几乎为零),集电极C与发射极E之间相当于开关闭合一样。当基极B的高电平撤离而转换为低电平输入时,如图5-32(b)所示,三极管VT的发射结反偏(加在发射结的电压小于其死区电压时,就认为发射结处在反偏状态),基极电流几乎为零,三极管进入截止状态,集电极C与发射极E之间几乎没有电流流过,此时$U_{CE} \approx U_{CC}$,集电极C与发射极E之间相当于开关断开一样。利用三极管以上特性就能构成三极管开关电路。在电路中,R_B为基极偏置电阻,为三极管提供合适的基极电流,在三极管的开关应用中主要是限流,以防止基极电流过大。R_C为集电极负载电阻,在三极管的开关应用中主要是防止三极管饱和导通时电源短路。在实际应用的开关电路中,电阻R_C通常被电子元器件所取代。R_C也可以接在发射极上。

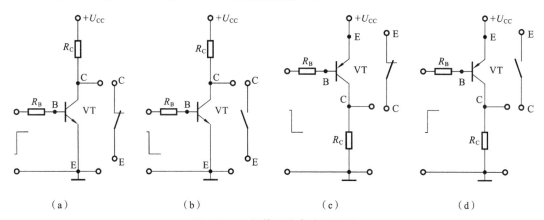

图5-32 三极管开关电路原理图

(a) NPN管 闭合状态 (b) NPN管 断开状态 (c) PNP管 闭合状态 (c) PNP管 断开状态

(2) PNP型三极管开关电路 图5-32(c)、(d)所示为PNP型三极管开关电路。PNP型三极管开关电路与NPN型三极管开关电路的结构以及工作原理都相似,所不同的是:在PNP型三极管的基极B输入低电平信号时,三极管处于饱和状态;在基极B输入高电平信号时,三极管处于截止状态。

2. 三极管开关电路应用举例

应用实例1 图5-33所示为一种汽车前照灯自动变光控制器电路,电路中R_G为光敏电阻器,继电器由线圈K、常闭触点(也称动断触点)K1和常开触点(也称动合触点)K2组成。

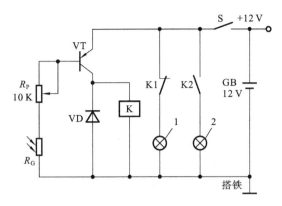

图 5-33 汽车前照灯自动变光控制器电路
1—远光灯；2—近光灯

夜间行车时，接通前照灯开关 S，光敏电阻 R_G 在无光照时呈现高阻值状态，三极管 V 截止，集电极电流非常小，继电器线圈 K 流过的电流也非常小，几乎不产生电磁吸引力而处在释放状态，其常闭触点 K1 接通，远光灯点亮，而常开触点 K2 断开，近光灯熄灭。

夜间会车时，光敏电阻 R_G 受对面车灯的照射而导致内阻降低，基极偏置总电阻（由 R_P 和 R_G 串联组成）减小，在电源的作用下，产生较大的基极电流，使三极管 V 饱和导通，形成较大的集电极电流，流过线圈的电流较大而使 K 动作，其常闭触点 K1 断开，远光灯熄灭，常开触点 K2 闭合，近光灯点亮，实现了自动变光控制。会车后，R_G 又变为高阻值状态，三极管 V 截止，K 释放，前照灯又自动恢复到远照灯照明的状态。调节电位器的阻值，可以改变光控电路的灵敏度。

该电路较简单，同学们可以自己制作。可以使用面包板进行电路组装和测试。

元器件选择：R_G 选用 MG45 系列的光敏电阻器，R_P 选用合成碳膜可变电阻器或多圈电位器，VD 选用硅整流二极管，VT 选用 PNP 型硅三极管，K 选用 JRX-13F 或 JQX-4 型 12 V 直流继电器。

应用实例 2 图 5-34 所示的是一种无触点式电子闪光器电路，其工作原理如下。

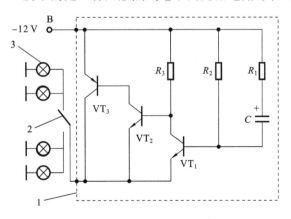

图 5-34 无触点式电子闪光器电路
1—闪光器；2—转向灯开关；3—转向信号灯

接通转向灯开关 2，电源为三极管 VT1 的基极提供两路电流，一路经电阻 R_2，另一路经

R_1 和 C,使 VT_1 饱和导通,此时 VT_1 的管压降 U_{CE} 很小(几乎为零),不能使三极管 VT_2 的发射结导通,VT_2 处于截止状态,截止的 VT_2 又导致 VT_3 无基极电流,VT_3 也截止。截止的 VT_2、VT_3 如同开关的断开,不能为转向信号灯提供电流,此时仅 VT_1 的导通电流流过了转向灯,而且电流很小,仅 60 mA 左右,故转向信号灯很暗。在 VT_1 饱和导通的同时,电源在通过 R_1 为电容 C 充电,使 VT_1 的基极电位下降,当其电位低到使 VT_1 的发射结电压低于所需正偏电压时,VT_1 截止。VT_1 截止后,VT_2 通过 R_3 得到基极偏置电压而饱和导通,VT_3 亦饱和导通,转向灯得电点亮,电流路径为:电池正极→VT_3 发射极→VT_3 集电极→转向灯开关→转向灯→电池负极(搭铁)。在 VT_1 截止阶段,电容 C 通过 R_1、R_2 放电(放电时间为灯亮时间)。随着电容 C 放电电流的减小,VT_1 基极的电位又逐渐升高,当高于其发射结正偏电压时,VT_1 又饱和导通,VT_2、VT_3 又截止,转向灯又熄灭。随着电容元件充电与放电的不断进行,VT_1 的工作状态在饱和与截止之间交替变换,使转向灯闪烁。要想调整转向灯闪烁的时间间隔,可以改变电阻元件 R_1、R_2 的电阻值和电容元件 C 的电容值。

在图 5-34 所示的电路中,使用了复合管(又称达林顿管),所谓复合管是指由两只或两只以上的三极管按一定的连接方式,组成一只等效的三极管。复合管的类型与组成该复合管的第一只三极管的类型相同,而其输出电流、饱和压降等特性,主要由最后的输出三极管决定。复合管的电流放大系数近似为组成该复合管的各三极管 β 值的乘积,其值很大,用以驱动负载部件。在汽车电路中复合管电路应用较广。在图 5-34 中,VT_2、VT_3 两只三极管组合了复合管,等效为一只 NPN 型大功率三极管,导通时产生较大的电流去驱动信号灯。

5.2.3 三极管基本放大电路

放大电路是电子电路中应用最普遍的基本单元电路,它的作用是将微弱的电信号变换为较强的电信号,以驱动较大功率的负载。例如:车载收音机将天线接收到的微弱信号通过放大电路放大,推动扬声器发声;汽车测速装置中,转速传感器转换成的电信号是很微弱的,要经放大电路将这微弱的信号放大才能驱动速度表,将车速显示出来。

放大电路应将微弱的电信号不失真地放大才有意义。不论是电压放大还是电流放大,终属为电信号功率的放大。微弱的电信号通过放大后能量增加了,这增加的能量从何而来?对于三极管放大电路而言,是利用三极管的电流控制作用,将放大电路中直流电源的能量转换为信号的能量。因此,三极管是一种能量转换控制元件,放大电路是一个受输入信号控制的能量转换器。

由一个三极管组成的放大电路称为单管放大电路,由于电路的输入端口和输出端口共有四个端子,而三极管只有三个电极,必然有一个电极要共用,因而就有共发射极、共集电极和共基极三种组态的放大电路。若单管放大电路达不到所要的放大倍数,则可将多个单管放大电路连接起来,组成多级放大电路。

1. 基本共发射极放大电路

1) 基本共发射极放大电路的组成及工作原理

(1) 基本共发射极放大电路的组成 由 NPN 型三极管构成的共发射极放大电路(简称共射电路)如图 5-35 所示,各个元件的作用如下:

① 三极管 VT 三极管 VT 是一个控制元件,起电流放大作用,它是放大电路的核心。

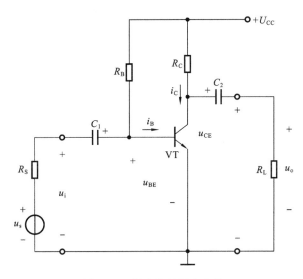

图 5-35 基本共射放大电路

② 直流电源 U_{CC} U_{CC} 的作用：一是为三极管的放大作用提供必要的工作条件，二是作为放大电路的能源，为输出信号提供能量。U_{CC} 的数值通常为几伏至十几伏。

③ 基极电阻 R_B 直流电源 U_{CC} 通过 R_B 给三极管的发射结提供正偏电压，并且 R_B 为三极管提供一个合适的基极直流偏置电流 I_B。R_B 的数值一般在几百千欧。

④ 集电极负载电阻 R_C 直流电源 U_{CC} 通过 R_C，并与 R_B 配合，给三极管集电结提供反偏电压，使三极管工作在放大状态。电阻 R_C 的另一个作用是利用 R_C 的降压作用，将三极管集电极电流的变化转换为电压的变化，再送到放大电路的输出端。R_C 的数值一般在几千欧。

⑤ 电容元件 C_1、C_2 待放大的输入信号 u_i 接到放大电路的输入端，通过电容元件 C_1 与放大电路耦合，放大后的输出信号通过电容元件 C_2 的耦合输送给负载 R_L，因 C_1、C_2 对交流起到耦合作用，故称其为耦合电容。为了将信号顺利地通过放大并输送给负载，要求对一定频率范围的信号的阻碍（容抗）小，因此它们的容量都取得较大，在低频放大电路中，通常使用有极性的电解电容作为耦合电容，这样，对交流信号而言，C_1、C_2 可视为短路。电容元件 C_1、C_2 的另一个作用是隔断直流，C_1 隔断信号源与放大电路的直流路径，C_2 隔断放大电路与负载的直流路径，从而不使信号源和负载对放大电路的直流工作点产生影响。因此也可称 C_1、C_2 为隔直电容元件。

(2) 基本共发射极放大电路的工作原理。

① 电压电流符号表示法则 放大电路中，既含有直流量，又含有交流量。对此将交、直流电压和电流的表示符号作以下规定（以基极电流为例）。

I_B(I_{BQ})大写字母、大写下标，表示直流量（在下标中加字母 Q 表示静态值）。

i_b 小写字母、小写下标，表示交流瞬时值。

I_b 大写字母、小写下标，表示交流有效值。

i_B 小写字母、大写下标，表示包含直流量的瞬时总量。

② 基本放大电路的工作原理 放大电路的作用是将输入的微小信号进行放大，为此电路各元件的参数要设置合理，使三极管满足"发射结正偏，集电结反偏"的放大条件。

在输入端不加信号，即 u_i 为零时，电路只受直流电源的作用，电路中的电流和电压都是直流量,如 I_B、I_C、U_{BE}、U_{CE} 等,此时电路的工作状态称为静态。

当在输入端输入信号,即 u_i 不为零时,电路的工作状态称为动态。这时在输入回路中,必然在静态值的基础上产生一个动态的基极电流 i_b,当然在输出回路中就得到一个动态的电流 i_c,集电极电阻 R_C 将集电极电流的变化转换为电压的变化,即使得管压降 u_{CE} 产生变化,管压降的变化量就是输出动态电压 u_o,从而实现了电压信号的放大。

2) 放大电路的分析方法

由于放大电路中交、直流成分共存,因此对放大电路的分析应从两个方面进行,即静态分析和动态分析。静态分析讨论的是在直流电源的作用下三极管的工作状态及静态工作点的设置,动态分析主要讨论电路的放大性能。

(1) 放大电路的静态分析　静态分析就是分析放大电路的静态工作点的设置是否合适,以使信号能得到不失真的放大。进行静态分析时,首先要找到放大电路的直流通路,然后再分析输入、输出回路的电流与电压,从而明确放大电路的静态工作点。对于静态分析,本书只介绍常用的工程估算法。

① 直流通路　直流通路是指不加交流信号时,放大电路在直流电源的作用下形成的电流路径。画直流通路依据以下原则。

- 电容元件对直流量的容抗无穷大,可视为开路。
- 电感元件对直流电流的感抗非常小,可视为短路。
- 电压信号源视为短路,但保留其内阻。

根据以上原则画出的基本共射极放大电路的直流通路如图 5-36 所示。

② 静态工作点的估算　在工程估算中,需要估算的物理量是输入回路的电流 I_{BQ} 和电压 U_{BEQ},输出回路的电流 I_{CQ} 和电压 U_{CEQ},由此就能知道三极管的工作状态以及静态工作点的高低(在特性曲线中的位置),并由此明确电路参数的设置是否适当。在估算时常认为 U_{BEQ} 为已知量,硅管的 U_{BEQ} 取 0.7 V,锗管的 U_{BEQ} 取 0.2 V。

从直流通路中可看出

$$I_{BQ} = \frac{U_{CC} - U_{BEQ}}{R_B} \quad (5\text{-}13)$$

则
$$I_{CQ} = \beta I_{BQ} \quad (5\text{-}14)$$

$$U_{CEQ} = U_{CC} - I_{CQ} R_C \quad (5\text{-}15)$$

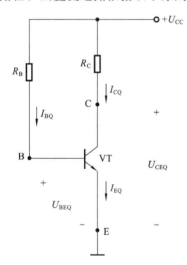

图 5-36　基本共射放大电路的直流通路

例 5-6　在图 5-35 所示电路中,$U_{CC} = 12$ V,$R_B = 300$ kΩ,$R_C = 2$ kΩ,$\beta = 75$。求放大电路的静态工作点。若 R_B 由 300 kΩ 降到 100 kΩ,三极管的工作状态有何变化?

解　解答时,一般先假设三极管处在放大状态,如果估算的结果合理,则表明假设的放大状态是正确的,否则,应考虑三极管工作在饱和或截止状态。

取 $U_{BEQ} = 0.7$ V(若题目中没有说明是何种材料的三极管,则通常认为是硅管)。

输入回路　$I_{BQ} = \dfrac{U_{CC} - U_{BEQ}}{R_B} \approx \dfrac{U_{CC}}{R_B} = \dfrac{12}{300}$ mA $= 0.04$ mA

输出回路　$I_{CQ} = \beta I_{BQ} = 75 \times 0.04$ mA $= 3$ mA

$$U_{CEQ}=U_{CC}-I_{CQ}R_C=(12-3\times 2)\text{ V}=6\text{ V}$$

算得的结果 $I_{BQ}>0$,且 $U_{CEQ}=6\text{ V}>U_{BEQ}$,说明三极管处在放大状态。

若 R_B 由 300 kΩ 降到 100 kΩ,此时

$$I_{BQ}=\frac{U_{CC}-U_{BEQ}}{R_B}\approx \frac{U_{CC}}{R_B}=\frac{12}{100}\text{ mA}=0.12\text{ mA}$$

$$I_{CQ}=\beta I_{BQ}=75\times 0.12\text{ mA}=9\text{ mA}$$

$$U_{CEQ}=U_{CC}-I_{CQ}R_C=(12-9\times 2)\text{ V}=-6\text{ V}<0$$

这显然是不合理的($U_{CEQ}>0$ 才对),表明三极管不在放大状态。由于 I_{BQ} 大于零,说明三极管处于饱和状态,静态工作点(简称 Q 点)的进一步计算如下。

已经计算出 $I_{BQ}=0.12\text{ mA}$,三极管饱和时,$U_{CEQ}=U_{CE(sat)}\approx 0.3\text{ V}$(硅管取 0.3 V,锗管取 0.1 V),有

$$I_{CQ}=\frac{U_{CC}-U_{CE(sat)}}{R_C}\approx \frac{U_{CC}}{R_C}=\frac{12}{2}\text{ mA}=6\text{ mA}$$

注意:三极管饱和时,$I_{CQ}<\beta I_{BQ}$。

(2)放大电路的动态分析　动态分析是分析在有输入信号时,放大电路的动态性能以及对信号处理的结果。

① 放大电路的性能指标　为使讨论的问题具有一般性和普遍性,将放大电路用有源双端口网络模型来模拟。下面以基本共射放大电路作为例子进行讨论。图 5-37(a)所示为放大电路及端口接法,图 5-37(b)所示为放大电路的有源双端口网络示意图,图中 1—1′端口为放大电路的输入端口,u_s 为信号源电压,此时 u_i 和 i_i 分别为放大电路的输入电压和输入电流,R_S 为信号源内阻;2—2′端口为放大电路的输出端,接负载电阻 R_L,u_o 和 i_o 分别为放大电路的输出电压和输出电流。

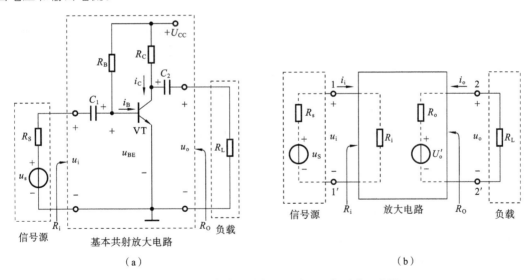

图 5-37　放大电路及其有源双端口网络形式示意图
(a) 基本共射放大电路及端口接法　(b) 放大电路的有源双端口网络示意图

(a)放大倍数　放大倍数是衡量放大电路放大能力的指标。它有电压放大、电流放大和功率放大,其中电压放大应用最多。

电压放大倍数 A_u：电压放大倍数定义为输出电压与输入电压的比值，即

$$A_u = \frac{u_o}{u_i} \quad (5-16)$$

电流放大倍数 A_i：电流放大倍数定义为输出电流与输入电流的比值，即

$$A_i = \frac{i_o}{i_i} \quad (5-17)$$

工程上常用分贝（dB）表示放大倍数，称为增益。它们的定义分别为

电压增益　　　　　　　　$A_u(\text{dB}) = 20\lg|A_u|$ 　　　　　　(5-18)

电流增益　　　　　　　　$A_i(\text{dB}) = 20\lg|A_i|$

功率增益　　　　　　　　$A_p(\text{dB}) = 10\lg|A_p|$

例如，放大电路的电压放大倍数 $A_u = 100$，则电压增益为 40 dB。

(b) 输入电阻 R_i　放大电路的输入电阻 R_i 是从输入端 1—1′ 向放大电路内看进去的等效电阻。输入电阻等于输入电压 u_i 与输入电流 i_i 的比值，即

$$R_i = \frac{u_i}{i_i} \quad (5-19)$$

对信号源来说，R_i 是它的等效负载。R_i 的大小反映了放大电路对信号源的影响程度。

(c) 输出电阻 R_o　放大电路的输出可以等效成一个有内阻的信号源，图 5-37(b) 中 U'_o 为等效信号源电压，它等于负载 R_L 开路（即空载）时，放大电路输出端 2—2′ 的输出电压。R_o 为等效信号源的内阻，它是在输入信号源电压短路（即 $u_s = 0$，但保留 R_S）、负载 R_L 开路时，从输出端 2—2′ 向放大电路内看进去的等效电阻，故也称为输出电阻。

由于输出电阻的存在，放大电路实际输出的电压为

$$U_o = U'_o \frac{R_L}{R_L + R_o}$$

上式表明，R_o 越小，输出电压 U_o 受负载 R_L 的影响越小，放大电路的带负载能力越强。

(3) 三极管的微变等效模型　三极管是一种非线性元件，它的输入和输出特性也都是非线性的。但如果放大电路的静态工作点选得适当，而且输入信号为小信号，在这小信号的作用下，放大电路的工作点就只在静态工作点的附近的一段小范围内变化，于是就可以把输入、输出特性曲线上的这一小段近似地看成直线，这样就可以将三极管线性化了，于是可以用一个等效的线性电路来代替三极管，这个线性电路就是三极管的小信号等效电路，也称微变等效电路。

图 5-38 所示为三极管的微变等效电路。以共发射极接法为例，u_{be} 和 i_b 分别表示输入端口的电压和电流，u_{ce} 和 i_c 分别表示输出端口的电压和电流。

在小信号的作用下，三极管的输入回路可以等效为一个电阻 r_{be}，即三极管的输入电阻；输出回路可以等效成受控电流源 βi_b，控制量是 i_b，控制系数为 β。

工程上 r_{be} 可估算，即

$$r_{be} = 200\ \Omega + (1+\beta)\frac{26\ \text{mV}}{I_{EQ}\ \text{mA}} \quad (5-20)$$

(4) 交流通路及微变等效电路　交流通路是指在交流信号的作用下所形成的电路路径。

图 5-39 所示为基本共射放大电路的交流通路及其微变等效电路。画交流通路可依据以下原则。

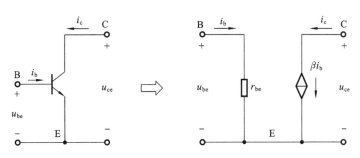

图 5-38 三极管的微变等效电路

- 大容量电容(如耦合电容、旁路电容)对交流信号的容抗可忽略,可视为短路。
- 直流电压源的内阻很小,对交流视为短路。

图 5-37(a)所示的基本放大电路的交流通路如图 5-39(a)所示,将其中的三极管用其微变等效电路来代替,即可得到这个放大电路的微变等效电路,如图 5-39(b)所示。

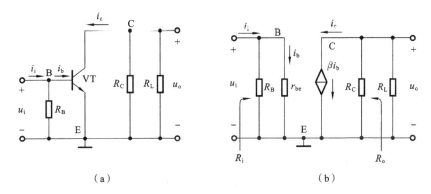

图 5-39 交流通路及其微变等效电路
(a) 交流通路 (b) 微变等效电路

利用放大电路的微变等效电路分析放大电路的性能。

(a) 电压放大倍数 由图 5-39(b)可知

$$u_i = i_b r_{be}$$
$$u_o = -\beta i_b (R_C // R_L) = -\beta i_b R'_L$$

所以放大电路的电压放大倍数为

$$A_u = \frac{u_o}{u_i} = \frac{-\beta i_b R'_L}{i_b r_{be}} = \frac{-\beta R'_L}{r_{be}} \quad (5-21)$$

式中:$R'_L = R_C // R_L$,负号表示输出电压的相位与输入电压的相位相反,即共发射极放大电路具有倒相作用。

(b) 输入电阻 由图 5-39(b)可得

$$R_i = \frac{u_i}{i_i} = R_B // r_{be} \quad (5-22)$$

(c) 输出电阻 由图 5-39(b)可见,在输入信号源短路(此时,电压 $u_i = 0$ 时,$i_b = 0$,则 $\beta i_b = 0$,受控电流源相当于开路),负载 R_L 开路时,放大电路的输出电阻为

$$R_o = R_C \quad (5-23)$$

例 5-7 如图 5-35 所示电路,$U_{CC} = 12\text{ V}$,$R_B = 390\text{ k}\Omega$,$R_C = 3\text{ k}\Omega$,$R_L = 5\text{ k}\Omega$,$\beta = 80$。试

求:在空载和带负载两种情况下,放大电路的动态性能指标。

解 (1) 带负载 R_L 的情况下,电路的动态性能。

静态基极电流 $\quad I_{BQ} = \dfrac{U_{CC}-U_{BEQ}}{R_B} = \dfrac{12-0.7}{390}\text{ mA} \approx 0.03\text{ mA}$

$$I_{EQ} \approx I_{CQ} = \beta I_{BQ} = 80 \times 0.03\text{ mA} = 2.4\text{ mA}$$

$$r_{be} = 200 + (1+\beta)\dfrac{26\text{ mV}}{I_{EQ}(\text{mV})} = 200 + \dfrac{26\text{ mV}}{I_{BQ}\text{ mA}} = \left(200+\dfrac{26}{0.03}\right)\Omega = 1.07\text{ k}\Omega$$

$$R'_L = R_C // R_L = 1.875\text{ k}\Omega$$

电压放大倍数 $\quad A_u = -\dfrac{\beta R'_L}{r_{be}} = -\dfrac{80 \times 1.875}{1.075} \approx -140$

输入电阻 $\quad R_i = R_B // r_{be} \approx r_{be} = 1.07\text{ k}\Omega$

输出电阻 $\quad R_o = R_C = 3\text{ k}\Omega$

(2) 空载(负载 R_L 开路)时,电路的动态性能。

电压放大倍数 $\quad A_u = -\dfrac{\beta R'_L}{r_{be}} = -\dfrac{80 \times 3}{1.07} \approx -224$

注意:空载时, $\quad R'_L = R_C // R_L = R_C = 3\text{ k}\Omega$

输入电阻 $\quad R_i = R_B // r_{be} \approx r_{be} = 1.07\text{ k}\Omega$

输出电阻 $\quad R_o = R_C = 3\text{ k}\Omega$

以上计算表明,电路在负载和空载两种情况下,输入电阻和输出电阻都没变,但是空载时的放大倍数比负载时要大得多。

3) 放大电路的非线性失真

非线性失真是由于三极管工作到特性曲线的非线性部分所引起的波形失真,表现在输出电压信号波形与输入信号波形不一致,例如:正弦波失真现象常见的有波形被"削顶"或"削底"或顶和底都被"削"。引起非线性失真的原因主要是三极管的静态工作点设置不恰当或输入信号过大。下面只分析静态工作点设置不恰当的情形。

静态工作点选择不合适引起的非线性失真如图 5-40 所示。

(1) 饱和失真 若静态工作点设置得过高,例如设在 Q_1 点,则集电极电流过大,在信号正半周的一段时间内,动态工作点进入饱和区,当 i_{B1} 按正弦规律变化时,造成 i_{C1} 的正半周和输出电压 u_{CE1} 的负半周出现了平顶畸形(好像 i_{C1} 的顶被削,输出电压 u_{CE1} 的底被削一样),这种失真称为饱和失真。

(2) 截止失真 若静态工作点设置得过低,例如设在 Q_2 点,则集电极电流太小,在信号负半周的一段时间内,动态工作点进入截止区,当 i_{B2} 按正弦规律变化时,造成 i_{C2} 的负半周和输出电压的正半周出现了平顶畸形(好像 i_{C2} 的底被削,输出电压 u_{CE2} 的顶被削一样),这种失真称为截止失真。

由图 5-40 可以看出,对于 NPN 管,放大电路出现饱和失真时,输出电压 u_{CE} 出现底部失真;出现截止失真时,输出电压 u_{CE} 出现顶部失真。而对于 PNP 管,出现失真的情况正好与 NPN 管的相反。

2. 射极输出器

图 5-41 所示电路为射极输出器电路。因为直流电源对交流信号相当于短路,输入信号加

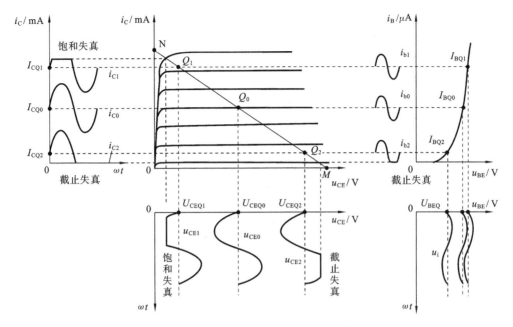

图 5-40 静态工作点不合适引起的非线性失真

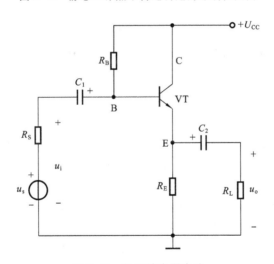

图 5-41 射极输出器电路

在基极与集电极之间,输出信号从发射极和集电极之间取出,集电极是输入回路和输出回路的公共端,所示把该电路称之为共集电极放大电路。又由于信号是从三极管的发射极输出,所以又称之为射极输出器。

1) 电压放大倍数、输入电阻和输出电阻

(1) 电压放大倍数 A_u 对于图 5-41 所示的射极输出器电路,可以作出它的微变等效电路进行分析,从而得到

$$A_u = \frac{u_o}{u_i} = \frac{(1+\beta)(R_E /\!/ R_L)}{r_{be}+(1+\beta)(R_E /\!/ R_L)} \approx 1 \tag{5-24}$$

式中:r_{be} 远小于 $(1+\beta)(R_E /\!/ R_L)$,所以 $A_u \approx 1$。电压放大倍数为 1 并且为正值,说明输出电压

与输入电压大小相等,且相位相同。由此,射极输出器也称为射极跟随器。

(2) 输入电阻 R_i
$$R_i = R_B // [r_{be} + (1+\beta)(R_E // R_L)] \approx R_B // \beta(R_E // R_L) \quad (5-25)$$

式中:R_B 和 $\beta(R_E // R_L)$ 都较大,因此射极输出器的输入电阻很高,可达几千欧至几百千欧。

(3) 输出电阻 R_o 由于射极输出器输出电压能跟随输入电压,当输入电压保持不变时,输出电压也保持不变,由此可见,负载电阻对输出电压的影响很小,说明射极输出器带负载的能力很强。前面已经讨论过,只有输出电阻很小时,放大电路带负载的能力才很强。由此可见,射极输出器的输出电阻是很小的。通常,射极跟随器的输出电阻在几十欧至几百欧范围内。为降低输出电阻,可以选用电流放大系数较大的三极管。

2) 射极输出器的应用

综上分析,射极输出器的特点是:电压放大倍数约等于1,输出电压和输入电压同相位,输入电阻高,输出电阻低。射极输出器虽然没有电压放大作用,但仍然有电流放大能力,常用在功率放大电路中。

(1) 用做输入级 在要求高输入电阻的放大电路中,常把射极输出器作为输入级,因为它的输入电阻很高,从信号源中索取的电流较小,有利于信号的传输。

(2) 用做输出级 射极输出器的输出电阻很低,用它作为多级放大电路的输出级,带负载能力很强。

(3) 用做中间隔离级 利用射极输出器输入电阻高、输出电阻低的特点,将它作为多级放大电路的中间级,以隔离前后级之间的相互影响,在电路中起阻抗变换的作用,由此也可以称为缓冲级。

5.2.4 多级放大电路

单级放大电路的放大倍数有限。为了得到足够大的增益或考虑输入电阻和输出电阻等特殊要求,实用的放大电路通常有几级基本单元电路连接起来组成多级放大电路。图 5-42 所示为多级放大电路的框图。通常把与信号源相连接的第一级放大电路称为输入级,与负载相连接的末级放大电路称为输出级,输入级与输出级之间的放大电路称为中间级。输入级与中间级的位置处于多级放大电路的前几级,故又称为前置级。前置级一般都属于小信号工作状态,主要进行电压放大;输出级是大信号放大,以提供足够大的信号功率给负载,常采用功率放大电路。

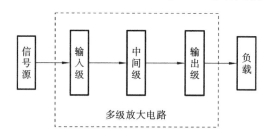

图 5-42 多级放大电路的框图

1. 多级放大电路的耦合方式

在多级放大电路中,级与级之间的连接称为耦合。常见的耦合方式有直接耦合、阻容耦合、变压器耦合、光电耦合等。

1) 直接耦合

直接耦合是指将前一级的输出端直接连接到后一级的输入端的耦合方式。直接耦合的优点是：电路简单，既能放大交流信号，又能放大直流信号；但各级的静态工作点相互影响，存在"零点漂移"现象。这里所说的零点漂移是指如果将直接耦合放大电路的输入端短路，即输入为零，其输出端应有一定的直流电压，即静态输出电压，但是实际输出电压却是偏离此静态值而上下波动。在引起工作点漂移的外接因素中，工作温度变化引起的漂移最严重，称之为温漂。放大电路的静态工作点受温度的影响而上下波动，由于直接耦合电路可以放大缓慢变化的信号，因此前一级静态工作点的波动就会被后级放大电路当成信号而被逐级放大，使最后一级的输出偏离了原始值。零点漂移会造成有用信号的失真，严重时，有用信号将被零点漂移所淹没，使人们无法辨认是漂移电压还是有用信号电压。要想抑制温漂，提高抗干扰能力，可把多级放大电路的输入端接成差分电路。

2) 阻容耦合

将放大电路的前级输出端通过电容元件接到后级输入端，这种方式称为阻容耦合方式。阻容耦合放大电路各级之间的直流通路互不相通，各级的静态工作点相互独立，电路分析和调试较简单。而且，只要输入信号的频率较高，耦合电容元件的容量较大，前级的输出信号就可以几乎没有衰减地传递到后级的输入端。因此，阻容耦合在分立元件电路中应用很广泛。但是阻容耦合的低频特性较差，不能放大变化缓慢的信号和直流信号。

3) 变压器耦合

将放大电路前级的输出端通过变压器接到后级的输入端或负载电阻上，这种方式称为变压器耦合。

变压器耦合前后级靠磁路耦合，放大电路的静态工作点相互独立，便于分析、设计和调试。但是它的低频特性差，不能传递直流和变化缓慢的信号；且笨重，不能集成。与前两种耦合方式相比，变压器耦合的最大的特点是可以实现阻抗变换，因而在分立元件功率放大电路中得到广泛应用。

4) 光电耦合

光电耦合是以光信号为媒介来实现电信号的耦合和传递的，光电耦合主要用于耦合开关信号，因其抗干扰能力强而得到广泛的应用。

2. 多级放大电路的性能估算

(1) 多级放大电路的电压放大倍数等于各级电压放大倍数的乘积，即

$$A_u = A_{u1} A_{u2} \cdots A_{un} \tag{5-26}$$

计算每级的放大倍数时，下一级的输入电阻应该作为上一级的负载来考虑。

(2) 多级放大电路的输入电阻就是由第一级求得的，考虑到后一级影响的输入电阻，即

$$R_i = R_{i1}$$

(3) 多级放大电路的输出电阻就是由末级求得的输出电阻，即

$$R_o = R_{on}$$

【任务实施】

任务名称	汽车电子电压调节器的设计与制作
任务目标	1. 了解汽车电压调节器的作用 2. 熟悉电压调节器的工作原理 3. 掌握电压调节器的装接与检测方法
设备器材	电气试验台(含可调直流稳压电源)、电子元器件、万能焊接板、焊接工具、万用表、焊锡丝及松香和导线，20 W/12 V 小灯泡

实操内容、步骤与方法	检查记录
1. 工作准备：了解晶体管电压调节器的结构及工作原理 汽车交流发电机电压调节器有：触点式电压调节器、晶体管电压调节器、集成电路调节器和电脑控制调节器。目前，在汽车上广泛使用的是电子式电压调节器。 电子式电压调节器的结构简单，工作可靠，故障少；射频干扰小；使用寿命长。只要电路设计合理，电子元器件性能过关，再具备一些保护措施，电子式电压调节器的使用寿命将会大大提高。 电子式电压调节器的种类很多，现在介绍一种晶体管电压调节器。 图 5-43 所示为一种外搭铁式晶体管电压调节器的电路图。它由三只电阻 R_1、R_2、R_3，两只三极管 VT_1、VT_2，一只稳压二极管 VS 和一只普通二极管 VD 组成。 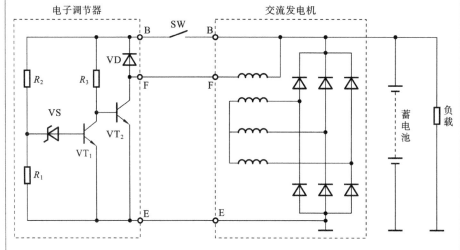 图 5-43 晶体管电压调节器 1) 调节器电路中各元件的主要作用 (1) 电阻 R_1 和 R_2 组成一个分压器，分压器 R_1、R_2 两端的电压为发电机电压 U_{BE}，R_1 上分得的电压为 $$U_{R_1} = \frac{U_{BE}R_1}{R_1+R_2}$$ U_{R_1} 通过 VT_1 的发射结加到稳压管 VS 上，使稳压管承受反向电压。 (2) 稳压管 VS 用来感受发电机的电压变化，当发电机的电压达到调节电压时(如桑塔纳为 13.5～14.8 V)，VS 被反向击穿而导通；当发电机电压低于调节电压时，VS 截止，无电流通过。	

（3）VT_1 是小功率三极管（NPN 型），用来放大控制信号，VS 反向击穿时，VT_1 有基极电流并使 VT_1 饱和导通。

（4）VT_2 是大功率三极管（NPN 型），与发电机的励磁绕组串联，起开关作用，用来接通与切断发电机的励磁电路。

（5）VD 是续流二极管，在 VT_2 截止时，即励磁绕组由接通转为断开状态时，线圈中产生的自感电动势（F 端为"＋"，B 端为"－"）经二极管 VD 构成放电回路，防止三极管 VT_2 被击穿损坏。

（6）电阻 R_3 既是 VT_2 的偏置电阻，又是 VT_1 的负载电阻。

2）晶体管电压调节器的工作原理

闭合点火开关 SW，当发电机不工作和低速运转时，发电机电压 U_B 低于蓄电池电压，分压器电阻 R_1 上的电压 U_{R_1} 不能使稳压管 VS 击穿导通，VT_1 截止。而大功率三极管 VT_2 在偏置电阻 R_3 的作用下饱和导通，励磁绕组电路接通。此时励磁回路的电流路径为：蓄电池正极→励磁绕组→调节器 E 接线柱→三极管 VT_2→调节器 E 接线柱→搭铁→蓄电池负极。该阶段发电机他励，其电压随转速升高而升高。随着发电机电压的升高，只要蓄电池电动势＜发电机输出电压 U_B＜调节上限时，VT_1 继续截止，VT_2 继续导通，励磁绕组仍然有电流，电流流向同上，但此时发电机进行自励发电并对外供电。

当发电机电压升高到等于调节上限 U_2 时，调节器开始工作。分压电阻 R_1 上的电压较高，VS 被击穿而导通，使 VT_1 饱和导通，VT_2 因此而截止，励磁回路被切断，发电机输出电压迅速下降。

当发电机电压下降到等于调节下限 U_1 时，电阻 R_1、R_2 分压减小，VS 截止，VT_1 随之截止，VT_2 又导通，励磁回路被重新接通，发电机电压上升。

发电机电压升到调节上限时，VT_2 就截止，励磁回路被切断，输出电压下降；降到等于调节下限 U_1 时，励磁回路被接通，发电机电压又上升。如此周而复始，将发电机输出电压控制在一定范围内，而不随发电机的转速的升高而升高。

配装外搭铁式晶体管调节器的发电机的输出电压上限 U_2 和下限 U_1 的差值很小，所以发电机的输出电压波动非常小，再加上电容的滤波，所以发电机的输出电压很稳定。

内搭铁式晶体管调节器原理电路与外搭铁式类似，所不同的是晶体管采用 PNP 型，励磁绕组的连接与外搭铁式不一样。

2. 晶体管电压调节器设计

参考电路如图 5-44 所示，元件型号及参数如下。

元件参数：C—1.3 μF/25 V；VD—1N4001；R_1—100 Ω；R_2（可变电阻）—200 Ω；R_3—200 Ω；R_4—2.2 kΩ；SW—点火开关；VT_1、VT_2—9013N 型三极管；VS—2CW15 稳压二极管。

1）电压调节器制作（参考步骤）

(1) 用万用表对所有的电子元器件进行检测，选配元件。

(2) 根据电路图，在万能焊接板上合理分布元件位置，将元件装插在万能板上。

(3) 电路焊接。焊接元件，并用导线将各元件进行连接。

(4) 连接好后检查一遍，确认无误后，通电测试。

实操内容、步骤与方法	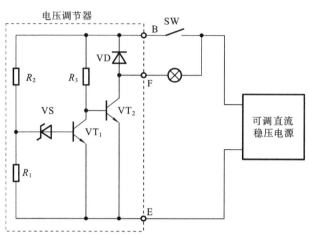 图 5-44 实验参考电路 2）电压调节器工作调试 （1）用可调直流稳压电源（输出电压 0～30 V，电流为 5 A），一只 12 V、20 W 的汽车灯泡代替发电机励磁绕组，进行试验。 （2）调节直流稳压电源，使其输出电压从零逐渐升高，灯泡逐渐由暗转亮，当电压升高到 14 ± 0.5 V 时，灯泡应该立即熄灭，再调节稳压电源，使电压逐渐降低，灯泡又重新变亮，说明电压调节器工作正常。 当电压超过调节电压时，试灯仍不熄灭，说明电压调节器有故障，不能起调节作用；如果灯泡一直不亮，也说明电压调节器有故障，不能接通励磁电路。
任务总结	

【任务拓展】

1．想一想

（1）放大电路中的直流电源的作用是什么？

（2）影响放大电路零点漂移的最主要因素是什么？

（3）三极管的发射极和集电极能否交换使用？为什么？

2．做一做

（1）用万用表判断三极管的管脚和管型。

（2）找出三极管在汽车闪光器、前照灯、电喇叭、点火系统、电子继电器、电压调节器、雨刮器、报警显示、仪表驱动等电路应用中的例子。

任务5.3　集成运算放大器的检测与运用

【任务描述】

识别集成电路；了解集成电路的装接方法；了解集成运算放大器的作用；掌握集成运算放大器组成的基本运算电路的应用；了解电压比较器的特性与应用方法。

【任务分析】

1．知识目标

（1）了解集成电路的基本知识及集成电路的装接方法。

（2）掌握集成运算放大器基本运算电路的应用。

（3）掌握电压比较器的应用。

2．能力目标

（1）能识别集成电路及其引脚排列规则，了解其装接方法。

（2）熟悉集成运算放大器基本运算电路的计算和测量。

（3）了解电压比较器在汽车电路中的应用。

【知识准备】

5.3.1　基本知识

1．初识集成电路

1）集成电路及其分类

集成电路是利用半导体的制造工艺，将整个电路中的元器件制作在一块半导体基片上，封装后构成特定功能的电路块。集成电路通常用IC(integrated circuit)表示。集成电路按集成度来分，可以分为普通集成电路和中规模、大规模、超大规模集成电路；按处理的信号来分，可分为模拟集成电路和数字集成电路。

2）集成电路引脚序列的判定法则

集成电路的引脚比较多，引脚均匀分布，外形一般是长方形的。功率大的集成电路带散热片,小信号集成电路没有散热片。

汽车中的集成电路常用的外形有三种:单列直插式、双列直插式、四方扁平式,如图 5-45 所示。集成电路引脚的识别要先找标记,这些标记较为明显,通常有:凹坑、缺口、缺角、色点、孔、半圆等。

对于单列直接插式 IC 的脚位识别:靠近标志处的为 1 脚,按从左到右的顺序数,如图 5-45(a)所示。若无任何 1 脚的标记,就将印有型号的一面正对自己,且引脚朝下、最左端引脚为 1 脚,依次往后数。对于双列直插式和四方扁平式的脚位识别:有标志处对应的作为 1 脚,再按逆时针方向数,如图 5-45(b)、(c)所示。

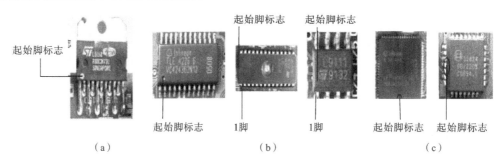

图 5-45 常见集成电路的外形即引脚识别
(a) 单列直插式 (b) 双列直插式 (c) 四方扁平封装

前面介绍的集成电路均为引脚正向(即逆时针方向)分布的集成电路,为最常见的引脚分布方向。还有一种情况(很少)是引脚反向分布的,即引脚从右至左依次分布,或从左上端第一脚为 1 脚,顺时针方向依次分布各引脚,与引脚正向分布的集成电路规律恰好相反。

引脚正、反向分布可以从集成电路型号上加以区别,例如 HA1366W 引脚为正向分布,HA1366WR 引脚为反向分布,型号的后缀中有一个大写字母 R,则表明其引脚是反向排列的,它们的电路结构以及性能参数都相同,只是引脚排列相反,所以使用时要细心。

2. 集成运算放大器的认识

集成运算放大电路(简称集成运放)是一种电子器件,它采用一定的制造工艺,将大量半导体三极管、二极管、电阻、电容等元件及它们的连线制作在一小块单晶硅芯片上,使之具有一定功能的电子电路。集成运放最初多用于各种模拟信号的运算上,其名称由此而来,虽然现在对集成运放的应用远远超出了运算的范围,但至今仍保留这个名字。集成运放按用途分类有通用型和专用型;按其供电电源分类有双电源集成运算放大器和单电源集成运算放大器两类。

1) 集成运放的结构特性

集成运算放大器的组成如图 5-46 所示,由输入级、中间电压放大级、输出级和偏置电路等组成。

输入级一般采用差分电路,以降低零点漂移,抑制干扰;中间级是集成运放的主放大级,其作用是提高电压增益,它可由一级或多级放大电路组成;输出级大多采用互补对称放大电路,以提供较大的功率和负载能力。偏置电路的作用是为集成运放的各级提供合适的静态工作点。集成运放的内部相当复杂,但作为使用者则只关注它的外特性。总之,集成运放的特点是:电压放大倍数很高,输入电阻非常大,输出电阻很低,零点漂移很小,既能放大交流信号又能放大直流信号。

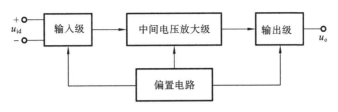

图 5-46 集成运算放大器的组成

2) 集成运放的电路符号

集成运放的电路符号如图 5-47(a)所示,图中的"▷"表示信号的传输方向,"∞"表示理想条件,两个输入端中,N 称为反向输入端,用符号"-"表示,说明如果输入信号由此加入,由它产生的输出信号与输入信号反相;P 称为同向输入端,用符号"+"表示,说明如果输入信号由此加入,由它产生的输出信号与输入信号同相。

大多数集成运放需要两个直流电源供电,图 5-47(b)中由集成运放引出的两个端子分别接正电源 $+U_{CC}$ 和负电源 $-U_{EE}$,一般 $U_{CC} = U_{EE}$,运算放大器的参考地就是两个电源的公共接地端。

由以上分析可知,集成运放最少应有上述五个引脚,由于功能结构的不同,有的集成运放还有几个供专门用途的引脚。

3) 集成运算放大器的理想化条件及传输特性

集成运放输出电压与输入电压(即同相输入端与反向输入端之间的差值电压)之间的关系曲线称为电压传输特性。

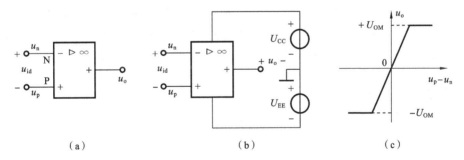

图 5-47 集成运算放大器电路符号及直流电源接法和传输特性
(a) 电路符号 (b) 运算放大器直流电源接法 (c) 运算放大器的电压传输特性

对正、负两路电源供电的集成运放,其电压传输特性如图 5-47(c)所示,从特性曲线上可以看出,集成运放有线性放大区域(称为线性区,是曲线中倾斜的一段)和饱和区(称为非线性区,在曲线中两端的水平段)两大部分。在线性区,曲线的斜率为电压放大倍数;在非线性区,输出电压只有两种可能的情况:"$+U_{OM}$"或"$-U_{OM}$"。

由于集成运放没有引入外部反馈,而且放大的对象是差模信号,因此把它的放大倍数称为差模开环电压放大倍数,记作 A_{od},因而集成运放工作在线性区时,存在

$$u_o = A_{ud} u_{id} = A_{ud}(u_p - u_n) \tag{5-27}$$

通常情况下,集成运放的差模开环电压放大倍数 A_{od} 很高,可达 $10^4 \sim 10^7$,因而集成运放电压传输特性中的线性区是很窄的。例如集成运放正、负电源的电压为 12 V,则集成运放的饱和输出电压最大也只是 $\pm U_{OM} = \pm 12$ V,设 $A_{ud} = 5 \times 10^5$,那么输入电压只有 $|u_p - u_n| =$

$24~\mu V$时,电路才工作在线性区。也就是说,如果输入两端的电压差的绝对值大于$24~\mu V$,集成运放就进入非线性区,其输出电压不是"+12 V",就是"-12 V"。在实际应用中,为了扩大线性区,集成运放往往接入负反馈电路。

理想化的运算放大器称为理想运算放大器,其理想化条件如下。

(1) 开环差模电压放大倍数为无穷大,即 $A_{ud} \to \infty$。

(2) 差模输入电阻为无穷大,即 $r_{id} \to \infty$。

(3) 输出电阻为零,即 $r_o \to 0$。

(4) 共模抑制比为无穷大,即 $K_{CMR} \to \infty$。

实际的集成运放工作在线性状态时的各项指标与理想运放非常接近,因此在实际应用中,可将实际运放看成理想运放,以简化分析。

集成运放在线性应用时的两个重要概念:"虚短"和"虚断"。

① 同相输入端电位约等于反相端电位 在集成运放线性工作时,因 $A_{ud} \to \infty$,而输出电压u_o为有限值,则有$u_p - u_n \approx 0$,即$u_p \approx u_n$,此时可将集成运放两输入端看成短路,但又不是真正的短路,因此称为"虚短"。

② 同相输入端和反相输入端电流约为零 这是由于集成运放输入电阻$r_{id} \to \infty$,因此可以认为两个输入端的电流为零,即 $i_p = i_n \approx 0$,两个输入端可以看成断路,但又不是真正的断路,因此称为"虚断"。

5.3.2 基本运算电路

集成运放接入适当的反馈电路就可构成各种运算电路,主要有比例运算电路,加、减法运算电路,微分、积分运算电路等。由于集成运放开环增益很高,所以它构成的基本运算电路均为深度负反馈电路,集成运放两输入端之间满足"虚短"和"虚断",根据这两个特点很容易分析各种运算电路。

1. 比例运算电路

实现输出信号与输入信号有一定比例关系的运算电路称为比例运算电路。比例运算电路有两种,即反相比例运算电路和同相比例运算电路。

1) 反向比例运算电路

反相比例运算电路如图5-48所示。输入信号u_i经R_1加至集成运放的反相输入端;R_f为反馈电阻,将输出电压u_o反馈至反相输入端,形成深度的电压并联负反馈。电阻R_2称为平衡电阻,其作用是使集成运放的两输入端对地直流电阻相等,从而避免运放输入偏置电流在两输入端之间产生附加的差模输入电压,$R_2 = R_1 // R_F$。以下的叙述中,用符号"u_+"表示同相输入端电压,"u_-"表示反相输入端电压,用符号"i_+"表示同相输入端电流,"i_-"表示反相输入端电流。

由输入端"虚断"可得

$$i_- = i_+ \approx 0$$

由两输入端"虚短"可得

$$u_- \approx u_+ \approx 0$$

此种情形也称"虚地"。

由虚断可得关系式
$$i_1 \approx i_F$$
将输入、输出电压代入上式,有
$$\frac{u_i - u_-}{R_1} = \frac{u_- - u_o}{R_F}$$
即
$$\frac{u_i - 0}{R_1} = \frac{0 - u_o}{R_F}$$
故可得输出电压与输入电压的关系式为
$$u_o = -\frac{R_F}{R_1} u_i \tag{5-28}$$

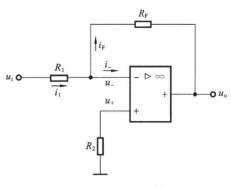

图 5-48 反相比例运算电路

可见,输出电压 u_o 与输入电压 u_i 成比例运算关系,负号表示 u_o 与 u_i 相位相反,其比例关系(亦即放大倍数)为
$$A_{uf} = \frac{u_o}{u_i} = -\frac{R_F}{R_1} \tag{5-29}$$

式(5-29)表明,放大比例由电阻元件 R_F 和 R_1 的阻值确定,与集成运放的参数无关,改变 R_F 与 R_1 的阻值之比,可使 u_o 与 u_i 获得不同的放大倍数,可以大于1,也可以小于1。

2) 同向比例运算电路

同相比例运算电路如图 5-49(a)所示。输入信号 u_i 经 R_2 加至集成运放的同相输入端;R_F 为反馈电阻,将输出电压 u_o 反馈至反相输入端,形成深度的电压串联负反馈;电阻 R_2 称为平衡电阻,$R_2 = R_1 \parallel R_F$。

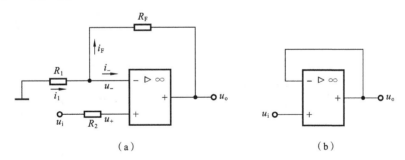

(a) (b)

图 5-49 同相比例运算电路
(a) 同相比例运算电路 (b) 电压跟随器

由输入端"虚断"可得 $i_- \approx 0$,所以有
$$i_1 \approx i_F$$
将输入、输出电压代入上式,有
$$\frac{0 - u_-}{R_1} \approx \frac{u_- - u_o}{R_F}$$
由两输入端"虚短"得到 $u_- \approx u_+ \approx u_i$,并代入上式得到 u_o 与 u_i 的关系为
$$u_o = \left(1 + \frac{R_F}{R_1}\right) u_i \tag{5-30}$$

电压放大倍数为

$$A_{uf}=\frac{u_o}{u_i}=1+\frac{R_F}{R_1} \quad (5\text{-}31)$$

式(5-30)表明，同相比例放大电路输出电压与输入电压同相位，而且放大倍数大于1，如果取 $R_1=\infty$，或 $R_F=0$，则 $A_{uf}=1$，此时 $u_o=u_i$，这种电路称为电压跟随器，如图5-49(b)所示。

2．加减运算电路

1）加法运算电路

加法运算电路是实现几个输入信号求和功能的电路。几个输入信号加到反相输入端就形成了反相加法运算电路，几个输入信号加到同相输入端就形成了同相加法运算电路。这里只介绍反相加法运算电路，图5-50所示为反相输入加法运算电路，输入信号 u_{i1} 和 u_{i2} 分别通过 R_1 和 R_2 加至集成运放的反相输入端。平衡电阻 $R_3=R_1/\!/R_2/\!/R_F$。

同相输入端虚地，可得 $u_-\approx u_+\approx 0$，又由虚断可知

$$i_1+i_2\approx i_F$$

$$\frac{u_{i1}}{R_1}+\frac{u_{i2}}{R_2}\approx\frac{-u_o}{R_F}$$

故可求的输出电压为

$$u_o=-\left(\frac{R_F}{R_1}u_{i1}+\frac{R_F}{R_2}u_{i2}\right) \quad (5\text{-}32)$$

式(5-32)表明，电路实现了反相加法运算。如果 $R_1=R_2=R_F$，则

$$u_o=-(u_{i1}+u_{i2})$$

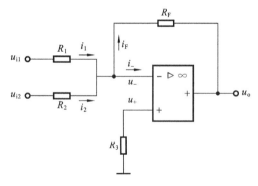

图5-50 反相输入加法运算电路

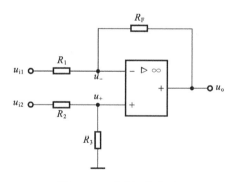

图5-51 减法运算电路

2）减法运算电路

减法运算电路如图5-51所示。输入信号 u_{i1} 和 u_{i2} 分别加至集成运放的反相输入端和同相输入端，这种形式的电路也称为差分运算电路。

根据叠加定理，可以分别求出 u_{i1} 和 u_{i2} 对输出的贡献，最后将它们单独作用的输出信号相加。首先让 u_{i1} 单独作用。令 $u_{i2}=0$，此时电路成为反相比例运算电路，其输出电压为

$$u_{o1}=-\frac{R_F}{R_1}u_{i1}$$

再令 $u_{i1}=0$，求 u_{i2} 单独作用。这时的电路变成一同相比例运算电路，其输出电压为

$$u_{o2}=\left(1+\frac{R_F}{R_1}\right)u_+=\left(1+\frac{R_F}{R_1}\right)\frac{R_3}{R_2+R_3}u_{i2}$$

由此可求得总输出电压为

$$u_o = u_{o1} + u_{o2} = -\frac{R_F}{R_1}u_{i1} + \left(1+\frac{R_F}{R_1}\right)\frac{R_3}{R_2+R_3}u_{i2} \quad (5\text{-}33)$$

如果 $R_1=R_2, R_F=R_3$，则有

$$u_o = \frac{R_F}{R_1}(u_{i2}-u_{i1}) \quad (5\text{-}34)$$

如果 $R_1=R_2=R_3=R_F$，则有

$$u_o = u_{i2}-u_{i1} \quad (5\text{-}35)$$

3. 微分与积分运算电路

1) 微分运算电路

图 5-52 所示为微分运算电路，输入信号通过电容元件接入运放的反相端，直流平衡电阻 $R_2=R_F$。

根据运放的反相端虚地 $u_- \approx u_+ \approx 0$，可得

$$i_1 = C_1\frac{du_i}{dt}, \quad i_F = -\frac{u_o}{R_F}$$

由输入端"虚断"可得 $i_- \approx 0$，则有 $i_1 \approx i_F$，输出电压 u_o 为

$$u_o = -R_F C_1 \frac{du_i}{dt} \quad (5\text{-}36)$$

式中：$R_F C_1$ 为电路的时间常数。

输出电压与输入电压对时间的微分成正比，实现了微分运算。

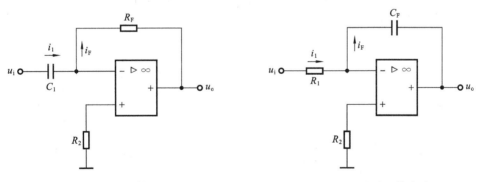

图 5-52　微分运算电路　　　　图 5-53　积分运算电路

2) 积分运算电路

将微分电路中的电阻元件与电容元件互换位置就构成了积分电路，如图 5-53 所示。

可得

$$i_1 = \frac{u_i}{R_1}, \quad i_F = -C_F\frac{du_o}{dt}$$

由于 $i_1 \approx i_F$ 因此，输出电压 u_o 为

$$u_o = -\frac{1}{R_1 C_F}\int u_i dt \quad (5\text{-}37)$$

式中：$R_1 C_F$ 为电路的时间常数。

式(5-37)表明，输出电压 u_o 为输入电压 u_i 对时间的积分，负号表示它们在相位上是相

反的。

当输入信号为阶跃信号时,若 $t=0$ 时刻电容元件上的电压为零,则输出波形如图 5-54(a)所示,为一线性变化的斜坡电压,其最大值受集成运放输出电压 U_{OM} 的限制;当输入信号波形为方波和正弦波时,输出电压波形分别如图 5-54(b)、(c)所示。

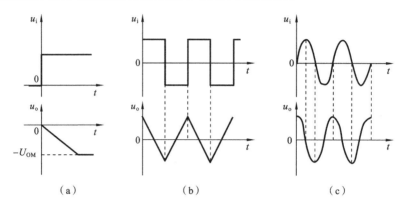

图 5-54 积分运算电路在不同输入信号的输出波形
(a) 输入为阶跃信号 (b) 输入为方波 (c) 输入为正弦波

4. 集成运放在汽车电子电路中的应用举例

1) 进气压力传感器电路

在汽车电喷发动机中,用来测量进气量的进气压力传感器就是由压敏电阻和集成运放制成的。这种传感器被美国通用、日本丰田等汽车公司广泛采用。图 5-55 所示为压敏电阻式进气压力传感器的结构和电路。

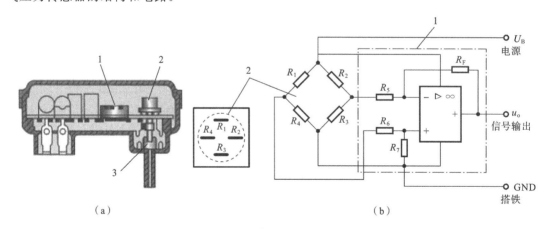

图 5-55 进气压力传感器电路
(a) 结构 (b) 电路
1—集成电路;2—压力传感器;3—滤波器

该传感器有一个通气口与进气管相通,进气压力通过该口加到压力转换元件上。压力转换元件是在硅膜片上利用集成电路工艺制作的四个阻值相等的电阻,称为硅杯。当硅杯两侧存在压力差时,硅膜片产生形变,四个应变电阻的阻值发生变化,电桥失去平衡,输出与膜片两侧压力差成正比的电压。这个电压通常较小,需要进一步放大。由图 5-55 所示电路可知,电桥输出的信号作为集成运放的差分输入信号,再经集成运放放大后输出。该电路也称为电桥信号放大电路。该进气压力传感器与进气温度传感器制成一体,它的外形如图 5-56 所示。

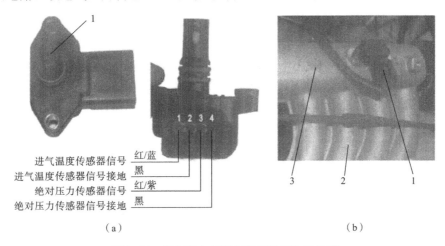

图 5-56 进气压力与温度传感器实物及位置
（a）接线图　（b）在汽车上的位置
1—进气压力与温度传感器;2—进气歧管;3—进气管膨胀箱

2）光电测量电路

图 5-57 所示的光电测量电路是汽车自动空调控制系统中用作检测日照量的传感器信号放大电路,光电二极管、光电三极管或其他光电器件能够将光信号转变为电信号。

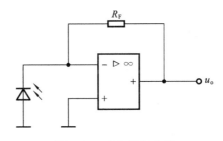

图 5-57　光电测量电路

在无光照的情况下,光电二极管的反向电流很小。有光照时,二极管有光电流流过,光的照度越大,光电流就越大,经过集成运放后,输出电压 $u_o = iR_F$。

5.3.3　电压比较器

电压比较器的基本功能是对两个输入电压进行比较,并根据比较结果输出高电平或低电平。电压比较器通常利用集成运放构成,在集成运放的两个输入电压中,一个是基准电压,另一个是被比较的输入电压。当两个电压不相等时,集成运放的输出电压不是"$+U_{OM}$"就是"$-U_{OM}$"（这是双电源供电的情形,若是单电源供电,集成运放的输出电压是"$+U_{OM}$"或"0"）。在汽车电路中,电压比较器广泛应用于信号测量、越限报警等电路中。

电压比较器是集成运放非线性应用的典型电路,它可分为单门限电压比较器和滞回电压比较器两类。本书只讨论单门限电压比较器。

1. 单限电压比较器

最简单的电压比较器为过零比较器。图 5-58(a)所示为反相输入过零比较器,图中同相端电压为零,即参考电压 $U_{REF}=0$,待比较的输入电压 u_i 从集成运放反相端加入。由于集成运放工作在开环状态,电压放大倍数非常大,所以,只要 u_i 不等于零,集成运放就是饱和输出。也就是说,当 $u_i<0$ 时,集成运放输出正的最大值,即高电平输出 U_{OM};当 $u_i>0$ 时,集成运放输出负的最大值,即低电平输出 $-U_{OM}$。其电压传输特性如图 5-58(a)所示。由于运算放大器输出状态是在 $u_i=0$ 时刻发生状态翻转的,因此把 5-58(a)所示电路称为过零电压比较器。

如果在集成运放的同相端接一个参考电压源 U_{REF},待比较的输入电压 u_i 就与参考电压 U_{REF} 比较,如图 5-58(b)所示。与上述过零比较器的分析一样,当 $u_i<U_{REF}$ 时,运放输出正的最大值 U_{OM};当 $u_i>U_{REF}$ 时,运放输出负的最大值"$-U_{OM}$"。电压传输特性如图 5-58(b)所示。由图 5-58(b)可见,它的电压传输特性曲线是把过零比较器的电压传输特性曲线向右移动了 U_{REF} 一段距离。通常,把比较器输出电平发生跳变时的输入电压称为门限电压,用 U_T 表示,可见图 5-58(b)所示电路的 $U_T=U_{REF}$。由于 u_i 从反相端输入且只有一个门限,故称反相输入单限电压比较器。

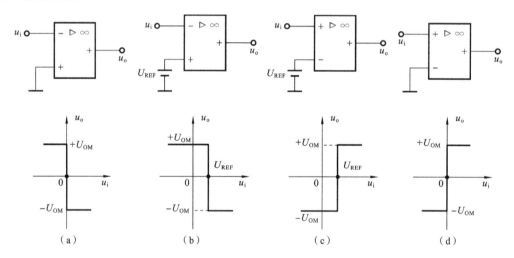

图 5-58 电压比较器及其传输特性

如果待比较的输入电压 u_i 接到同相端,参考电压 U_{REF} 接在运算放大器的反向端,即构成同相输入单限电压比较器,如图 5-58(c)所示为它的电路图和传输特性。

图 5-58(d)所示为参考电压 $U_{REF}=0$ 的同相输入比较器,亦称同相输入过零比较器,它的电压传输特性如图 5-58(d)所示。

如果电压比较器输出的电压高于实际要求,可以在其输出端接稳压管,以限定输出高低电平幅度。图 5-59 所示为同相输入稳压管限幅输出单限电压比较器,R 为稳压管限流电阻,同时与稳压管配合实现稳压作用,此时输出的最大值即为稳压管的稳压值。

2. 几种典型的电压比较器

电压比较器可将模拟信号转换为二值信号,即只有高电平和低电平两种状态的离散信号。因此,可用电压比较器作为模拟电路和数字电路的接口电路。集成电压比较器比集成运放的开环增益低,失调电压大,共模抑制比小,但是集成电压比较器有响应速度快,传输延迟时间短

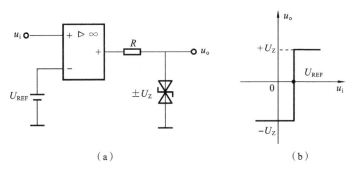

图 5-59 同相输入稳压管限幅输出单限电压比较器
(a) 电路 (b) 传输特性

的优点,因此也得到广泛应用。

电压比较器按一个器件上含有电压比较器的个数,可分为单、双和四电压比较器;按功能可分为通用型、高速型、低功耗型、低电压型和高精度型。还有其他的几种分法。

1) LM741

LM741 是双电源单集成运算放大器,它是美国国家半导体公司的产品,国内的相同型号是 F741。引脚如图 5-60 所示。LM741 是双列直插式封装的八引脚器件,可以做放大器,也可以做电压比较器。它的转换速率为 $0.7 \text{ V}/\mu\text{s}$,响应时间约 $30 \mu\text{s}$。7 脚接正电源,4 脚接负电源,在放大交流信号时接负电位信号,以保证信号的完整性,在汽车电路中做放大器或电压比较器时直接接地。3 脚是同相输入端,2 脚是反相输入端,6 脚是放大器的输出端,1、5 脚是放大交流信号时电路的调零端,在汽车电路中不用。8 脚是空脚。

2) LM324

LM324 双电源四集成运算放大器也是美国国家半导体公司的产品,国内的相同型号是 F324。引脚如图 5-61 所示。它可以做放大器,也可以做电压比较器。内部是四个独立的运算放大器,可以单独使用。注意,不管用其中的几个运算放大器,LM324 都要接电源。

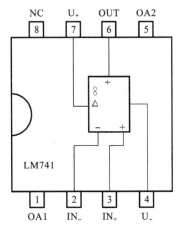

图 5-60 LM741 引脚图

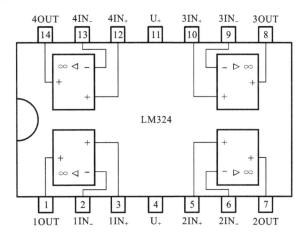

图 5-61 LM324 引脚图

3) LM339

LM339 单电源四比较器也是美国国家半导体公司的产品,国内的相同型号是 F339。引脚如图 5-62 所示。由于采用了集电极开路的输出方式,使用时允许将各比较器的输出端直接连在一起,因此可以方便地用 LM339 内两个比较器组成双限比较器。

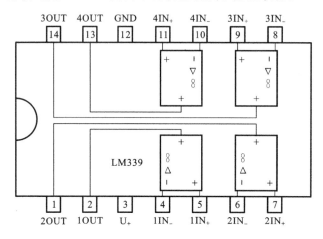

图 5-62 LM339 引脚图

3. 电压比较器在汽车电子电路中的应用举例

1)实现波形转换

汽车发动机磁电式转速传感器输出的信号为近似的正弦波,如图 5-63 所示,经过零比较器变换为矩形波形式的数字信号,供计算机控制发动机的工况使用。这种比较器的优点是电路结构简单、灵敏度高,缺点是抗干扰能力差。

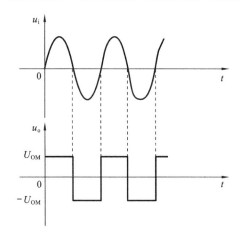

图 5-63 过零比较器实现波形变换

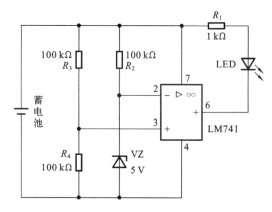

图 5-64 蓄电池电压过低报警电路

2)蓄电池电压过低报警

图 5-64 所示为某一蓄电池电压过低报警电路,电路由集成运放 LM741、稳压管、发光二极管和电阻元件组成。稳压管 VZ 与电阻 R_2 组成基准电压电路,向比较器提供 5 V 的基准电压。阻值相等的电阻元件 R_1 和 R_2 组成分压电路,中间点作为电压检测点,此点的电压送往集成运放的同相端,与基准电压进行比较。当蓄电池电压高于 10 V 时,比较器同相输入端的电位高于反相端的基准电位,比较器输出高电平 12 V,发光二极管反偏,因此不发光,表示电压正常;当蓄电池电压低于 10 V 时,中间点电压低于 5 V,反相端的基准电压高于同相端的检

测电压,输出为低电平,发光二极管正偏导通而发光,指示电压过低。

3) 集成运放在电子控制汽油喷射装置中的应用

图 5-65 所示为集成运放在电子控制燃油喷射装置中的应用。电子控制燃油喷射装置是用计算机控制发动机所需要的燃油量,以保证发动机在各种工况下混合气的空燃比都在规定的范围之内的控制单元。带有氧传感器的电子控制燃油喷射装置能够实现燃油喷射的闭环控制。其中的氧传感器可通过对排气成分中含氧量的检测,确定可燃混合气体的浓度是否偏离理论最佳值,并反馈给控制单元自动修正供油量。在浓混合气体燃烧时(小于空燃比理论最佳值),排气中的氧消耗殆尽,氧传感器几乎不产生电压;在稀混合气体燃烧时(大于空燃比理论最佳值),排气中含有一部分多余的氧气,氧传感器产生大约 1 V 的电压;电压比较器将氧传感器产生的电压信号与基准电压进行比较,控制单元根据比较器的输出信号作出判断,确定是否增减喷油量。

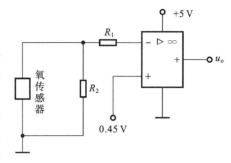

图 5-65 电子控制燃油喷射装置中集成运放的应用

电子控制燃油喷射装置设定基准电压为 0.45 V,当氧传感器信号电压大于基准电压时,比较器输出 0 V,控制单元认为混合气过稀,增加喷油量;当氧传感器信号电压小于基准电压时,比较器输出 5 V,控制单元认为混合气过浓,减小喷油量。这样,通过控制单元的调节,使混合气的比例维持在理论最佳值附近,从而提高排气的净化效果。

【任务实施】

任务名称	蓄电池电压过低报警电路的制作		
任务目标	1. 了解汽车中蓄电池应用的电压范围,低压报警方式 2. 熟悉蓄电池电压过低报警电路的结构和工作原理 3. 掌握集成运放非线性应用的方法		
设备器材	电气试验台(含可调直流稳压电源)、集成运放、电位器、电阻、稳压管和发光二极管、面包板、万用表及电路装接工具、蓄电池、蜂鸣器、模拟电路实验箱		
实操内容及步骤	1. 资讯 (1) 了解汽车用蓄电池能正常使用的电压范围,电压低于多少就不能使用,需充电。 (2) 蓄电池电压过低报警常见的方式是怎样的? 2. 报警电路的选取 (1) 推荐的参考电路如图 5-66 所示。 (2) 分析参考电路的工作原理。 3. 电路制作(参考操作步骤) (1) 制作。 ① 蓄电池可用什么代替。	测量结果记录	检查记录

实操内容及步骤	
图 5-66 参考电路 ② 蓄电池电压变化用什么方法控制(参考方法:用可调直流电源或使用电位器分压接法方式)。 ③ 基准电压的确定:根据蓄电池报警时的电压值确定基准电压,选定稳压管。 (2) 元器件检测与装配。 (3) 电路调试及故障检修。	
任务总结	

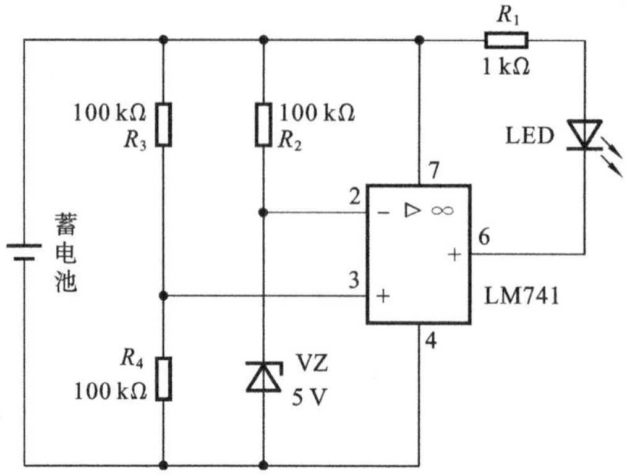

【任务拓展】

1. 想一想

(1) 当集成运放处在什么状态时,可运用虚短和虚断的概念?

(2) 对于放大电路,所谓开环指的是什么?

(3) 引入负反馈后,对放大电路放大倍数有何影响?

2. 做一做

(1) 在实训室找几个集成运放,了解其引脚功能和供电方式。

(2) 用集成运放组成积分运算和微分运算电路,并进行测试。

(3) 设计一个使用集成运放的电路,把正弦波信号变换成方波信号。

项目6 汽车数字电路的分析与运用

【项目导入】

目前,汽车技术正在以不可想象的速度发展。汽车已经进入到千家万户,人们对汽车的依赖和要求也在不断提高。要提高汽车的安全性能、舒适方便程度,汽车的智能化、网络化和汽车电子成了汽车发展的方向,特别是数字电路更是全面应用于汽车领域。本项目介绍数字电路的相关基础知识和数字电路在汽车方面的应用。

任务6.1 基本逻辑门电路的分析与运用

【任务描述】

了解数字电路;掌握数制之间的转换;能够理解逻辑门电路和常用的复合逻辑关系;通过学习逻辑函数表示法,会用不同表示法分析电路功能;理解 TTL 与非门电路的工作原理;通过学习,掌握逻辑门在汽车电子的应用情况。

【任务分析】

1. 知识目标

(1) 熟悉各种数制之间的转换及与、或、非三种门电路。
(2) 掌握真值表、逻辑图、波形图、卡诺图表示方法。
(3) TTL 集成门电路和工作原理分析。
(4) 数字电路在汽车电子中的应用情况。

2. 能力目标

能够熟练应用逻辑函数表示法分析逻辑门电路的功能。

【知识准备】

6.1.1 数字电路

1. 数字信号与数字电路

电子电路所处理的电信号可以分为两大类,一类是其数值随时间的变换而连续变换的信号,这一类信号称为模拟信号,如图 6-1 所示,如模拟语言的音频信号、模拟温度变换的电压信号等都属于模拟信号。另一类信号的数值随时间的变换是断续的、离散的,这一类信号称为数字信号,如图 6-2 所示,如计时装置的时基信号、灯光闪烁等信号都属于数字信号。传送和处理数字信号的电路称为数字电路。因为任何一个数字电路的输出信号与输入信号之间都存在一定的逻辑关系,所以数字电路又称数字逻辑电路或逻辑电路。

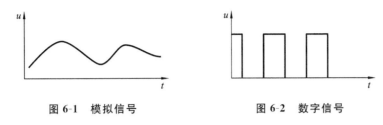

图 6-1　模拟信号　　　　　　图 6-2　数字信号

2. 数字电路的特点

数字电路与模拟电路相比,数字电路主要有以下优点。

(1) 成本低廉,通用性强　数字电路结构简单,体积小,通用性强,集成化高,容易制造,可大批量生产,因而成本低廉。

(2) 工作可靠,稳定性好　数字电路中的电子器件工作在开关状态,对于一个给定的输入信号,输出总是相同的。而模拟电路的输出会很容易受外界温度及器件老化等因素的影响。

(3) 高速度,低功耗　随着集成电路工艺的发展,集成电路中单管的速度可以做到低于 10^{-11} s,超大规模集成芯片的功耗可低达几个毫瓦。

(4) 加密性好,可长期保存　数字电路的信息采用二进制数进行存储、处理和传输,具有很好的保密性和存储性。

(5) 易于设计,具有可编程性　数字电路只要能可靠地区分"0"和"1"两种状态就可正常工作,故分析和设计相对容易。同时,用户可根据需要,用硬件描述语言(如 VHDL 等)完成设计和仿真后写入芯片,具有较强的灵活性。

6.1.2　数制与码制

1. 数　制

在日常生活中,我们习惯采用十进制,而数字电路中的基本工作信号是数字信号,只能表示"0"和"1"两个基本数字。因此,在数字系统中进行数字的运算和处理时,常用二进制、八进制和十六进制。

1) 十进制数

十进制是以 10 为基数的计数体制,常用下标 10 或符号 D 来表示,其进位规则是"逢十进一"。

十进制采用十个基本数码:0、1、2、3、4、5、6、7、8、9,任何数值都可以用上述十个数码按一定规律排列起来表示。0~9 十个数可以用一位基本数码表示,10 以上的数则要用两位以上的数码来表示,这样每一位数码处于不同的位置时,它代表的数值是不同的,即不同的数位有不同的位权。例如,十进制 2014 代表的数值可表示为

$$(2014)_{10}=2\times10^3+0\times10^2+1\times10^1+4\times10^0$$

每位的位权分别为 $10^3, 10^2, 10^1, 10^0$。

对于一个十进制数来说,从最低位开始,位权依次为 $10^0, 10^1, 10^2, \cdots, 10^n$,每一位数码所表示的数值等于该数码(称为该位的系数)乘以该位的位权,每一位的系数和位权的乘积称为该位的加权系数。任意一个 N 位十进制正整数所表示的数值,等于其各位加权系数之和,可表示为

$$(N)_{10} = k_{n-1} \times 10^{n-1} + k_{n-2} \times 10^{n-2} + \cdots + k_1 \times 10^1 + k_0 \times 10^0 + k_{-1} \times 10^{-1} + k_{-2} \times 10^{-2}$$
$$+ \cdots + k_{-m} \times 10^{-m}$$
$$= \sum_{i=0}^{n-1} k_i \times 10^i$$

式中:N 为十进制数;k_i 为第 i 位的系数,可取 0,1,2,3,4,5,6,7,8,9;10^i 为第 i 位的位权,10 为进位基数;m、n 为正整数,n 为整数部分的位数,m 为小数部分的位数。例如

$$(356.27)_{10} = 3 \times 10^2 + 5 \times 10^1 + 6 \times 10^0 + 2 \times 10^{-1} + 7 \times 10^{-2}$$

2) 二进制数

二进制数是以 2 为基数的计数体制,常用下标 2 或符号 B 来表示。只有 0 和 1 两个数码,它的每一位都可以用电子元件来实现,且运算规则简单,相应的运算电路也容易实现。其计数规律是"逢二进一",即 $1+1=10$。

任何一个二进制数的三要素展开式都可写成

$$(N)_2 = (N)_B = \sum_{-m}^{n-1} k_i \times 2^i$$

例如

$$(101.01)_B = 1 \times 2^2 + 0 \times 2^1 + 1 \times 2^0 + 0 \times 2^{-1} + 1 \times 2^{-2}$$

3) 八进制数

八进制数是以 8 为基数的计数体制,常用下标 8 或符号 O 来表示。有 0,1,2,3,4,5,6,7 共八个不同的数码,其计数规律是"逢八进一",即 $7+1=10$。

任何一个八进制数的三要素展开式都可写成

$$(N)_8 = (N)_O = \sum_{-m}^{n-1} k_i \times 8^i$$

例如

$$(367.15)_O = 3 \times 8^2 + 6 \times 8^1 + 7 \times 8^0 + 1 \times 8^{-1} + 5 \times 8^{-2}$$

4) 十六进制数

十六进制数是以 16 为基数的计数体制,常用下标 16 或符号 H 来表示。有 0,1,2,3,4,5,6,7,8,9,A,B,C,D,E,F 共十六个不同的数码,其中 A,B,C,D,E,F 依次相当于十进制数中的 10,11,12,13,14,15。十六进制的计数规律是"逢十六进一",即 $F+1=10$。

任何一个十六进制数的三要素展开式都可写成

$$(N)_{16} = (N)_H = \sum_{-m}^{n-1} k_i \times 16^i$$

例如

$$(6D8.A)_H = 6 \times 16^2 + 13 \times 16^1 + 8 \times 16^0 + 10 \times 16^{-1}$$

2. 数制转换

1) 各种数制的数转换为十进制数

二进制数、八进制数、十六进制数转换成十进制数时,只要将它们按权展开,求出各加权系数的和,便得到相应进制数对应的十进制数。

2) 十进制数转换为二进制数

将十进制数的整数部分转换为二进制数采用"除 2 取余法",它是将整数部分逐次被 2 除,

依次记下余数,直到商为零。第一个余数为二进制数的最低位,最后一个余数为最高位。

例如:将十进制数$(107)_{10}$转换成二进制数。

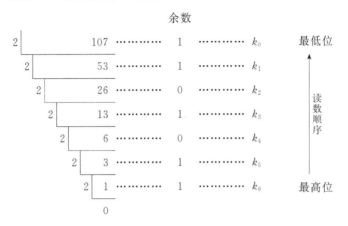

所以,$(107)_{10}=(k_6k_5k_4k_3k_2k_1k_0)_2=(1101011)_2$。

3) 二进制数转换为八进制数

二进制数转换为八进制数的方法是:整数部分从低位开始,每三位二进制数为一组,最后不足三位的,则在高位加"0"补足三位为止;小数点后的二进制数则从高位开始,每三位二进制数为一组,最后不足三位的,则在低位加"0"补足三位,然后用对应的八进制数来代替,再按顺序排列写出对应的八进制数。

例 6-1 将二进制数$(11100101)_2$转换为八进制数。

解 $(11100101)_2=(345)_8$

4) 八进制数转换为二进制数

将每位八进制数用三位二进制数来代替,再按原来的顺序排列起来,便得到了相应的二进制数。

例 6-2 将八进制数$(745)_8$转换成二进制数。

解 $(745)_8=(111100101)_2$

5) 二进制数转换为十六进制数

从低位开始每四位二进制数为一组,最后不足四位在前面加"0"补足,然后用对应的十六进制数代替,再按顺序写出对应的十六进制数。

例 6-3 将二进制数$(10011111011)_2$转换为十六进制数。

解 $(10011111011)_2=(4FB)_{16}$

6) 十六进制数转换为二进制数

将每位十六进制数用四位二进制数来代替,再按原来的顺序排列起来便得到了相应的二进制数。

例 6-4 将十六进制数$(3BE5)_{16}$转换成二进制数。

解 $(3BE5)_{16}=(11101111100101)_2$

3. 码制

数码不但可以用来表示数量的大小,还可以用来表示不同的事物。当用数码作为代号表示不同的事物时,称这个数码为代码。一定的代码有一定的规则,这些规则称为码制。给不同事物赋予一定代码的过程称为编码。

在日常生活中,人们习惯于十进制代码,而数字系统只能对二进制代码进行处理,这就需要用4位二进制数来表示一位十进制数,这种用来表示十进制数的4位二进制代码称为二-十进制代码,简称BCD码。由于4位二进制数有16种组合方式,可任选其中10种来表示0至9这10个数码,因此编码方案很多。常见的BCD码有8421码、余3码、2421码、5211码、循环码等,表6-1所示为几种常见的BCD码。其中8421码、2421码、5211码为有权码,即每一位的1都代表固定的值。

表6-1 几种常见的BCD码

编码种类 十进制数	8421码	余3码	2421码	5211码	循环码
0	0000	0011	0000	0000	0010
1	0001	0100	0001	0001	0110
2	0010	0101	0010	0100	0111
3	0011	0110	0011	0101	0101
4	0100	0111	0100	0111	0100
5	0101	1000	1011	1000	1100
6	0110	1001	1100	1001	1101
7	0111	1010	1101	1100	1111
8	1000	1011	1110	1101	1110
9	1001	1100	1111	1111	1010
权	8421		2421	5211	

8421码是BCD码中使用最多的一种有权码,其权值由高到低依次为8、4、2、1,故称8421BCD码。如$(139)_D=(0001\ 0011\ 1001)_{8421}$。

余3码不是有权码,由于它按二进制数展开后的十进制数比所表示的对应十进制数大3。如0101表示的是2,其展开十进制数为5,故称为余3码。采用余3码的好处是:利用余3码做加法时,如果所得之和为10,恰好对应二进制16,可以自动产生进位信号。如0110(3)+1010(7)=10000(13);另外,0和9,1和8,2和7…是互为反码,这对于求补很方便。

2421码是有权码,其每位的权为2,4,2,1。如$(1100)_2=1×2+1×4=6$,与余3码相同,0和9,1和8,2和7…是互为反码。另外,当任何两个这样的编码值相加等于9时,结果中的4个二进制码一定都是1111。

5211码也是有权码,其每位的权为5,2,1,1。如$(0111)_2=1×2+1×1+1×1=4$,主要用在分频器上。

6.1.3 基本逻辑门电路

在数字电路中,门电路是最基本的逻辑元件,它的应用极为广泛。这里"门"是指一种开关,在一定条件下,它允许信号通过;条件不满足,信号就通不过。因此,门电路的输入信号和输出信号之间存在一定的逻辑关系,所以门电路又称为逻辑门电路。基本逻辑门电路有"与"

门、"或"门和"非"门。

在逻辑电路中,电平的高低是相互对立的逻辑状态,可用逻辑"0"和逻辑"1"分别表示。通常,用逻辑"1"表示高电平,用逻辑"0"表示低电平。

1. 二极管与门电路

图 6-3(a)所示为二极管与门电路,输入端为 A 与 B,输出端为 Y,图 6-3(b)所示为与门逻辑符号。

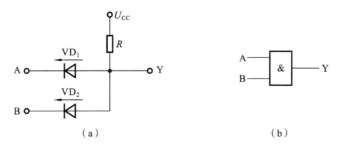

图 6-3 二极管与门电路及与门逻辑符号
(a) 二极管与门电路 (b) 与门逻辑符号

(1) 当输入端 A 与 B 均为低电平时,二极管 VD_1 与 VD_2 均导通。若将二极管视为理想开关,则输出端 Y 为低电平。

(2) 当输入端 A 与 B 中有一个为低电平时,设 A 端为低电平,B 端为高电平,则二极管 VD_1 导通,VD_2 截止,输出端 Y 为低电平。

(3) 当输入端 A、B 均为高电平时,二极管 VD_1 与 VD_2 均截止,输出端 Y 为高电平。

从中可以看出,电路的输入信号只要有一个为低电平,输出便是低电平,只有输入全为高电平时,输出才是高电平,即实现与逻辑功能,其逻辑表达式为 Y=AB,其逻辑功能为"有 0 出 0,全 1 出 1"。

2. 二极管或门电路

图 6-4(a)所示为二极管或门电路,图 6-4(b)所示为或门逻辑符号。"或"门的输入端只要有一个为"1",输出就为"1"。比如只有 A 端为"1"(设其电位为 5V),则 A 端的电位比 B 端高。电流从 A 经 VD_1 和 R 流向电源负端(地),VD_1 优先导通,Y 端电位为 5 V,输出端 Y 为"1"。Y 端电位比输入端 B 高,则 VD_2 因承受反向电压而截止。如果两个输入端均为"1",当然输出端 Y 为"1"。只有当两个输入端全为"0"时,输出端 Y 才为"0",两管都截止。"或"逻辑关系可

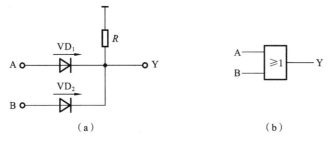

图 6-4 二极管或门电路及或门逻辑符号
(a) 二极管或门电路 (b) 或门逻辑符号

表示为 Y＝A＋B。

3. 三极管"非"门电路

三极管"非"门电路利用三极管的开关特性,也称反相器。图 6-5(a)所示为三极管非门电路,图 6-5(b)所示为非门的逻辑符号。

当输入端 A 为"1"(设其电位为 5 V)时,三极管饱和导通,其集电极,即输出端 L 为"0"(其电位在零伏附近);当 A 为"0"时,三极管截止,输出端 L 为"1"(其电位近似等于 U_{CC})。非逻辑关系可表示为 L＝$\overline{A}$。

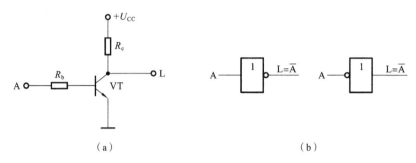

图 6-5　三极管非门电路及非门逻辑符号
(a)三极管非门电路　(b)非门逻辑符号

6.1.4　常用的复合逻辑关系

数字电路中除了与、或、非三种基本的逻辑关系外,还有五种常用的复合逻辑关系,分别是与非、或非、与或非、异或、同或。这五种复合逻辑关系都是由三种基本逻辑运算组合而成,下面分别介绍它们的逻辑表达式、真值表和逻辑符号。

1. 与非运算

与非运算是与运算和非运算组合在一起的复合逻辑运算,即先进行与运算,再进行非运算,表 6-2 所示为与非运算真值表。

表 6-2　与非运算真值表

A	B	Y
0	0	1
0	1	1
1	0	1
1	1	0

由真值表可以看出,与非运算的逻辑功能是:"有 0 出 1,全 1 出 0",其逻辑表达式为

$$Y=\overline{AB}$$

实现与非逻辑运算的逻辑电路称为与非门电路,图 6-6 所示为与非门逻辑符号。

2. 或非运算

或非运算是或运算和非运算组合在一起的复合逻辑运算,表 6-3 所示为或非运算真值表。

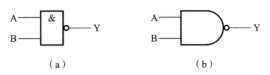

图 6-6　与非门逻辑符号

(a) 国标符号　(b) 特异形符号

表 6-3　或非运算真值表

A	B	Y
0	0	1
0	1	0
1	0	0
1	1	0

由真值表可以看出,或非运算的逻辑功能是:"有 1 出 0,全 0 出 1",其逻辑表达式为

$$Y=\overline{A+B}$$

实现或非运算的逻辑电路称为或非门电路,图 6-7 所示为或非门逻辑符号。

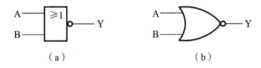

图 6-7　或非门逻辑符号

(a) 国标符号　(b) 特异形符号

3. 与或非运算

与或非运算是与运算、或运算和非运算组合在一起的复合逻辑运算,表 6-4 所示为与或非运算真值表。

表 6-4　与或非运算真值表

A	B	C	D	Y	A	B	C	D	Y
0	0	0	0	1	1	0	0	0	1
0	0	0	1	1	1	0	0	1	1
0	0	1	0	1	1	0	1	0	1
0	0	1	1	0	1	0	1	1	0
0	1	0	0	1	1	1	0	0	0
0	1	0	1	1	1	1	0	1	0
0	1	1	0	1	1	1	1	0	0
0	1	1	1	0	1	1	1	1	0

由真值表可以看出,与或非运算的逻辑功能是:"每组与运算中至少有 1 个输入端为 0 时出 1,至少有 1 组输入端全为 1 时出 0"。其逻辑表达式为

$$Y=\overline{AB+CD}$$

实现与或非运算的逻辑电路称为与或非门电路,图 6-8 所示为与或非门逻辑符号。

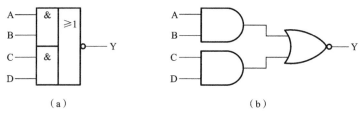

图 6-8　与或非门逻辑符号

(a)国标符号　(b)特异形符号

4. 异或运算

异或运算是只有两个输入变量的逻辑运算。异或运算的逻辑关系是:当两个输入信号相同时,输出为 0;而当两个输入信号不同时,输出为 1。表 6-5 所示为异或运算真值表。

表 6-5　异或运算真值表

A	B	Y
0	0	0
0	1	1
1	0	1
1	1	0

由真值表可以看出,异或运算的逻辑功能为:"异出 1,同出 0"。其逻辑表达式为

$$Y = A \oplus B = \overline{A}B + A\overline{B}$$

式中,符号"⊕"表示 A、B 间的异或运算。实现异或运算的逻辑电路称为异或门电路。图 6-9 所示为异或门逻辑符号。

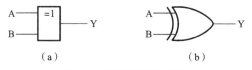

图 6-9　异或门逻辑符号

(a)国标符号　(b)特异形符号

5. 同或运算

同或运算同样只有两个输入变量。同或运算的逻辑关系是:当两个输入信号相同时,输出为 1;而当两个输入信号不同时,输出为 0。表 6-6 所示为同或运算真值表。

表 6-6　同或运算真值表

A	B	Y
0	0	1
0	1	0
1	0	0
1	1	1

由真值表可以看出,同或运算的逻辑功能为:"同出 1,异出 0"。比较表 6-6 和表 6-5 可以看出,同或运算和异或运算的逻辑功能完全相反,即同或运算可由异或运算加非运算组合而成,反之如此。其逻辑表达式为

$$Y=A\odot B=\overline{A}\overline{B}+AB=\overline{A\oplus B}=\overline{\overline{A}B+A\overline{B}}$$

式中符号"⊙"表示 A、B 间的同或运算。实现同或运算的逻辑电路称为同或门电路。图 6-10 所示为同或门逻辑符号。

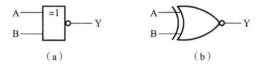

图 6-10　同或门逻辑符号
(a) 国标符号　(b) 特异形符号

6.1.5　逻辑函数的表示法

常用逻辑函数的表示可采用真值表、逻辑表达式、逻辑电路图、波形图和卡诺图等方法。

1. 真值表

逻辑真值表简称真值表,是反映输入逻辑变量的所有取值组合与输出函数值之间对应关系的表格。

由于每个输入逻辑变量的取值只有 0 和 1 两种,因此,n 个输入变量有 2^n 种不同的取值组合。真值表具有唯一性,即如果两个逻辑函数的真值表相同,则表示两个逻辑函数相等。

图 6-11 所示为控制楼道照明的开关电路。两个单刀双掷开关 A 和 B 分别安装在楼上和楼下。上楼之前,在楼下开灯,上楼后关灯;反之,下楼之前,在楼上开灯,下楼后关灯。设开关 A、B 合向左侧时为 0 状态,合向右侧时为 1 状态;Y=1 时表示灯亮,Y=0 时表示灯灭。Y 与 A、B 逻辑关系如表 6-7 所示。

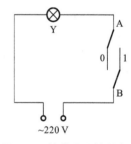

图 6-11　楼道照明控制电路

表 6-7　楼道照明电路真值表

A	B	Y
0	0	1
0	1	0
1	0	0
1	1	1

2. 逻辑表达式

逻辑表达式也称逻辑函数式,是用基本逻辑运算和复合逻辑运算来表示逻辑函数与输入变量之间关系的逻辑代数式。表 6-7 所对应的逻辑表达式为

$$Y=\overline{A}\overline{B}+AB$$

逻辑表达式表示法的主要特点是方便、灵活,但不如真值表直观明了。

3. 逻辑电路图

用基本逻辑门符号和复合逻辑门符号组成的具有某一逻辑功能的电路图称为逻辑电路图,简称逻辑图。将逻辑函数表达式中各逻辑运算用相应的逻辑符号代替,就可画出对应的逻辑图。图 6-12 所示的逻辑电路图表示楼道照明的逻辑表达式。

4. 波形图

反应逻辑函数的输入变量和对应的输出变量随时间变化的图形称为逻辑函数的波形图,也称为时序图。波形图能直观地表达输入变量在不同逻辑信号作用下对应输出信号的变化规律。常常通过计算机仿真工具和实验仪器分析波形图,以检验逻辑电路是否正确。表达式 Y 中输入变量 A、B 取不同值时,可画出 Y 的波形图。图 6-13 所示为楼道照明控制的波形图。

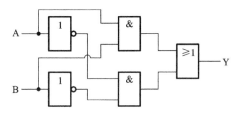
图 6-12　楼道照明的逻辑电路图

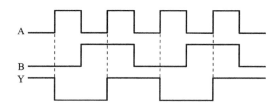
图 6-13　楼道照明控制的波形图

5. 卡诺图表示法

1) 表示最小项的卡诺图

最小项:n 个变量的最小项是 n 个因子的乘积,每个变量都以它的原变量或非变量的形式在乘积项中出现,且仅出现一次。n 变量的最小项应有 2^n 个。例如:设 A、B、C 是 3 个逻辑变量,$\overline{A}BC$、$\overline{AB}C$ 是最小项,而 $\overline{A}B$、$\overline{ABC}\overline{A}$、$A(B+C)$ 不是最小项。

将 n 个变量的全部最小项各用一个小方块表示,并使具有逻辑相邻性的最小项在几何位置上也相邻地排列起来,所得到的图形称为 n 变量最小项的卡诺图。因为这种表示方法是由美国工程师卡诺(Karnaugh)首先提出来的,所以把这种图形称为卡诺图。图 6-14 画出了 2 到 5 变量最小项的卡诺图。

在图两侧标注的 0 和 1 表示使对应小方格内的最小项为 1 的变量取值。同时,这些 0 和 1 组成的二进制数所对应的十进制数也就是对应的最小项的编号。

为了保证图中几何位置相邻的最小项在逻辑上也具有相邻性,这些数码不能按自然二进制数从小到大的顺序排列,而必须按图中的方式排列,以确保相邻的两个最小项仅有一个变量是不同的。

从 2 到 5 变量卡诺图上还可以看到,处在任何一行或一列两端的最小项也仅有一个变量不同,所以它们也具有逻辑相邻性。因此,从几何位置上应当把卡诺图看成是上下、左右闭合的图形。

在变量数大于等于 5 以后,仅仅用几何图形在两维空间的相邻性来表示逻辑相邻性已经不够了。如在 5 变量最小项的卡诺图中,除了几何位置相邻的最小项具有逻辑相邻性以外,以图中双竖线为轴左右对称位置上的两个最小项也具有逻辑相邻性。

2) 卡诺图表示逻辑函数

既然任何一个逻辑函数都能表示为若干最小项之和的形式,那么,自然也就可以设法用卡

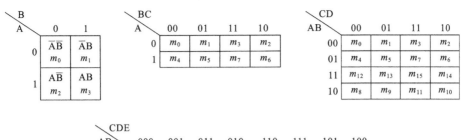

图 6-14　2 到 5 变量最小项的卡诺图

诺图来表示任意一个逻辑函数。具体的方法是首先把逻辑函数化为最小项之和的形式,然后在卡诺图上与这些最小项对应的位置上填入 1,在其余的位置上填入 0,就得到了表示该逻辑函数的卡诺图。也就是任何一个逻辑函数都等于它的卡诺图中填入 1 的那些最小项之和。

6.1.6　TTL 集成逻辑门电路

用二极管、三极管等分立元件组成的门电路,制造成本相当高,而且在数字电路中,门电路用得非常多,如果用分立元件门电路,体积大、焊点多、可靠性差。因此,大多使用集成逻辑门电路。集成逻辑门电路通过特殊的半导体制造工艺,将二极管、三极管、电阻等电子元器件和连线制作在一个很小的硅片上,并封装在壳体中,管壳外面只提供电源、接地、输入、输出线等。集成逻辑门电路具有体积小、功耗小、成本低、可靠性高等一系列优点。

TTL 集成电路的输入端和输出都采用晶体管(三极管),称为晶体管-晶体管逻辑电路,简称 TTL 电路。

本节通过对 TTL"与非"门典型电路的介绍,熟悉 TTL"与非"门的有关参数。

1. 电路结构

图 6-15 所示为一典型 TTL"与非"门电路,按图中虚线分为以下三部分。

(1) 输入级　由多发射极三极管 T_1 和电阻元件 R_1 组成,完成"与非"门的逻辑功能。

(2) 倒相放大级　由 T_2 管和电阻元件 R_2、R_3 组成,它的作用是为后级提供较大的驱动电流,以增强输出级的负载能力,同时 T_2 管的发射极和集电极分别向输出级提供同相和反相的信号,以控制输出级工作。

(3) 输出级　由三极管 T_3、T_4、T_5 和电阻元件 R_4、R_5 组成,T_3 管和 T_4 管为两级射极跟随器,T_5 是倒相器。倒相器和射极跟随器串接,组成推拉式的输出级,以提高 TTL 电路的开关速度和负载能力。

2. TTL"与非"门的工作原理

下面以图 6-15 所示电路来分析"与非"门的逻辑关系,并估算电路中有关点的电位。

当输入端中有一个或几个接低电平时,设输入端 A 接低电平 0.3 V,其余各输入端均接高电平 3.6 V。由于 T_1 管的 b_{1eA} 结率先导通,把基极电位钳位在 1 V 左右,即

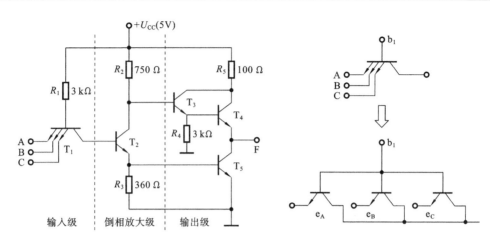

图 6-15 典型 TTL"与非"门电路

$$U_{B1}=U_A+U_{beA}=(0.3+0.7)\text{ V}=1\text{ V}$$

使 T_1 管的其他发射结处于反偏截止状态。由于 $U_{B1}=1$ V,不足以使 T_2、T_5 管导通,故 T_2、T_5 处于截止状态,此时 U_{CC} 通过 R_1 为 T_1 提供的基极电流,有

$$I_{B1}=\frac{U_{CC}-U_{B1}}{R_1}=\frac{5-1}{3}\text{ mA}=1.33\text{ mA}$$

而 T_1 的集电极是通过 T_2 的集电极和 R_2 连接在 U_{CC} 上,故 I_{C1} 仅仅是 T_2 管的反向饱和电流 I_{CBO},可见

$$\beta_1 I_{B1} \gg I_{C1}$$

因而,T_1 管处于深度饱和状态,为

$$U_{ce1}=U_{ces1}=0.1\text{ V}$$

这时,T_1 的基极电流 I_{B1} 几乎全部流至接低电平的输入端 A(A 端的电压为 U_A)。

$$U_{B2}=U_{ce1}+U_A=(0.1+0.3)\text{ V}=0.4\text{ V}$$

由于 $U_{B2}<0.7$ V,所以 T_2、T_5 管截止,使 U_{C2} 的值接近电源电压 $U_{CC}=5$ V,这一电压能推动复合管 T_3、T_4 进入导通状态,T_3 管和 T_4 管的发射结分别具有 0.7 V 的导通压降,所以输出电压 U_F 为高电平,即

$$U_F=U_{CC}-U_{BE4}=(5-0.7-0.7)\text{ V}=3.6\text{ V}$$

当 A、B、C 三个输入端全接高电平(3.6 V)时(见图 6-16),T_1 的基极电位和集电极电位均要升高。当 U_{C1} 上升至 1.4 V 时,T_2、T_5 管的发射结均得到 0.7 V 的导通电压而导通,且处于饱和状态,有

$$U_{C1}=U_{BE2}+U_{BE5}=1.4\text{ V}$$

T_1 管的基极对地有三个 PN 结串联,所以有

$$U_{B1}=U_{BC1}+U_{BE2}+U_{BE5}=2.1\text{ V}$$

由于输入电压 $U_A=U_B=U_C=3.6$ V,使 T_1 管的发射结处于反向偏置状态($U_{BE1}<0$ V),而集电结($U_{BC1}>0$)处于正向偏置,可见 T_1 管工作在倒置状态。T_1 倒置工作时,电流放大系数 $\beta_反$ 很小,一般在 0.01 左右。由于此时 T_1 管的基极电流为

$$I_{B1}=\frac{U_{CC}-U_{B1}}{R_1}=\left(\frac{5-2.1}{3}\right)\text{ mA}\approx 0.97\text{ mA}$$

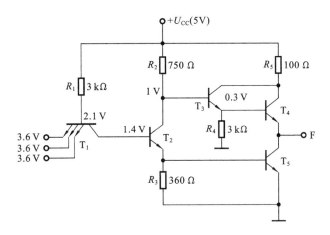

图 6-16 输入全为高电平时的工作情况

则 T_2 管的基极电流 $I_{B2}=I_{C1}=(1+\beta_反)I_{B1}\approx I_{B1}$，此时，只要合理选择 R_1、R_2 便可保证 T_2 管处于饱和状态。

由于 T_2 饱和，$U_{C2}=1$ V，所以 T_3 管导通，则 T_4 管的基极电压为
$$U_{B4}=U_{E3}=U_{C2}-U_{BE3}=(1-0.7)\text{ V}=0.3\text{ V}$$
故 T_4 管截止。

对于 T_5 管，T_4 管是 T_5 管的集电极负载，T_4 管截止使 T_5 管的集电极电流近似为 0，但 T_5 管的基极还有 T_2 管发射极送来的相当大的基极电流，即可满足 $\beta I_{B5}\gg I_{C5}$，所以 T_5 管处于深度饱和状态，从而使输出电压 $U_F=U_{CE5}=0.3$ V，即输出低电平。

综合上述两方面的结果可知，图 6-15 所示的电路具有"与非"功能。

6.1.7 基本逻辑门电路在汽车电气与电子中的运用

多谐振荡器是一种接通电源后，能够自动产生一定频率和一定幅度的矩形脉冲的自激振荡器。它有两个暂稳态，不需要外加触发信号就能产生一系列的矩形脉冲，在数字电子线路中常作为脉冲信号源。下面介绍由逻辑门电路组成的无稳态多谐振荡器，它由两个非门和反馈延时电路组成(见图 6-17)，其工作原理如下。

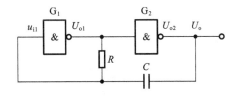

图 6-17 多谐振荡器电路

1. 第一暂态及自动翻转过程

设在电源接通瞬间，电容 C 尚未充电，电路初始状态为第一暂态，即 U_{o1} 为高电平"1"，U_{o2} 为低电平"0"，此时 U_{o1} 的高电平经过电阻 R 到 U_{o2} 对电容 C 进行充电，随着充电时间的增加，u_{i1} 的电压值不断上升，当 u_{i1} 达到 G_1 门的阈值电压 U_{TH} 时，U_{o1} 变为低电平"0"，U_{o2} 变为高电平"1"，其正反馈为

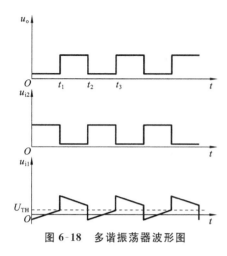

图 6-18 多谐振荡器波形图

$$u_{i1}\uparrow \to U_{o1}\downarrow \to U_{o2}\uparrow \to u_{i1}\uparrow$$

这一正反馈过程能够使 G_1 门迅速导通,G_2 门迅速截止,电路进入第二暂态,即 $U_{o1}=0$,$U_{o2}=1$。

2. 第二暂态及自动翻转过程

如图 6-18 所示,电路进入第二暂态瞬间,U_{o2} 由"0"上跳变为 $+U_{CC}$(电路的电源电压),由于电容 C 上的电压不能突变,那么,u_{i1} 的上跳幅度也是 $+U_{CC}$,随着电容 C 经过电阻 R 放电,使 u_{i1} 电压下降,当 u_{i1} 下降到小于 G_1 门的阈值电压 U_{TH} 时,G_1 门输出端 U_{o1} 变为高电平"1",G_2 门输出端 U_{o2} 变为低电平"0",其正反馈过程为

$$u_{i1}\downarrow \to U_{o1}\uparrow \to U_{o2}\downarrow \to u_{i1}\downarrow$$

这一正反馈过程能够使 G_1 门迅速截止,G_2 门迅速导通,电路又返回第一暂态,即 $U_{o1}=1$,$U_{o2}=0$。

3)输出脉冲振荡周期

当 G_1 门的阈值电压 $U_{TH}=\dfrac{U_{CC}}{2}$ 时,振荡周期为

$$T\approx 1.4RC$$

多谐振荡器在汽车电路中多用于报警、定时和雨刮电路。

【任务实施】

任务名称	基本逻辑门电路实验		
任务目标	1. 验证常用门电路的逻辑功能 2. 了解常用的集成电路 74LS 系列门电路的引脚分布		
设备器材	直流稳压电源,数字实验箱(台),集成与门电路(74LS08),集成或门电路(74LS32),集成与非门电路(74LS00)		
实操内容、步骤与方法	1. 与门功能测试 将集成电路 74LS08(管脚排列见图 6-19)插入 IC 空插座中,输入端接开关,输出端接 LED 发光二极管,管脚 14 接 +5 V 电源,管脚 7 接地,即可进行实验。将结果用逻辑"0"或"1"来表示,并填入表 6-8 中。 2. 或门功能测试 将集成电路 74LS32(管脚排列见图 6-20)插入 IC 空插座中,输入端接开关,输出端接 LED 发光二极管,管脚 14 接 +5 V 电源,管脚 7 接地。将结果用逻辑"0"或"1"来表示,并填入表 6-8 中。 3. 与非门功能测试 将集成电路 74LS00(管脚排列见图 6-21)插入 IC 空插座中,输入端接开关,输出端接 LED 发光二极管,管脚 14 接 +5 V 电源,管脚 7 接地。	测量结果记录	检查记录

将结果用逻辑"0"或"1"来表示,并填入表6-8中。

4. 或非门功能测试

将集成电路74LS00和74LS32插入IC空插座中,输入端接开关,输出端接LED发光二极管,管脚14接+5 V电源,管脚7接地。将结果用逻辑"0"或"1"来表示,并填入表6-8中。

表6-8 门电路逻辑功能表

输入		输出			
		与门	或门	与非门	或非门
B	A	$Q=AB$	$Q=A+B$	$Q=\overline{AB}$	$Q=\overline{A+B}$
0	0				
0	1				
1	0				
1	1				

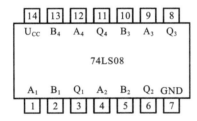

图6-19 74LS08 4-2输入与门管脚排列

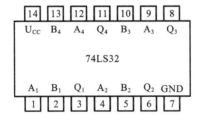

图6-20 74LS32 4-2输入或门管脚排列

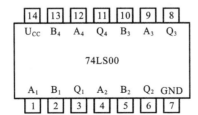

图6-21 74LS00 4-2输入与非门管脚排列

续表

实操内容、步骤与方法	注意事项： （1）TTL门电路的输入端若不接信号，则视为高电平；在拔插集成电路时，必须切断电源； （2）在实验时，当输入端改接连线时，不得在通电情况下进行操作；需先切断电源，改接连线完成后，再通电进行实验；输出端一般不需作保护处理。	
任务总结		

【任务拓展】

1. 想一想

（1）什么是数字电路？数字电路有什么特点？

（2）试将与非门、或非门、异或门用作反相器使用，门电路输入端应如何连接？

2. 做一做

（1）观察汽车上使用门电路的主要设备。

任务6.2　组合逻辑电路的分析与运用

【任务描述】

学会组合逻辑电路的分析和设计方法；通过了解编码器、译码器、数据选择器和分配器，会设计简单的电子电路。

【任务分析】

1. 知识目标

（1）熟悉组合逻辑电路的分析、设计步骤。

(2) 掌握一般编码器、优先编码器的逻辑功能。
(3) 会读逻辑电路的功能表。
(4) 熟悉数据分配器和选择器的逻辑功能。

2. 能力目标

(1) 根据逻辑图,能够分析逻辑图的功能。
(2) 运用组合逻辑电路相关知识,设计简单的多人表决器。

【知识准备】

6.2.1 组合逻辑门电路

1. 组合逻辑电路的分析和设计

在线性电路分析中,电阻、电容和电感等基本元器件的特性可分为两类:电阻器件属于无记忆器件,其端电压与电流之间具有简单的线性比例关系,电压增大电流便增大,电压消失电流便消失;而电容和电感则属于记忆器件,其端电压和电流之间不是简单的线性关系,而是微分、积分关系,即当前时刻的响应不仅跟当前的激励有关系,还跟加在器件上的激励过程有关。

类似地,数字逻辑电路可分为两类:组合逻辑电路和时序逻辑电路。组合逻辑电路中不包含记忆单元(触发器、锁存器等),主要由任务 6.1 中介绍的逻辑门电路构成,电路在任何时刻的输出只和当前时刻的输入有关,而与以前的输入无关。时序电路则是指包含了记忆单元的逻辑电路,其输出不仅跟当前电路的输入有关,还和输入信号作用前电路的状态有关。本任务首先介绍组合逻辑电路,时序逻辑电路则在任务 6.4 中详细介绍。

通常组合逻辑电路可以用图 6-22 组合逻辑电路框图所示结构来描述。其中,$X_0, X_1, \cdots, X_n$ 为输入信号,$L_0, L_1, \cdots, L_m$ 为输出信号。输入和输出之间的逻辑函数关系可表示为

$$\begin{cases} L_0 = F_0(X_0, X_1, \cdots, X_n) \\ \vdots \\ L_m = F_m(X_0, X_1, \cdots, X_n) \end{cases}$$

图 6-22 组合逻辑电路框图

从电路结构看,组合逻辑电路具有以下两个特点。

(1) 组合电路由门电路构成,不包含任何记忆元件。
(2) 电路中的信号传递是树结构形式,电路中不包含反馈回路。

组合逻辑电路可以独立完成各种逻辑功能,在数字系统中应用十分广泛。对组合逻辑电路的研究通常有两条相反的思路:组合电路的分析是利用逻辑关系对指定的组合电路进行分析,以获知其逻辑功能;组合电路的设计则根据需要设计出符合要求的组合电路,以解决给定的具体问题。

2. 组合逻辑电路的分析方法

组合逻辑电路的分析一般是根据已知逻辑电路图求出其逻辑功能的过程,实际上就是根据逻辑图写出其逻辑表达式、真值表,并归纳出其逻辑功能。

1) 组合逻辑电路的分析步骤

步骤 1 写出逻辑函数表达式。根据给定的逻辑电路图写出每一级输出端对应的逻辑关系表达式,并逐级向下写,直至写出最终输出端的表达式为止。

步骤 2 化简逻辑函数式。如果步骤 1 所得逻辑函数表达式不是最简表达式,可采用公式法或卡诺图法将其化简为最简表达式。

步骤 3 列真值表。列出输入状态与输出状态的真值表。

步骤 4 说明功能。根据真值表或表达式分析出逻辑电路的功能。如有必要,可用文字将逻辑表达式所表示的逻辑功能叙述出来。

2) 组合逻辑电路分析举例

例 6-6 已知组合逻辑电路如图 6-23 所示,请分析其逻辑功能。

解 (1) 由逻辑电路图逐级写出逻辑表达式,得到输入和输出之间函数关系为

$$F=\overline{\overline{AB}\cdot\overline{AC}\cdot\overline{BC}}=AB+AC+BC$$

(2) 该逻辑函数表达式已是最简,不需再化简。由最简函数列出真值表,如表 6-9 所示。

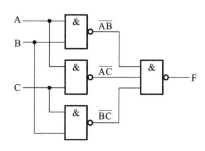

图 6-23 例 6-6 组合逻辑电路

表 6-9 例 6-6 真值表

A	B	C	F	A	B	C	F
0	0	0	0	1	0	0	0
0	0	1	0	1	0	1	1
0	1	0	0	1	1	0	1
0	1	1	1	1	1	1	1

(3) 由真值表分析电路的逻辑功能 由真值表可知,当输入变量 A、B、C 中多数(两个或两个以上)为"1"时,输出为"1";当 A、B、C 中多数(两个或两个以上)为"0"时,输出为"0"。因此该电路逻辑功能可描述为"少数服从多数",或称为三输入表决器。

例 6-7 分析图 6-24 所示组合电路,说明该电路的逻辑功能。

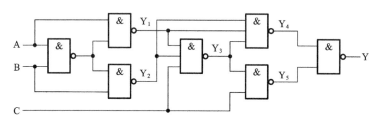

图 6-24 例 6-7 逻辑电路图

解 (1) 由逻辑电路图逐级写出逻辑表达式。为书写方便,引入图 6-24 所示的中间变量 Y_1、Y_2、Y_3、Y_4、Y_5,经过简化处理可得到如下逻辑关系。

$$Y_1=\overline{A\cdot\overline{AB}}=\overline{A\overline{B}}$$

$$Y_2=\overline{B\cdot\overline{AB}}=\overline{\overline{A}B}$$

$$Y_3=\overline{Y_1\cdot Y_2\cdot C}=\overline{\overline{A\overline{B}}\cdot\overline{\overline{A}B}\cdot C}=A\overline{B}+\overline{A}B+\overline{C}$$

$$Y_4=\overline{Y_1\cdot Y_2\cdot Y_3}=\overline{\overline{A\overline{B}}\cdot\overline{\overline{A}B}\cdot(A\overline{B}+\overline{A}B+\overline{C})}=\overline{\overline{A\overline{B}}\cdot\overline{\overline{A}B}\cdot\overline{C}}=A\overline{B}+\overline{A}B+C$$

$$Y_5 = \overline{Y_3 \cdot C} = \overline{(A\overline{B}+\overline{A}B+\overline{C}) \cdot C} = \overline{(A\overline{B}+\overline{A}B) \cdot C}$$

于是

$$Y = \overline{Y_4 Y_5} = \overline{Y_4} + \overline{Y_5} = \overline{\overline{A}\overline{B}+\overline{A}B+C} + (A\overline{B}+\overline{A}B) \cdot C$$
$$= \overline{\overline{A}\overline{B}+\overline{A}B} \cdot \overline{C} + (A\overline{B}+\overline{A}B) \cdot C = (A \oplus B) \cdot C$$

(2) 根据逻辑函数表达式，列出真值表，如表 6-10 所示。

(3) 由真值表可知，输入变量 A、B、C 的取值组合中，当出现奇数个"1"时，输出为"0"；出现偶数个"1"时，输出为"1"。因此，该电路是三变量奇偶校验电路。

表 6-10 例 6-7 真值表

A	B	C	Y	A	B	C	Y
0	0	0	1	1	0	0	0
0	0	1	0	1	0	1	1
0	1	0	0	1	1	0	1
0	1	1	1	1	1	1	0

在例 6-6、例 6-7 中，逻辑函数的输出变量只有一个。对于多个输出变量的组合逻辑电路，分析方法完全相同。需要指出的是，有时逻辑功能很难用几句话表达出来，在这种情况下，列出真值表即可。

3. 组合逻辑电路的设计方法

组合逻辑电路设计主要是将具体的设计要求用逻辑函数加以描述，再用具体的电路加以实现的过程。组合逻辑电路的设计可分为小规模集成电路、中规模集成电路、定制或半定制集成电路的设计。这里主要介绍用小规模集成电路（即用逻辑门电路）来实现组合逻辑电路的功能。

1) 组合逻辑电路的设计步骤

步骤 1 列真值表。根据电路功能的文字描述，将其输入与输出的逻辑关系用真值表的形式列出。

步骤 2 写表达式，并化简。通过逻辑化简，根据真值表写出最简的逻辑函数表达式。

步骤 3 选择合适的门器件，把最简的表达式转换为相应的表达式。

步骤 4 根据表达式画出该电路的逻辑电路图。

2) 组合逻辑电路设计举例

例 6-8 举重比赛中一般有三名裁判，其中一名为主裁判。当有两名以上裁判（其中必须包括主裁判）认为运动员举杠铃成功，则本次试举成绩有效，否则成绩无效。请设计一组合逻辑电路来实现该裁判表决器。

解 (1) 首先根据实际问题作出逻辑规定。用逻辑变量 A、B、C 分别表示三名裁判，其中 A 为主裁判；用逻辑变量 Y 表示运动员试举成绩。裁判发出的成功信号为"1"，不成功信号为"0"；试举成绩有效为"1"，无效为"0"。

(2) 根据逻辑定义和功能要求，可列出真值表，如表 6-11 所示。

表 6-11 例 6-8 真值表

A	B	C	Y	A	B	C	Y
0	0	0	0	1	0	0	0
0	0	1	0	1	0	1	1
0	1	0	0	1	1	0	1
0	1	1	0	1	1	1	1

（3）用图 6-25 所示的卡诺图进行化简,得到简化的逻辑函数为

$$Y = AB + AC$$

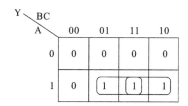

图 6-25 例 6-8 卡诺图

（4）根据简化的逻辑函数画出逻辑电路图,如图 6-26(a)所示。

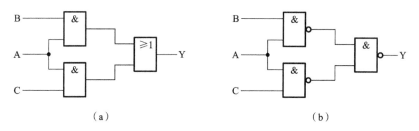

（a） （b）

图 6-26 例 6-8 逻辑电路图
（a）与-或结构 （b）与非-与非结构

（5）若要求设计中全部采用与非门,可将 $Y=AB+AC$ 转化成"与非-与非"式,即

$$Y = AB + AC = \overline{\overline{AB} \cdot \overline{AC}}$$

由此得到的电路如图 6-26(b)所示。

例 6-9 设计用三个开关控制一个电灯的逻辑电路。要求改变任何一个开关的状态都能控制电灯由亮变暗或由暗变亮。三个控制开关用逻辑变量 A、B、C 表示,A、B、C 的值为"1"代表开关闭合,值为"0"代表开关断开;Z 代表电灯的状态,"0"表示灯熄灭,"1"表示灯亮。

解 （1）根据逻辑定义和功能要求,可得到相应的真值表,如表 6-12 所示。

表 6-12 例 6-9 真值表

A	B	C	Z	A	B	C	Z
0	0	0	0	1	0	0	1
0	0	1	1	1	0	1	0
0	1	0	1	1	1	0	0
0	1	1	0	1	1	1	1

(2) 画出卡诺图,如图 6-27 所示。

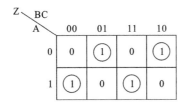

图 6-27 例 6-9 卡诺图

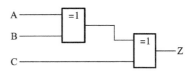

图 6-28 例 6-9 逻辑电路图

(3) 根据卡诺图,可得到该逻辑电路的函数表达式,即

$$Z=\bar{A}BC+\bar{A}B\bar{C}+A\bar{B}\bar{C}+ABC=A\oplus B\oplus C$$

(4) 根据逻辑函数表达式,可画出逻辑电路图,如图 6-28 所示。

6.2.2 编码器

由于数字设备只能处理二进制代码信息,因此对需要处理的任何信息(如数和字符等),必须转换成符合一定规则的二进制代码。编码的过程就是用代码表示特定信息的过程。完成编码功能的逻辑电路称为编码器。常用的编码器有:二进制编码器、二—十进制编码器及优先编码器等。

1. 二进制编码器

二进制编码器是将 2^n 个输入信号转换成 n 个二进制代码输出的逻辑电路。

例 6-10 用与非门设计一个将 8 个输入信号编成二进制代码输出的编码器。

解 (1) 分析设计要求,列出真值表。由题意可知,有 8 个输入信号,用"1"表示有编码请求,用"0"表示无编码请求。根据公式 $2^n \geqslant N$ 可得,输出需要 3 位二进制代码,分别用 Y_2、Y_1、Y_0 表示。真值表如表 6-13 所示。

表 6-13 8 线—3 线编码器真值表

输入								输出		
I_0	I_1	I_2	I_3	I_4	I_5	I_6	I_7	Y_2	Y_1	Y_0
1	0	0	0	0	0	0	0	0	0	0
0	1	0	0	0	0	0	0	0	0	1
0	0	1	0	0	0	0	0	0	1	0
0	0	0	1	0	0	0	0	0	1	1
0	0	0	0	1	0	0	0	1	0	0
0	0	0	0	0	1	0	0	1	0	1
0	0	0	0	0	0	1	0	1	1	0
0	0	0	0	0	0	0	1	1	1	1

(2) 根据真值表写出逻辑表达式。在编码器中,因为某一时刻只能对一个请求编码的输入信号进行编码,否则,输出就会出现混乱,故在根据真值表进行卡诺图化简时,将输入信号中

有2个或2个以上输入信号同时请求编码的取值组合所对应的最小项当做无关项,利用无关项化简得到的最简输出表达式为

$$Y_2 = I_4 + I_5 + I_6 + I_7 = \overline{\overline{I_4} \cdot \overline{I_5} \cdot \overline{I_6} \cdot \overline{I_7}}$$

$$Y_1 = I_2 + I_3 + I_6 + I_7 = \overline{\overline{I_2} \cdot \overline{I_3} \cdot \overline{I_6} \cdot \overline{I_7}}$$

$$Y_0 = I_1 + I_3 + I_5 + I_7 = \overline{\overline{I_1} \cdot \overline{I_3} \cdot \overline{I_5} \cdot \overline{I_7}}$$

(3) 画出逻辑电路图。根据上式画出对应的电路,如图6-29所示。当 $I_1 \sim I_7$ 均取为"0"时,输出 $Y_2 Y_1 Y_0 = 000$,故 I_0 可以不画。该电路共有8个输入端,3个输出端,故称为8线—3线编码器。

2. 二—十进制编码器

二—十进制编码器是将十进制的10个数码0～9编成二进制代码的逻辑电路。这种二进制代码又称为二—十进制代码,简称BCD码。该

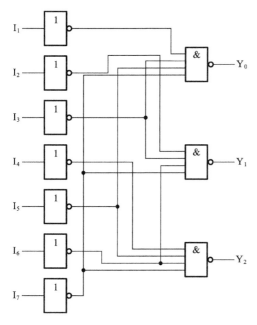

图6-29 8线—3线二进制编码器

编码器有10个输入端,4个输出端,是10线—4线编码器,真值表如表6-14所示。

表6-14 8421BCD编码器真值表

输入										输出			
I_0	I_1	I_2	I_3	I_4	I_5	I_6	I_7	I_8	I_9	Y_3	Y_2	Y_1	Y_0
1	0	0	0	0	0	0	0	0	0	0	0	0	0
0	1	0	0	0	0	0	0	0	0	0	0	0	1
0	0	1	0	0	0	0	0	0	0	0	0	1	0
0	0	0	1	0	0	0	0	0	0	0	0	1	1
0	0	0	0	1	0	0	0	0	0	0	1	0	0
0	0	0	0	0	1	0	0	0	0	0	1	0	1
0	0	0	0	0	0	1	0	0	0	0	1	1	0
0	0	0	0	0	0	0	1	0	0	0	1	1	1
0	0	0	0	0	0	0	0	1	0	1	0	0	0
0	0	0	0	0	0	0	0	0	1	1	0	0	1

根据真值表,得10线—4线编码器对应的输出逻辑函数表达式为

$$Y_3 = I_8 + I_9 = \overline{\overline{I_8} \cdot \overline{I_9}}$$

$$Y_2 = I_4 + I_5 + I_6 + I_7 = \overline{\overline{I_4} \cdot \overline{I_5} \cdot \overline{I_6} \cdot \overline{I_7}}$$

$$Y_1 = I_2 + I_3 + I_6 + I_7 = \overline{\overline{I_2} \cdot \overline{I_3} \cdot \overline{I_6} \cdot \overline{I_7}}$$

$$Y_0 = I_1 + I_3 + I_5 + I_7 + I_9 = \overline{\overline{I_1} \cdot \overline{I_3} \cdot \overline{I_5} \cdot \overline{I_7} \cdot \overline{I_9}}$$

画出对应的逻辑电路图如图 6-30 所示,与 8 线—3 线编码器相似,I_0 也可以不画。

3. 优先编码器

前面讨论的编码器在 2 个或 2 个以上的输入信号同时有效时,其输出将是混乱的。但在实际中,存在 2 个及 2 个以上的输入信号同时有效的情况。如火车站的特快、普快、慢车三种类型的客运列车可能会同时要求进站,但进站的逻辑电路在某一时刻只能响应其中一个请求。因此,必须根据事件的轻重缓急,规定好这些控制对象允许操作的先后顺序,即优先级别。对于多个请求信号的优先级别进行编码的逻辑电路称为优先编码器。输入信号优先级别的高低须根据工作需要,事先设定。

表 6-15 所示为 74LS148 8 线—3 线优先编码器的真值表。

由真值表可知,该电路有 8 条编码信号输入线,3 条输出线,并且编码输入 $\overline{I}_0 \sim \overline{I}_7$ 与编码输出 $\overline{Y}_0 \sim \overline{Y}_2$ 均以低电平为有效。在输入信号中,$\overline{I}_7$ 优先级最高,$\overline{I}_0$ 最低。该编码另设有选通输入,即使能端 $\overline{ST}$、选通输出端 $\overline{Y}_S$ 及扩展输出 $\overline{Y}_{EX}$。从表

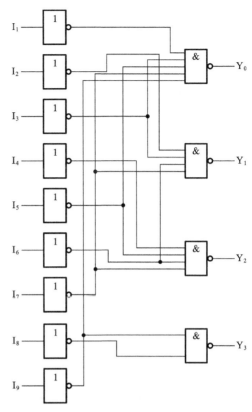

图 6-30 10 线—4 线编码器逻辑电路图

6-15 可以看出,使能端 $\overline{ST}=0$ 时,允许编码,有正常输出,即只要有一个输入为"0",$\overline{Y}_2\overline{Y}_1\overline{Y}_0$ 就输出对应的二进制码的反码,同时扩展输出 $\overline{Y}_{EX}$ 为"0",而选通输出 $\overline{Y}_S$ 则为"1"。当输入均为"1"时,$\overline{Y}_2\overline{Y}_1\overline{Y}_0=111$,而 $\overline{Y}_{EX}$ 为"1",$\overline{Y}_S$ 为"0"。当 $\overline{ST}$ 为"1"时,电路禁止编码,此时输入 $\overline{I}_0 \sim \overline{I}_7$ 不论为何种状态,输出 $\overline{Y}_2$、$\overline{Y}_1$、$\overline{Y}_0$ 均为"1",扩展输出端 $\overline{Y}_{EX}$ 和选通输出端 $\overline{Y}_S$ 均为"1"。

当输出 $\overline{Y}_2$、$\overline{Y}_1$、$\overline{Y}_0$ 均为"1"时,究竟是 $\overline{I}_0=0$ 时的正常编码输出,还是输入全为"1"(即无编码信号输入),或是 $\overline{ST}=1$ 禁止编码时的输出,这由 $\overline{Y}_{EX}$ 和 $\overline{Y}_S$ 的输出状态来确定。

表 6-15 74LS148 8 线—3 线优先编码器真值表

$\overline{ST}$	$\overline{I}_7$	$\overline{I}_6$	$\overline{I}_5$	$\overline{I}_4$	$\overline{I}_3$	$\overline{I}_2$	$\overline{I}_1$	$\overline{I}_0$	$\overline{Y}_2$	$\overline{Y}_1$	$\overline{Y}_0$	$\overline{Y}_S$	$\overline{Y}_{EX}$
1	×	×	×	×	×	×	×	×	1	1	1	1	1
0	0	×	×	×	×	×	×	×	0	0	0	1	0
0	1	0	×	×	×	×	×	×	0	0	1	1	0
0	1	1	0	×	×	×	×	×	0	1	0	1	0
0	1	1	1	0	×	×	×	×	0	1	1	1	0
0	1	1	1	1	0	×	×	×	1	0	0	1	0
0	1	1	1	1	1	0	×	×	1	0	1	1	0
0	1	1	1	1	1	1	0	×	1	1	0	1	0
0	1	1	1	1	1	1	1	0	1	1	1	1	0

6.2.3 译码器

译码是编码的反过程,是将给定的二进制代码转换成编码时赋予的原意。完成这种功能的电路称为译码器。译码器的输入为二进制代码,输出为输入代码对应的特定信息。下面主要介绍常见译码器中的二进制译码器。

1. 二进制译码器

将输入的二进制代码译成相应输出信号的电路称为二进制译码器。下面以常见的二进制译码器 74LS138 为例,说明二进制译码器的组成及工作原理。

74LS138 的电路逻辑图如图 6-31 所示。由于它有 3 个输入端,8 个输出端,因此,又称 3 线—8 线译码器。ST_A、$\overline{ST_B}$、$\overline{ST_C}$ 为 3 个控制输入端,又称为片选端,作为扩展和级联使用。其真值表如表 6-16 所示

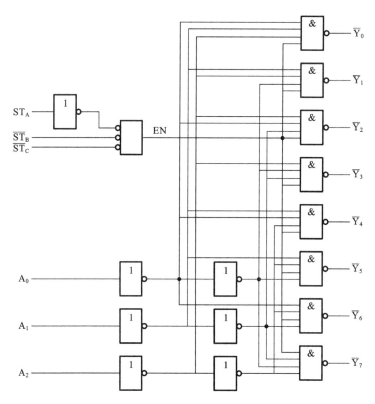

图 6-31　74LS138 3 线—8 线译码器电路逻辑图

表 6-16　74LS138 译码器真值表

输入					输出							
ST_A	$\overline{ST_B}+\overline{ST_C}$	A_2	A_1	A_0	$\overline{Y_0}$	$\overline{Y_1}$	$\overline{Y_2}$	$\overline{Y_3}$	$\overline{Y_4}$	$\overline{Y_5}$	$\overline{Y_6}$	$\overline{Y_7}$
×	1	×	×	×	1	1	1	1	1	1	1	1
0	×	×	×	×	1	1	1	1	1	1	1	1
1	0	0	0	0	0	1	1	1	1	1	1	1

续表

输入					输出							
ST_A	$\overline{ST_B}+\overline{ST_C}$	A_2	A_1	A_0	$\overline{Y_0}$	$\overline{Y_1}$	$\overline{Y_2}$	$\overline{Y_3}$	$\overline{Y_4}$	$\overline{Y_5}$	$\overline{Y_6}$	$\overline{Y_7}$
1	0	0	0	1	1	0	1	1	1	1	1	1
1	0	0	1	0	1	1	0	1	1	1	1	1
1	0	0	1	1	1	1	1	0	1	1	1	1
1	0	1	0	0	1	1	1	1	0	1	1	1
1	0	1	0	1	1	1	1	1	1	0	1	1
1	0	1	1	0	1	1	1	1	1	1	0	1
1	0	1	1	1	1	1	1	1	1	1	1	0

由表 6-16 可知,当 $ST_A=0$,或 $\overline{ST_B}+\overline{ST_C}=1$ 时,EN=0,译码器禁止译码,输出全部都为高电平。当 $ST_A=1$ 且 $\overline{ST_B}+\overline{ST_C}=0$ 时,EN=1,译码器工作,相应位输出低电平。

二进制译码器的输出将输入二进制代码的各种状态都译出来了,因此,二进制译码器又称全译码器。

2. 二—十进制译码器

将 4 位 BCD 码的十组代码翻译成 0~9 十个对应输出信号的电路称为二—十进制译码器。由于它有 4 个输入端,10 个输出端,所以,又称 4 线—10 线译码器。二—十进制译码器的电路组成及工作原理类似于二进制译码器,在这里不再具体介绍。

3. 数码显示译码器

在数字系统中,经常需要将测量结果或数值运算结果,用十进制数直观地显示出来,便于记录和查看。由于各种数字显示器件(简称数码管)的工作方式不同,因而对译码器的设计要求也不同。目前,常用的数字显示器件是七段数码管,如荧光数码管、半导体数码管和液晶显示管等。下面以半导体数码管为例,说明其显示原理及相应译码器的设计过程。

图 6-32(a)所示为发光二极管组成的七段数码显示器的外形结构,利用字段的不同组合可以显示出 0~9 十个不同的数字,图 6-32(b)所示为七段数码显示器的数字显示示意图。

发光二极管组成的数码显示器的内部接法有两种,即共阴极接法和共阳极接法,分别如图 6-33(a)和图 6-33(b)所示。当译码器输出为高电平有效时,应选用共阴极接法;当译码器输出为低电平有效时,应选用共阳极接法。

由发光二极管组成的数码显示器的优点是工作电压较低、体积小、寿命长、工作可靠性高、响应速度快、亮度高;缺点是工作电流大,每个字段的工作电流约为 10 mA 左右。

由于七段数码显示器显示数需要对应七段发光二极管输入特定的高低电平来实现,而数字电路可输出 BCD 码,这样,中间的转换可通过七段显示译码器来实现。另外,七段显示译码器还增强了对数码管的驱动能力,下面举例说明七段显示译码器的工作过程。假设七段数码显示器为共阳极连接形式,译码器的输出 Ya~Yg 分别与数码显示器的 a~g 端相连接。现要显示数字 5,由于输入为 BCD 码,数字 5 的二进制代码为 0101,所以输入信号为 0101。数码显示器为共阳极连接,故译码器输出低电压有效。根据数码显示图,可知显示数字 5 的七段码

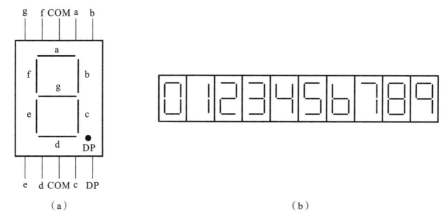

图 6-32 七段数码显示器及数字显示示意图

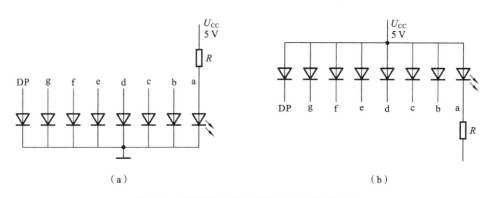

图 6-33 数码显示器内部发光二极管的连接
(a) 共阴极接法 (b) 共阳极接法

(a~g)为 0100100,即只有 b 跟 e 段不显示。其他各数字显示代码的确定方法类同。

6.2.4 数据分配器与数据选择器

1. 数据分配器

在数据传输过程中,有时需要将某一路数据分配到多路装置中去,能够完成这种功能的电路称为数据分配器,也称为多路解调器。它可以看成是译码器的特殊应用,其功能相当于一个波段开关。数据分配器的结构如图 6-34 所示,框内表示一个数据分配器,它受选择变量 A、B 的控制。由图 6-34 数据分配器的结构可看出,数据分配器有一个输入端,多个输出端和相应的控制端。它的工能是根据控制信号,将输入信号送到对应的输出端。

下面以一个 1 路—4 路数据分配器来具体说明数据分配器。图 6-35 所示的是一个 1 路—4 路数据分配器的逻辑电路图,图中,D 是数据输入端,A_1、A_0 是控制端,$Y_0 \sim Y_3$ 是 4 个输出端;其功能示意图如图

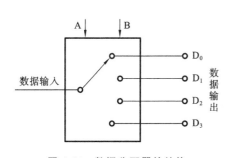

图 6-34 数据分配器的结构

6-36所示。

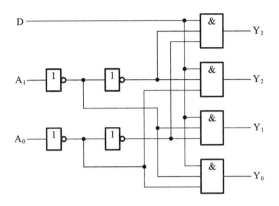

图 6-35　1 路—4 路数据分配器的逻辑电路图

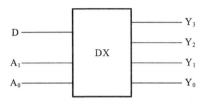

图 6-36　1 路—4 路数据分配器的逻辑功能示意图

根据逻辑电路图,可写出输出逻辑表达式,即

$$\begin{cases} Y_0 = \overline{A_1}\ \overline{A_0} D \\ Y_1 = \overline{A_1} A_0 D \\ Y_2 = A_1 \overline{A_0} D \\ Y_3 = A_1 A_0 D \end{cases}$$

1 路—4 路数据分配器的功能表如表 6-17 所示。根据地址控制信号 A_1、A_0,分别将数据 D 分配给 4 个输出端 $Y_0 \sim Y_3$,故称为 1 路—4 路数据分配器。

表 6-17　1 路—4 路数据分配器的功能表

地址输入		输　　出			
A_1	A_0	Y_0	Y_1	Y_2	Y_3
0	0	D	0	0	0
0	1	0	D	0	0
1	0	0	0	D	0
1	1	0	0	0	D

2. 数据选择器

数据选择器又称多路开关或多路调制器,它相当于一只单刀多掷开关,图 6-37 所示为数据选择器的结构。在控制信号(又称地址输入)的作用下,从多个数据输入通道中选择某一通道的数据(数字信息)传送到输出端。

较常见的数据选择器有:2 选 1,4 选 1,8 选 1,16 选 1 等。下面以 4 选 1 数据选择器为例来讲解数据选择器的原理及电路设计。

4 选 1 数据选择器的逻辑电路图如图 6-38 所示,它的功能是根据控制信号 A_1、A_0,从 4 个输入数据 D_0、D_1、D_2、D_3 中选择一个送到输出端 Y。控制信号 A_1、A_0 的 4 种不同的取值 00、01、10、11 分别控制 4 个与门的开闭。当 $A_1 A_0 = 00$ 时,使 $Y = D_0$;当 $A_1 A_0 = 01$ 时,使 $Y = D_1$;当 $A_1 A_0 = 10$ 时,使 $Y = D_2$;$A_1 A_0 = 11$ 时,使 $Y = D_3$。其功能表如表 6-18 所示。它的逻辑函数表达式为

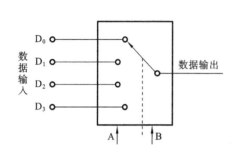

图 6-37 数据选择器的结构

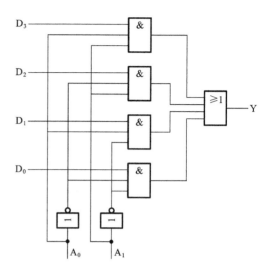

图 6-38 4 选 1 数据选择器逻辑电路图

$$Y = \overline{A_1}\,\overline{A_0}D_0 + \overline{A_1}A_0D_1 + A_1\overline{A_0}D_2 + A_1A_0D_3$$

由上式可知,数据选择器的输出逻辑函数为地址输入变量的全部最小项之和,所以数据选择器又称为最小项输出器,可以用于组合逻辑电路的设计。

表 6-18 4 选 1 数据选择器功能表

输 入					输 出	
A_1	A_0	D_0	D_1	D_2	D_3	Y
0	0	D_0	×	×	×	D_0
0	1	×	D_1	×	×	D_1
1	0	×	×	D_2	×	D_2
1	1	×	×	×	D_3	D_3

由于数据选择器是从多个数据输入中选择一个作为输出,因此也称为多路选择器或多路开关。对于 n 位控制信号的数据选择器,则称为 2^n 选 1 数据选择器。

【任务实施】

任务名称	1. 逻辑门电路的实验连接与检测 2. 三人表决器电路的仿真设计与制作		
任务目标	1. 掌握电子线路的正确接线方法 2. 运用逻辑电路设计并且会运用软件仿真		
设备器材	自制数字实验平台,+5 V 直流稳压电源,万用表,74LS00,74LS10,LED,10 kΩ 电阻 5 个,按钮开关 3 个		
实操内容、步骤与方法	1. 逻辑门电路的实验连接与检测 (1) 选择自制数字实验平台上的逻辑电平开关组(拨码开关)中的任意 3 个,分别为 A、B、C。 (2) 选择自制数字实验平台上的逻辑电平指示(LED)任意 1 个,为 F。	测量结果记录	检查记录

(3) 用直流稳压电源提供+5 V电压(用万用表测),接入电路(注意,地线也要接)。

(4) 拨动开关,观察LED,分析实测数据即可知道设计以及电路连接是否正确。

(5) 记录数据(记录在实验日志上),线路图如图6-39所示。

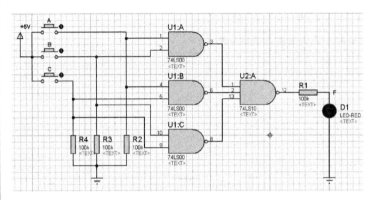

图 6-39 逻辑门电路测试图

2. 三人表决器电路的仿真设计与制作

(1) 任务分析:设有A、B、C三人,同意用"1"表示,反对用"0"表示;表决结果为F,决议通过用"1"表示,不通过用"0"表示。

(2) 根据任务要求,不难列出表6-19所示的真值表。

表 6-19 三人表决器真值表

A	B	C	F
0	0	0	0
0	0	1	0
0	1	0	0
0	1	1	1
1	0	0	0
1	0	1	1
1	1	0	1
1	1	1	1

(3) 根据真值表写出逻辑函数,即

$$F=\bar{A}BC+A\bar{B}C+AB\bar{C}+ABC$$

(4) 化简得

$$F=AB+AC+BC$$

由于题目要求用TTL与非门完成,所以需将表达式转化为

$$F=\overline{\overline{AB}\cdot\overline{AC}\cdot\overline{BC}}$$

(5) 根据函数表达式,画逻辑电路图,如图6-40所示。

续表

实操内容、步骤与方法	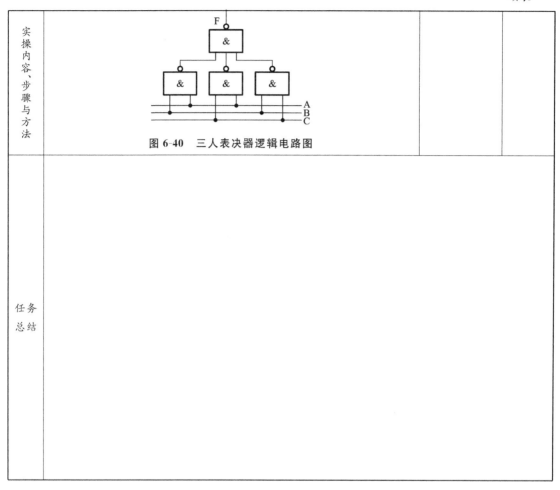 图 6-40 三人表决器逻辑电路图		
任务总结			

【任务拓展】

1. 想一想

(1) 组合逻辑电路的特点是什么?

(2) 组合逻辑电路的分析与设计步骤是什么?

2. 做一做

研究多人表决器的电路元件组成及工作原理。

任务6.3 触发器的分析与运用

【任务描述】

掌握触发器的特点,会分析基本 R-S 触发器和同步触发器的组成及逻辑功能;了解和熟悉各种常用逻辑功能触发器单元的真值表及特性方程;通过学习,会画触发器在输入信号作用下的输出波形,从而了解振荡电路在汽车中的应用。

【任务分析】

1. 知识目标

（1）掌握触发器逻辑功能的描述方法。
（2）掌握基本R-S触发器的电路结构、工作原理及动态特性。
（3）了解典型时钟触发器的电路结构及工作特点。
（4）理解触发器的逻辑功能及相互转换。

2. 能力目标

掌握触发器逻辑功能的测试方法，能运用触发器设计电路。

【知识准备】

6.3.1 R-S触发器

1. 基本R-S触发器

能够存储一位二进制数字信号的基本逻辑单元电路称为触发器。触发器具有两个稳定状态，分别用来表示逻辑"1"和逻辑"0"（或二进制数的"1"和"0"）。在触发信号作用下，两个稳定状态可以相互转换（称为翻转）；当触发信号消失后，电路能将新建立的状态保持下来。因此，这种电路也称为双稳态电路。

触发器的逻辑功能常用状态转换特性表和时序波形图来描述。下面我们首先来看基本R-S触发器，又称为R-S锁存器。在各种触发器中，R-S触发器的结构最简单，是各种复杂结构触发器的基本组成部分。

1）电路组成

图6-41(a)所示电路是由两个与非门交叉反馈连接成的基本R-S触发器。$\bar{S}$、$\bar{R}$是两个信号输入端，表示触发信号低电平有效。Q、$\bar{Q}$为两个互补的信号输出端，通常规定以Q端的状态作为触发器状态。图6-41(b)所示的是其逻辑符号，$\bar{S}$、$\bar{R}$端的小圆圈也表示该触发器的触发信号为低电平有效。

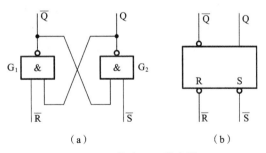

图 6-41 基本 R-S 触发器
(a) 逻辑电路图 (b) 逻辑符号

2）逻辑功能

在基本R-S触发器中，触发器的输出不仅由触发信号来决定，而且当触发信号消失后，电路能依靠自身的正反馈作用，将输出状态保持下去，即具备记忆功能。下面分析其工作情况。

（1）当$\bar{S}=\bar{R}=1$时，电路有两个稳定状态：$Q=1$、$\bar{Q}=0$ 或 $Q=0$、$\bar{Q}=1$，把前者称为"1"状

态或置位状态,把后者称为"0"状态或复位状态。若 $\bar{S}=\bar{R}=1$,则稳定状态将保持不变。例如,$Q=1$、$\bar{Q}=0$ 时,$\bar{Q}$ 的状态反馈到 G_2 输入端,将 G_2 封锁,使 Q 恒为高电平"1";Q 的状态反馈到 G_1,由于这时 $\bar{R}=1$,G_1 打开,使 $\bar{Q}$ 恒为低电平"0"。因此,又把触发器称为双稳态电路。

(2) 当 $\bar{R}=1$,$\bar{S}=0$(即在 $\bar{S}$ 端加有低电平信号)时,$Q=1$,G_2 门输入全为"1",$\bar{Q}=0$,触发器被置成"1"状态。因此把 $\bar{S}$ 端称为置"1"输入端,又称置位端。这时,即使 $\bar{S}$ 端恢复到高电平,$Q=1$,$\bar{Q}=0$ 的状态仍将保持下去,这就是触发器的记忆功能。

(3) 当 $\bar{R}=0$,$\bar{S}=1$(即在 $\bar{R}$ 端加有低电平信号)时,$\bar{R}=0$,G_1 门输出为"1",$Q=0$,触发器被置成"0"状态。因此把 $\bar{R}$ 端称为置"0"输入端,又称复位端。这时,即使 $\bar{R}$ 端恢复到高电平,$Q=0$,$\bar{Q}=1$ 的状态也将继续保持下去。

(4) 当 $\bar{R}=0$,$\bar{S}=0$(即在 $\bar{R}$、$\bar{S}$ 端同时加有低电平信号)时,G_1 和 G_2 门都处于封锁状态,有 $Q=\bar{Q}=1$,这是一种未定义的状态,既不是"1"状态,也不是"0"状态,在 R-S 触发器中属于不正常状态,我们称之为不定状态。这是因为在这种情况下,当 $\bar{R}=\bar{S}=0$ 的信号同时消失变为高电平后,触发器转换到什么状态将不能确定,可能为"1"态,也可能为"0"态。因此,对于这种不定状态,在使用中是不允许出现的,应予以避免。

由此可见,在正常工作条件下,当触发信号到来时(低电平有效),触发器翻转成相应的状态;当触发信号过后(恢复到高电平),触发器的状态将维持不变。因此基本 R-S 触发器具有记忆功能。

在描述触发器的逻辑功能时,为了便于分析,我们规定:触发器在接收触发信号之前的原稳定状态称为初态,用 Q^n 表示;触发器在接收触发信号之后建立的新稳定状态称为次态,用 Q^{n+1} 表示。触发器的次态 Q^{n+1} 是由触发信号和初态 Q^n 的取值情况所决定的。例如,在 $Q^n=1$ 时,若 $\bar{S}=0$、$\bar{R}=1$,则 $Q^{n+1}=1$,触发器的状态将维持不变;若 $\bar{S}=1$、$\bar{R}=0$,则 $Q^{n+1}=0$,即触发器由"1"状态翻转到"0"状态。

在数字电路中,常采用下述两种方法来描述触发器的逻辑功能。

① 状态转换特性表 描述逻辑电路输出与输入之间逻辑关系的表称为真值表。由于触发器次态 Q^{n+1} 不仅与输入的触发信号有关,而且还与触发器原来所处的状态 Q^n 有关,所以应把 Q^n 也作为一个逻辑变量(称为状态变量)列入真值表中,并把这种含有状态变量的真值表称为触发器的特性表。基本 R-S 触发器的特性表见表 6-20。表中,Q^{n+1} 与 Q^n、$\bar{R}$、$\bar{S}$ 之间的关系,直观地表示了 R-S 触发器的逻辑功能。表 6-21 所示为 R-S 触发器简化特性表。

表 6-20 基本 R-S 触发器的特性表

$\bar{S}$	$\bar{R}$	Q^n	Q^{n+1}
1	1	0	0
1	1	1	1
1	0	0	0
1	0	1	0
0	1	0	1
0	1	1	1
0	0	0	不定
0	0	1	不定

表 6-21　简化的 R-S 触发器的特性表

$\overline{S}$	$\overline{R}$	Q^{n+1}
1	1	Q^n
1	0	0
0	1	1
0	0	不定

② 时序图(又称波形图)　时序图是以波形图的方式来描述触发器的逻辑功能的。在图 6-41(a)所示电路中,假设触发器的初始状态为 $Q=0$、$\overline{Q}=1$,触发信号 $\overline{R}$、$\overline{S}$ 的波形已知,则根据上述逻辑关系不难画出 Q 和 $\overline{Q}$ 的波形。图 6-42 所示为基本 R-S 触发器时序图。

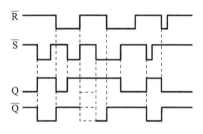

图 6-42　基本 R-S 触发器时序图

2. 同步 R-S 触发器

基本 R-S 触发器的触发信号直接控制着输出端的状态,而在实际应用时,常常要求触发器的状态只在某一指定时刻变化,这个时刻可由外加时钟脉冲(CP)来决定。由时钟脉冲控制的触发器称为同步触发器(或称钟控触发器)。同步触发器的触发方式分为高电平有效和低电平有效两种类型。

1) 电路组成

同步 R-S 触发器是同步触发器中最简单的一种,其逻辑电路图和逻辑符号如图 6-43 所示。图中 G_1 和 G_2 组成基本 R-S 触发器,G_3 和 G_4 组成输入控制门电路;CP 是时钟脉冲信号,高电平有效,当 CP 端为高电平时,输出状态可以改变;CP 为低电平时,触发器保持原状态不变;Q 和 $\overline{Q}$ 是互补输出端。

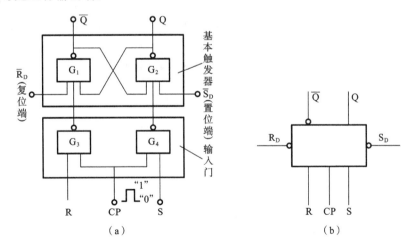

图 6-43　同步 R-S 触发器的逻辑图和逻辑符号
(a) 逻辑电路图　(b) 逻辑符号

2) 功能分析

(1) 当 CP=0 时,G_3、G_4 门被封锁,$Q_3=Q_4=1$,此时触发器保持原状态不变。

（2）当 CP=1 时，G_3、G_4 门解除封锁状态，$Q_3=\bar{S}$，$Q_4=\bar{R}$，触发器将按基本 R-S 触发器的规律变化。

（3）初始状态的预置 在实际应用中，有时需要在时钟脉冲 CP 到来之前，预先将触发器设置成某种状态。为此，在同步 R-S 触发器电路中设置了专门的直接置位端 $\bar{S}_D$ 和直接复位端 $\bar{R}_D$（均为低电平有效）。如果在 $\bar{S}_D$ 或 $\bar{R}_D$ 端加低电平，可以直接作用于基本 R-S 触发器，使其置"1"或置"0"，其作用不受 CP 脉冲限制。故 $\bar{S}_D$ 和 $\bar{R}_D$ 也称为异步置位端和异步复位端。初始状态预置完毕后，$\bar{S}_D$ 和 $\bar{R}_D$ 应处于高电平，触发器才能进入正常工作状态。

6.3.2 J-K 触发器

1. J-K 触发器的逻辑符号

J-K 触发器的逻辑符号如图 6-44 所示，其中图 6-44(a) 所示为 CP 上升沿触发的 J-K 触发器，图 6-44(b) 所示为 CP 下降沿触发的 J-K 触发器。除此之外，二者的逻辑功能完全相同。图中的 J、K 为触发信号输入端；$\bar{R}_D$、$\bar{S}_D$ 为直接复位端、直接置位端，二者均为低电平有效；Q 和 $\bar{Q}$ 为输出端。

2. J-K 触发器的逻辑功能

下降沿触发的 J-K 触发器的逻辑功能见表 6-22，表 6-23 所示为 J-K 触发器简化的功能表，时序图如图 6-45 所示。由表 6-22 中可以看出，当直接复位端和直接置位端不起作用（都为高电平）时，J-K 触发器有四种功能：当 CP 脉冲的触发沿到来时，若 J、K 同时为"0"，则触发器的状态保持不变；若 J=0、K=1，则触发器被置"0"；若 J=1、K=0，则触发器被置"1"；若 J=1、K=1，则触发器的状态和原状态相反，即 $Q^{n+1}=\overline{Q^n}$，触发器的状态翻转。

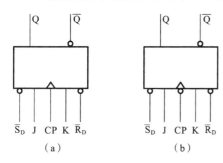

图 6-44 边沿 J-K 触发器
(a) 上升沿触发 (b) 下降沿触发

表 6-22 J-K 触发器的逻辑功能表

CP	$\bar{S}_D$	$\bar{R}_D$	J	K	Q^n	Q^{n+1}
×	0	1	×	×	×	1
×	1	0	×	×	×	0
↓	1	1	0	0	0	0
↓	1	1	0	0	1	1
↓	1	1	0	1	0	0
↓	1	1	0	1	1	0
↓	1	1	1	0	0	1
↓	1	1	1	0	1	1
↓	1	1	1	1	0	1
↓	1	1	1	1	1	0

表 6-23 J-K 触发器简化功能表

J	K	Q^{n+1}
0	0	Q^n
0	1	0
1	0	1
1	1	$\overline{Q^n}$

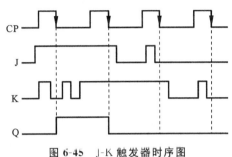

图 6-45　J-K 触发器时序图

3. 边沿 J-K 触发器的应用

J-K 触发器的种类很多,应用范围也很广泛,下面以 74HC112 为例介绍其应用。

74HC112 内含两个下降沿 J-K 触发器,图 6-46(a)所示的是利用 74HC112 组成的二分频和四分频电路。所谓分频是指电路输出信号的频率是输入信号频率的 $1/N$(其中 N 为整数,即分频次数),也就是说,输出信号的周期是输入信号周期的 N 倍。

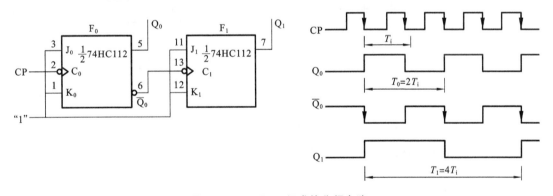

图 6-46　74HC112 组成的分频电路
(a) 电路图　(b) 波形图

在图 6-46(a)所示的电路中,两个 J-K 触发器的输入端均接高电平"1",由 J-K 触发器的功能表可知,两个触发器在相应的时钟脉冲下降沿到来时均应翻转为另一个状态。这里,F_0 触发器的时钟脉冲输入端接时钟脉冲信号 CP,其输出端 $\overline{Q_0}$ 接 F_1 触发器的时钟端。作为 F_1 的时钟信号,F_1 只有在 $\overline{Q_0}$ 的下降沿才翻转。

假设电路开始工作时,各级触发器的起始状态均为"0",即 $Q_0=Q_1=0$、$\overline{Q_0}=\overline{Q_1}=1$。在第一个 CP 的下降沿到来时,$F_0$ 发生翻转,Q_0 由"0"状态变为"1"状态,$\overline{Q_0}$ 由"1"变为"0",$\overline{Q_0}$ 的下降沿又使 F_1 发生翻转,Q_1 由"0"状态变为"1"状态。在第二个 CP 的下降沿到来时,F_0 又由

"1"状态变为"0"状态,此时,由于$\overline{Q}_0$为上升沿,所以F_1不翻转,Q_1的状态不变。同理,在第三个 CP 的下降沿到来时,F_0、F_1又同时发生翻转。这样,当不断输入 CP 脉冲时,就可以从 Q_0、Q_1 端分别得到相对于 CP 频率的二分频和四分频信号输出,其波形如图 6-46(b)所示。

6.3.3 D 触发器

D 触发器的结构有多种,国内生产的主要是维持阻塞型 D 触发器,它是一种边沿触发器,其逻辑电路图如图 6-47(a)所示。它由六个"与非"门组成,其中 G_1、G_2 组成基本触发器,G_3、G_4 组成时钟控制电路,G_5、G_6 组成数据输入电路。

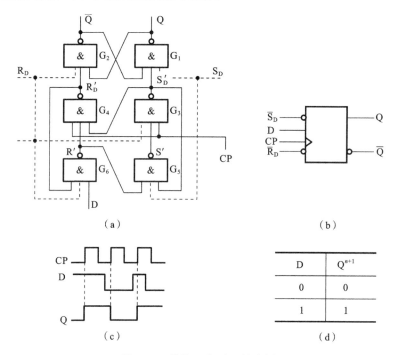

图 6-47　维持阻塞型 D 触发器
(a) 逻辑电路图　(b) 图形符号　(c) 波形图　(d) 状态表

下面分两种情况来分析维持阻塞型 D 触发器的逻辑功能。

1) D=0

当时钟脉冲来到之前,即 CP=0 时,G_3、G_4 和 G_6 的输出均为"1",G_5 因输入端全"1"而输出为"0"。这时,触发器的状态不变。

当时钟脉冲从"0"上跳为"1",即 CP=1 时,G_6、G_5 和 G_3 的输出保持原状态未变,而 G_4 因输入端全"1"其输出由"1"变为"0"。这个负脉冲一方面使基本触发器置"0",同时反馈到 G_6 的输入端,使在 CP=1 期间不论 D 作何变化,触发器保持"0"状态不变(不会空翻)。

2) D=1

当 CP=0 时,G_3 和 G_4 的输出为"1",G_6 的输出为"0",G_5 的输出为"1"。这时,触发器的状态不变。

当 CP=1 时,G_3 的输出由"1"变为"0"。这个负脉冲一方面使基本触发器置"1",同时反馈到 G_4 和 G_5 的输入端,使在 CP=1 期间不论 D 作何变化,只能改变 G_6 的输出状态,而其他门均保持不变,即触发器保持"1"状态不变。

由上可知,维持阻塞型 D 触发器具有在时钟脉冲上升沿触发的特点,其逻辑功能为:输出端 Q 的状态随着输入端 D 的状态而变化,但总比输入端状态的变化晚一步,即某个时钟脉冲来到之后 Q 的状态和该脉冲来到之前 D 的状态一样。于是可写成

$$Q^{n+1} = D^n$$

其图形符号、工作波形图和状态表如图 6-47(b)、(c)和(d)所示。为了与下降沿触发相区别,在图形符号中,时钟脉冲 CP 输入端靠近方框处不加小圆圈。

6.3.4 触发器在汽车电器与电子中的运用

单稳态触发器的工作特性有以下特点。

① 没有外加触发信号时,电路处于一种稳态。
② 外加触发信号后,电路由稳态翻转到暂稳态。
③ 通过电容元件的充、放电过程,电路自动从暂稳态返回到稳态。

图 6-49 所示的单稳态触发器电路是在图 6-48 所示的基本 R-S 触发器电路的基础上加入了一个 RC 微分电路,与非门 G_2 的两个输入端并为一个输入端,实质上相当于一个非门。只要接入的电阻 R 保证 G_2 输入为低电平,电路就会保持稳定状态,即 Q=1。由电路结构的这一变化,就形成了单稳态触发器,其电路工作原理如下(见图 6-50)。

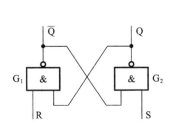

图 6-48 基本 R-S 触发器电路

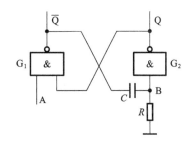

图 6-49 单稳态触发器电路

(1) 电路的稳态 当 A 为高电平"1"时,因 G_2 门输入为低电平,Q 端输出为高电平"1",G_1 门输入端全部为高电平"1",所以 $\overline{Q}$ 为低电平"0",Q 端为高电平"1",电路处于稳定状态。

(2) 触发翻转 当 A 负跳变为"0"时,G_1 门输出端 $\overline{Q}$ 为高电平"1"。Q 由高电平"1"变为低电平"0"。由于电容 C 两端电压不能突变,于是 B 点电压随 $\overline{Q}$ 上升,变为逻辑高电平"1",所以 Q 由"1"变为"0"。输入信号 A 负跳变引起电路状态发生的变化称为触发。

(3) RC 电路的微分作用使电路返回稳态触发后,A 很快回到高电平,由于 Q=0,仍能维持 $\overline{Q}=1$。但电容 C 以回路:$\overline{Q} \rightarrow C \rightarrow R \rightarrow$ 地充电,随着 u_C 的上升,B 点电压下降。当 B 下降为低点平时,Q 即翻转,变为"1",$\overline{Q}$ 也回到"0"。此后,B 点逐渐恢复到触发前的状态。

电路触发翻转后形成的与稳态相反的状态,只维持了一段时间,所以称为"暂稳态"。现在,我们可以总结出单稳态触发器的一般特性。

① 只有一个稳态,另一个暂稳态,单稳态由此得名。
② 何时翻转到暂稳态取决于输入信号。
③ 何时翻转到稳态取决于电路参数 R 与 C。

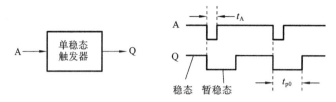

图 6-50 工作时序图

④ 输出脉冲宽度。$t_w = \tau \ln \dfrac{U_{CC}}{U_{CC}-U_{TH}}$，若 $U_{TH} = \dfrac{1}{2}U_{CC}$，则

$$t_w \approx 0.7\tau = 0.7RC$$

由于单稳态触发器的输出波形呈完美的方波状，而且脉冲的宽度可以根据需要通过 RC 电路进行调节，因此常用于汽车电子装置中的波形整形或变换。

【任务实施】

任务名称	触发器逻辑功能的测试		
任务目标	1. 验证基本触发器的逻辑功能,测试方法 2. 掌握触发器的分类——基本触发器和时钟触发器		
设备器材	74LS00,74LS74,74LS112		
实操内容、步骤与方法	1. 基本触发器 　　由与非门组成的基本触发器　将 74LS002 输入四与非门集成电路插入 IC 空插座中,接上电源和地线。按图 6-41(a)所示逻辑电路图接线,输出端 $\overline{Q}$ 和 Q 分别接两只发光二极管,输入端 $\overline{R}$、$\overline{S}$ 分别接逻辑开关 K_1、K_2,按表 6-2 分别拨动逻辑开关 K_1 和 K_2,输入 $\overline{R}$ 和 $\overline{S}$ 的状态,观察输出 $\overline{Q}$ 和 Q 的状态并记录。 　　2. 时钟触发器 　　常用上升沿触发的 74LS74 双 D 功能的触发器和下降沿触发的 74LS112 双 J-K 触发器。 　　(1) D 触发器　将 74LS74 集成片插入 IC 空插座中,管脚排列如图 6-51 所示。1D、$1\overline{S}_D$、$1\overline{R}_D$ 分别接逻辑开关 K_1、K_2、K_3,1CP 接单次脉冲,输出 1Q 和 $1\overline{Q}$ 分别接两只发光二极管 LED。U_{CC} 和 GND 接 5 V 电源的"+"和"−"。 　　接通电源,按下列步骤验证 D 触发器功能。 　　① 置 $1\overline{S}_D(K_3)=1$,$1\overline{R}_D(K_2)=0$,则 Q=0,按动单次脉冲,Q 和 $\overline{Q}$ 状态不变,改变 $1D(K_1)$,Q 和 $\overline{Q}$ 仍不变。 　　② 置 $1\overline{S}_D(K_3)=0$,$1\overline{R}_D(K_2)=1$,则 Q=1;按动单次脉冲或改变 $1D(K_1)$,Q 和 $\overline{Q}$ 状态不变。 　　③ 置 $1\overline{S}_D(K_3)=1$,$1\overline{R}_D(K_2)=1$,若 $1D(K_1)=1$,按动单次脉冲,则 Q=1;若 $1D(K_1)=0$,按动单次脉冲,则 Q=0。	测量结果记录	检查记录

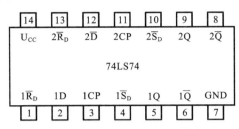

图 6-51 74LS74 双 D 触发器的管脚排列

④ 把 1D 接到 K_1 的导线去掉,而把 Q 和 1D 相连,输入(按动)单次脉冲,Q 这时在脉冲上升沿时翻转,即 $Q^{n+1}=\overline{Q^n}$。

(2) J-K 触发器 将 74LS112 集成片插入 IC 空插座中,管脚排列如图 6-52 所示。$1\overline{R}_D$、$1\overline{S}_D$、1J、1K 分别接四只逻辑开关 K_1、K_2、K_3、K_4,1CP 接单次脉冲,Q 和 $\overline{Q}$ 分别接发光二极管,U_{CC} 和 GND 接 5 V 电源的"+"和"−"。

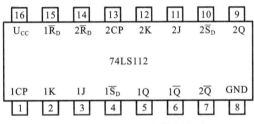

图 6-52 74LS112 的管脚排列

$1\overline{R}_D$ 和 $1\overline{S}_D$ 为直接置"0"和置"1"端,所以

$1\overline{R}_D(K_1)=0$,$1\overline{S}_D(K_2)=1$ 时,Q=0

$1\overline{R}_D(K_1)=1$,$1\overline{S}_D(K_2)=0$ 时,Q=1

$1J(K_3)=0$,$1K(K_4)=1$,输入单次脉冲,则在 CP 下降沿时,Q 输出为"0"。继续输入单次脉冲,Q 保持"0"不变;$1J(K_3)=1$,$1K(K_4)=0$,输入单次脉冲,则在 CP 下降沿时,Q 输出为"1";继续输入单次脉冲,Q 保持"1"不变。$1J(K_3)=1$,$1K(K_4)=1$,输入单次脉冲,则在 CP 下降沿时,Q 输出翻转,$Q^{n+1}=\overline{Q^n}$;$1J(K_3)=0$,$1K(K_4)=0$,输入单次脉冲,Q 状态保持不变,即若原先 Q=1,则 Q 仍为"1";若原先 Q=0,则 Q 仍为"0"。

注意事项:

由与非门组成的基本触发器实验中,当 S、R 同时由低变高时,Q 的状态有可能为"1",也能为"0",这取决于两个与非门的延时传输时间。这一状态对触发器来说是不正常的,在使用中应尽量避免。

【任务拓展】

1. 想一想

(1) 触发器电路主要由哪些元件构成？它为什么具有记忆功能？

(2) 触发器的特点是什么？可以分为哪几类？

2. 做一做

观察研究汽车电子装置中触发器的应用情况。

任务6.4 时序逻辑电路的分析与运用

【任务描述】

了解和熟悉时序逻辑电路的分析方法，能比较熟练地分析同步时序逻辑电路的逻辑功能；掌握计数器、移位器的工作原理，通过学习能够设计简单数字时序电路，并能够显示出数字；通过理解555定时器电路，了解汽车上运用555定时器的电子装置。

【任务分析】

1. 知识目标

(1) 掌握时序电路的特点、描述方法和分析方法。

(2) 掌握计数器、寄存器时序电路的工作原理、逻辑功能及使用方法。

(3) 掌握同步时序电路的设计方法。

(4) 掌握555定时器的原理，分析555定时器在汽车电子装置上的应用。

2. 能力目标

(1) 通过学习计数器和寄存器，能设计数字钟。

(2) 会分析汽车电子装置上运用555定时器的电路。

【知识准备】

6.4.1 时序逻辑电路

1. 时序逻辑电路的特点

在组合逻辑电路中，当输入信号变化时，输出信号也随之立刻响应，也就是说，在任何一个时刻，输出信号仅取决于当时的输入信号。但在时序逻辑电路中，输出信号不仅取决于当时的输入信号，而且还取决于电路原来的工作状态。时序逻辑电路的结构如图6-53所示，它有两个特点。第一，时序逻辑电路包括组合逻辑电路和存储电路两部分；时序逻辑电路的状态是靠具有记忆功能的存储电路来记忆和表征的，因此存储电路是不可缺的；存储电路可以由触发器构成，也可以由带有反馈的组合（延时）电路构成。第二，存储电路的状态反馈到输入端，与输入信号共同决定其组合逻辑电路的输出。

2. 时序逻辑电路的功能描述方法

前面介绍的触发器就是简单的时序逻辑电路，因为其次态输出 Q_{n+1} 不仅和输入信号有

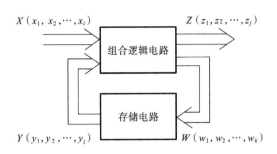

图 6-53 时序逻辑电路的结构

关,而且还与输入信号作用前触发器所处的状态 Q_n 有关。因此,触发器逻辑功能的描述方法也适用一般时序逻辑电路。

1) 逻辑方程式

在图 6-53 中,

$X(x_1,x_2,\cdots,x_i)$ 为外部输入信号;

$Z(z_1,z_2,\cdots,z_j)$ 为组合逻辑电路的输出信号;

$W(w_1,w_2,\cdots,w_k)$ 为存储电路的输入信号;

$Y(y_1,y_2,\cdots,y_l)$ 为存储电路的输出信号。

这些信号之间的关系为

$$Z(t_n)=F[X(t_n),Y(t_n)]（电路输出函数表达式）$$
$$W(t_n)=G[X(t_n),Y(t_n)]（存储电路的激励函数）$$
$$Y(t_{n+1})=H[W(t_n),Y(t_n)]（存储电路的状态方程）$$

式中:(t_n)、(t_{n+1}) 表示相邻两个离散时间;$Y(t_n)$ 表示 t_n 时刻存储电路的当前状态,即现态,$Y(t_{n+1})$ 为存储电路在 t_{n+1} 时刻的状态,即次态。由这些关系可看出,t_{n+1} 时刻的输出 $Z(t_{n+1})$ 是由 t_{n+1} 时刻的输入 $X(t_{n+1})$ 及存储电路在 t_{n+1} 时刻的状态 $Y(t_{n+1})$ 决定的;而 $Y(t_{n+1})$ 又是由 t_n 时刻的存储电路的激励输入 $W(t_n)$ 及在 t_n 时刻存储电路的状态 $Y(t_n)$ 决定。因此,t_{n+1} 时刻电路的输出不仅取决于 t_{n+1} 时刻的输入 $X(t_{n+1})$,而且还决定于在 t_n 时刻存储电路的输入 $W(t_n)$ 及存储电路在 t_n 时刻的状态 $Y(t_n)$。这充分反映了时序电路的特点。

2) 状态转移表

反映时序电路的输出 $Z(t_n)$、状态 $Y(t_{n+1})$ 与输入 $X(t_n)$、现态 $Y(t_n)$ 之间对应取值关系的表称为状态转移表。

3) 状态转移图

反映时序电路状态转移规律及相应输入、输出取值情况的几何图形称为状态转移图。

4) 时序图(又称为工作波形图)

时序图用波形的形式,形象地表达了输入信号、输出信号、电路状态等的取值在时间上的对应关系。

以上几种描述时序逻辑电路功能的方法可以相互转换。此外,利用卡诺图也可以表示时序电路的逻辑功能。

3. 时序逻辑电路的分类

时序逻辑电路按其状态的改变方式不同,可分为同步时序逻辑电路和异步时序逻辑电路。

在同步时序逻辑电路中,存储电路状态的变更是在同一个时钟脉冲控制下改变状态的。在异步时序逻辑电路中没有统一的时钟信号,各存储器件状态的变更不是同时发生的。

时序逻辑电路按其输出与输入的关系不同,可分为米里(mealy)型和摩尔(moore)型两类。在米里型时序逻辑电路中,输出信号不仅取决于当前输入信号,而且还取决于存储电路的状态。在摩尔型时序逻辑电路中,输出信号仅仅取决于存储电路的状态,或者就以存储电路的状态作为输出。

4. 时序逻辑电路的设计步骤

时序逻辑电路的分析步骤一般按四步进行。

步骤1 根据给定的电路写出其时钟方程、驱动方程、输出方程(驱动方程亦即触发器输入信号的逻辑函数式)。

步骤2 求状态方程,将各触发器的驱动方程代入相应触发器的特性方程,就得出与电路相一致的具体电路的状态方程。

步骤3 进行状态计算。把电路的输入和现态各种可能取值组合代入状态方程和输出方程进行计算,得到相应的次态和输出(一般各触发器的初态以全"0"或全"1"开始计算)。这里应注意以下三点:① 状态方程有效的时钟条件;② 各个触发器现态的组合作为该电路的现态;③ 应根据给定的或设定的初态为条件计算出相应的次态和组合电路的输出状态。

步骤4 画出状态图(或状态表,或时序图)。整理计算结果,画出状态图(或状态表,或时序图)。这里需要注意三点:① 状态转移是由现态到次态,不是由现态到现态或次态到次态;② 输出是现态的函数,不是次态的函数,即转移箭头旁斜线下方标出转换前的输出值;③ 如需画时序图,应在CP触发沿到来时更新状态。

6.4.2 计数器

在计算机和数字逻辑系统中,计数器是基本部件之一,它能累计输入脉冲的数目,就像数数一样,1,2,3,…,最后给出累计的总数。计数器可以进行加法计数,也可以进行减法计数,或者可以进行两者兼有的可逆计数。若从进位制来分,有二进制计数器、十进制计数器(也称二—十进制计数器)等多种。

本节将讨论的主要是二进制加法计数器和十进制加法计数器。

二进制数只有"0"和"1"两个数码。所谓二进制加法,就是"逢二进一",即$0+1=1,1+1=10$。也就是每当本位是1,再加1时,本位便变为0,同时向高位进位,使高位加1。

由于双稳态触发器有"1"和"0"两个状态,所以一个触发器可以表示一位二进制数。如果要表示n位二进制数,就得用n个触发器。

1) 异步二进制加法计数器

异步计数器是指计数脉冲没有加到所有的触发器CP端,只作用于某些触发器的CP端。当脉冲到来时,各触发器的翻转时刻不同。所以,在分析异步计数器时,要特别注意各触发器翻转所对应的有效脉冲条件。

异步二进制计数器是计数器中最基本、最简单的电路,由多个触发器连接而成,计数脉冲一般加到最低位触发器的CP端,其他各级触发器由相邻低位触发器的输出信号来触发。

(1)电路组成 图6-54所示的是利用3个下降沿J-K触发器构成的异步二进制加法计数

器。计数脉冲 CP 加至最低位触发器 F_0 的时钟端,低位触发器的 Q 端依次接到相邻高位触发器的时钟端,因此它是异步计数器。图中,J-K 触发器的 J、K 输入端均接高电平(J、K 端均悬空,对 TTL 电路来说,输入端悬空就相当于高电平)。根据 J-K 触发器的逻辑功能可知,当 J-K 触发器的 J、K 端同时为"1"时,每来一个时钟脉冲,对应着时钟脉冲的触发沿,触发器的状态都将翻转一次,具有这种功能的触发器也称为计数工作方式的触发器,简称 T′触发器。

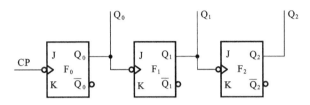

图 6-54 下降沿动作的 3 位二进制异步加法计数器

(2) 工作原理 电路工作时,每输入一个计数脉冲,F_0 的状态翻转计数一次,而高位触发器是在其相邻的低位触发器从"1"态变为"0"态时进行翻转计数的,如 F_2 是在 F_1 由"1"态变为"0"态时翻转,即 Q_1 由"1"态变为"0"态时翻转。除此条件外,F_1、F_2 都保持原来状态。该计数器的状态转换特性表见表 6-24。

表 6-24 3 位二进制异步加法计数器状态表

计数脉冲	电路状态			等效十进制数
	Q_2	Q_1	Q_0	
0	0	0	0	0
1	0	0	1	1
2	0	1	0	2
3	0	1	1	3
4	1	0	0	4
5	1	0	1	5
6	1	1	0	6
7	1	1	1	7
8	0	0	0	0

由状态表可以看到,如果 CP 脉冲的频率为 f_0,那么,Q_0、Q_1、Q_2 的频率分别为 $f_0/2$、$f_0/4$、$f_0/8$ 说明计数器具有分频作用,也称分频器。对图 6-54 所示电路来说,每经过一级 T′触发器,输出脉冲的频率就被二分频,即相对于 CP 来说,各级依次称为二分频、四分频、八分频。n 位二进制计数器最多能累计的脉冲个数为 2^n-1,这个数称为计数长度或计数容量。

2) 异步二进制减法计数器

以 3 位二进制减法计数器为例,其递减的规律,即计数状态表如表 6-25 所示。

分析表 6-25 可知,当低位已经是"0",那么,再来一个脉冲本位变为"1",同时向相邻高位发生借位信号,使高位翻转。最低位是每来一个脉冲翻转一次,相邻两位之间是当低位由"0"跳"1"时高位翻转。

表 6-25 二进制减法计数器的计数状态表

计数脉冲	电路状态			等效十进制数
	Q_2	Q_1	Q_0	
0	0	0	0	0
1	1	1	1	7
2	1	1	0	6
3	1	0	1	5
4	1	0	0	4
5	0	1	1	3
6	0	1	0	2
7	0	0	1	1
8	0	0	0	0

用 T′ 触发器构成二进制减法计数器时,都是将低位触发器的一个输出送至相邻高位触发器的 CP 端,但与加法计数相反,对下降沿动作的 T′ 触发器来说,要由低位 $\overline{Q}$ 端引出作相邻高位 CP 输入;对上升沿动作的 T′ 触发器来说,要由低位 Q 端引出作相邻高位 CP 输入。3 位异步二进制减法计数器的逻辑电路图如图 6-55 所示。

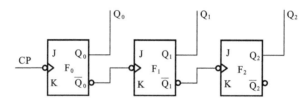

图 6-55　下降沿动作的 3 位二进制异步减法计数器

3) 异步十进制计数器

虽然二进制计数器有电路简单、运算方便等优点,但人们常用的毕竟是十进制数,因此,在数字系统中还经常用到十进制计数器。

一位十进制数有 0～9 共 10 个数码,即一位十进制计数器应该有 10 个不同的状态。由于一个触发器可以表示两种状态,故组成一位十进制计数器需要四个触发器。四个触发器共有 $2^4=16$ 种不同的状态,可以从 16 种状态中选取 10 种状态(称为有效状态)分别表示 0、1、2、3、4、5、6、7、8、9 这 10 个数码,其余的 6 种多余状态(称为无效状态)不用,使计数器的状态按十进制计数规律变化,这样,就得到一位十进制计数器。十进制计数器既可以按加法规律计数,也可以按减法规律计数。十进制计数器的编码方法有多种,常用的是 8421BCD 码。

图 6-56 所示的是由 4 个 J-K 触发器构成的 8421 码异步十进制加法计数器逻辑电路图,该电路具有自启动和向高位计数器进位(C 为进位端)的功能。下面分析其计数原理。

由图 6-56 可知,$F_0 \sim F_2$ 中除 F_1 的 J_1 端与 F_3 的 $\overline{Q}_3$ 端连接外,其他输入端均为高电平(图中使用的触发器假定为 TTL 电路,输入端悬空相当于高电平)。由此可知,在 F_3 触发器翻转前,即从 0000 起到 0111 为止,$Q_3=1$,$F_0 \sim F_2$ 的翻转情况与 3 位二进制加法计数器相同。当

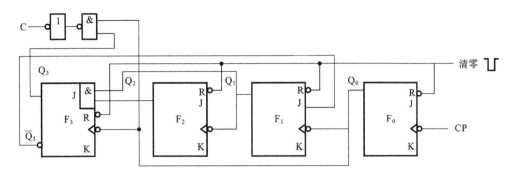

图 6-56 异步十进制加法计数器逻辑电路图

经过 7 个计数脉冲 CP 后,$F_3 \sim F_0$ 的状态为 0111 时,$Q_2 = Q_1 = 1$,使 F_3 的两个 J 输入端均为 "1"($J = Q_1 Q_2$),为 F_3 由 "0" 态变为 "1" 态准备了条件。当第 8 个计数脉冲 CP 输入后,$F_0 \sim F_2$ 均由 "1" 态变为 "0" 态,F_3 由 "0" 态变为 "1" 态,即四个触发器的状态变为 1000。此时 $Q_3 = 1$,$\overline{Q}_3 = 0$,因 $\overline{Q}_3$ 与 J_1 端相连,所以 $J_1 = 0$。而 $K_1 = 1$,使下一次由 F_0 来的负脉冲(Q_1 由 "1" 变为 "0" 时)只能使 F_1 置 "0",即 F_1 将保持不变。

第 9 个计数脉冲到来后,计数器的状态为 1001,同时进位端 C 由 "0" 变为 "1"。

当第 10 个计数脉冲到来后,Q_0 产生负跳变(由 "1" 变为 "0"),由于 $\overline{Q}_3 = 0$,F_1 不翻转,但 Q_0 能直接触发 F_3,使 Q_3 由 "1" 变 "0",从而使四个触发器跳过 1010~1111 六个状态而复位到原始状态 0000,同时进位端 C 由 "1" 变为 "0",产生一个负跳变,向高位计数器发出进位信号。这样,便实现了十进制加法计数功能。

十进制计数器状态转换表见表 6-26,时序图如图 6-57 所示。

表 6-26 十进制计数器状态转换表

计数脉冲	计数器状态				进位 C	对应十进制数
	Q_3	Q_2	Q_1	Q_0		
0	0	0	0	0	0	0
1	0	0	0	1	0	1
2	0	0	1	0	0	2
3	0	0	1	1	0	3
4	0	1	0	0	0	4
5	0	1	0	1	0	5
6	0	1	1	0	0	6
7	0	1	1	1	0	7
8	1	0	0	0	0	8
9	1	0	0	1	1	9
10	0	0	0	0	0	0

通过上述分析可以看出,由于异步计数器的触发信号通常是逐级传递的,触发信号要被延时,因而使其计数速度受到限制,工作频率不能太高;而同步计数器计数脉冲是同时触发计数器中的全部触发器,各触发器的翻转与 CP 同步,所以工作速度较快,工作频率较高。

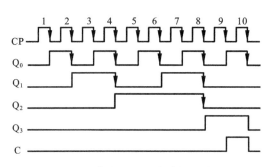

图 6-57 异步十进制加法计数器时序图

6.4.3 寄存器

寄存器是一种重要的数字逻辑部件,常用来暂时存放数据、指令等。除此以外,有时为了处理数据的需要,寄存器的各位数据需要依次(低位向高位或高位向低位)移位,具有移位功能的寄存器称为移位寄存器。

1. 寄存器

寄存器(register)主要由触发器构成。它具有接收、存放和清除数码的功能。由于一个触发器可以存储一位二进制代码,因此要存放 n 位二进制代码,需要用 n 个触发器。

图 6-58 所示为由 4 个边沿 D 触发器构成的 4 位寄存器。时钟脉冲 CP 接入 C1 端作为寄存指令,只有在 CP 上升沿的触发下,可以接收并暂存 4 位二进制码 $D_3D_2D_1D_0$,使 $Q_3Q_2Q_1Q_0=D_3D_2D_1D_0$,直到下一个 CP 到来为止,而且在任何时刻向 $\bar{R}_D$ 端送入清"0"脉冲,均可清除寄存器中的数码。使 $Q_3Q_2Q_1Q_0=0000$。

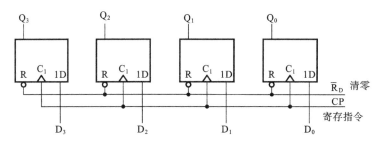

图 6-58 4 位寄存器的逻辑电路图

2. 移位寄存器

移位寄存器(shift register)可分为单向移位寄存器和双向移位寄存器。单向移位寄存器是指仅具有左移动功能或右移动功能寄存器。而双向移位寄存器是指既能左移、又能右移的移位寄存器。这里仅介绍单向移位寄存器。

图 6-59 所示为由 4 个 D 边沿触发器组成的四位左移的移位寄存器。移位脉冲(CP)直接加到各触发器的 CP 端,所以它是同步时序电路;各触发器的输出端 Q 分别接到下一个触发器的输入端 D;D_0 为串行输入端;Q_3 为串行输出端;Q_3、Q_2、Q_1、Q_0 端为并行输出端。由图 6-59 可得

$$Q_0^{n+1}=D$$

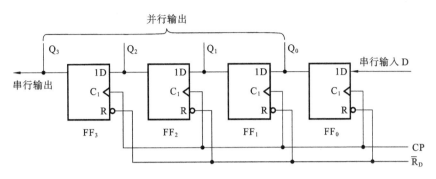

图 6-59 4 位左移移位寄存器的逻辑电路图

$$Q_1^{n+1}=Q_0^n$$
$$Q_2^{n+1}=Q_1^n$$
$$Q_3^{n+1}=Q_2^n$$

由上述状态方程可见,在移位脉冲的作用下,输入数码将存入触发器 FF_0,同时 FF_0 的原有数码 Q_{0n} 将移至 FF_1,FF_1 内的原有数码 Q_{1n} 将移至 FF_2,FF_2 内的原有数码 Q_{2n} 将移至 FF_3。这样,就实现了数码在移位脉冲的作用下逐位向左移动。

设 $Q_3Q_2Q_1Q_0=0000$,并由串行输入端输入一组与移位脉冲同步的数码 1011,则 Q_3、Q_2、Q_1、Q_0 的工作波形图和相应的状态转移表分别如图 6-60 和表 6-27 所示。

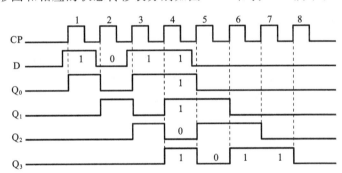

图 6-60 4 位左移移位寄存器的工作波形图

表 6-27 4 位左移移位寄存器状态转移表

移位脉冲	Q_3	Q_2	Q_1	Q_0	输入数码
0	0	0	0	0	1
1	0	0	0	1	0
2	0	0	1	0	1
3	0	1	0	1	1
4	1	0	1	1	
并行输出	1	0	1	1	

由状态转移表可知,经过 4 个移位脉冲作用后,输入数码 1011 逐位移存到各触发器中,使

$Q_3Q_2Q_1Q_0=1011$。这样就实现了串行输入(从 D 端输入)的数码转换成并行输出(从 Q_3、Q_2、Q_1、Q_0 端输出)的数码。如果要从 Q_3 端串行输出,那么再经过 4 位移位脉冲的作用后,输入数码便可依次从 Q_3 端输出。这样就完成了串行输入到串行输出的操作。因此,可以把图 6-59 所示电路称为串行输入—串/并输出的左移移位寄存器。

6.4.4　555 时基电路及其在汽车上的应用

555 时基电路是一种多用途的数字-模拟混合集成电路,利用它能极方便地构成施密特触发器、单稳态触发器和多谐振荡器。由于使用灵活、方便,所以 555 时基电路在波形的产生与交换、测量与控制、家用电器、汽车电子电路中广泛应用。

1. 555 时基电路介绍

1) 555 时基电路的应用

(1) 构成施密特触发器,用于 TTL 系统的接口,整形电路或脉冲鉴幅等。

(2) 构成多谐振荡器,组成信号产生电路。

(3) 构成单稳态触发器,用于定时、延时、整形及一些定时开关中。

555 时基电路的应用可采用这 3 种方式中的 1 种或多种组合起来,组成各种实用的汽车电子电路,如汽车转向灯闪光器、汽车雨刮器间歇控制器、汽车防盗报警器、前照灯自动变光控制、电源交换电路、频率变换电路、自动控制电路等。

2) 555 时基电路的结构与工作原理

图 6-61 所示为 555 时基电路的结构,555 时基电路的功能主要由两个比较器决定。两个比较器的输出电压控制 R-S 触发器和放电管的状态。在电源与地之间加上电压,当 5 脚悬空时,则电压比较器 C_1 的同相输入端的电压为 $2U_{CC}/3$,C_2 的反相输入端的电压为 U_{CC}。若触发输入端 TR 的电压低于 $U_{CC}/3$,则比较器 C_2 的输出为"0",可使 R-S 触发器置"1",使输出端为"1"。如果阈值输入端 TH 的电压高于 $2U_{CC}/3$,同时 TR 端的电压高于 $U_{CC}/3$,则 C_1 的输出为

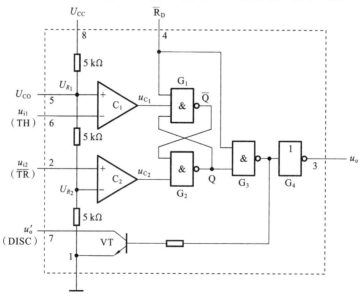

图 6-61　555 时基电路的结构

"0",C_2 的输出为"1",可将 R-S 触发器置"0",使输出为"0"。

它的各个引脚功能如下。

1 脚:外接电源负端 U_{SS} 或接地,一般情况下接地。

8 脚:外接电源 U_{CC},双极型时基电路 U_{CC} 的范围是 4.5～16 V,CMOS 型时基电路 U_{CC} 的范围为 3～18 V;一般用 5 V。

3 脚:输出端 U_o。

2 脚:TR 低触发端。

6 脚:TH 高触发端。

4 脚:直接清零端。当此端接低电平时,时基电路不工作,此时不论 TR、TH 处于何电平,时基电路输出为"0"。该端不用时应接高电平。

5 脚:U_{CO} 为控制电压端。若此端外接电压,则可改变内部两个比较器的基准电压,当该端不用时,应将该端串入一只 0.01 μF 的电容接地,以防引入干扰。

7 脚:放电端。该端与放电管 VT 的集电极相连,用做定时器时的电容元件放电。

在 1 脚接地,5 脚未外接电压,两个比较器 C_1、C_2 基准电压分别为 $2U_{CC}/3$、$U_{CC}/3$ 的情况下,555 时基电路的功能表如表 6-28 所示。

表 6-28 555 时基电路的功能表

清零端	TH 高触发端	TR 低触发端	Q	放电管 VT	功能
0	×	×	0	导通	直接清零
1	0	1	×	保持上一状态	保持上一状态
1	1	0	×	保持上一状态	保持上一状态
1	0	0	1	截止	置"1"
1	1	1	0	导通	清"0"

2. 555 时基电路构成的多谐振荡器

多谐振荡器又称为无稳态触发器,它没有稳定的输出状态,只有两个暂稳态。在电路处于某一暂稳态后,经过一段时间可以自行触发翻转到另一暂稳态。两个暂稳态自行相互转换,输出一系列矩形波。图 6-62 所示为多谐振荡器和工作波形。多谐振荡器可用于方波发生器。

接通电源后,假定输出是高电平,则 VT 截止,电容 C 充电。充电回路是 $U_{CC} \to R_1 \to R_2 \to C \to$ 地,按指数规律上升,当上升到 TH 端电平高于 $2U_{CC}/3$ 时,输出翻转为低电平;VT 导通,C 放电,放电回路为 $C \to R_2 \to VT \to$ 地,按指数规律下降,当下降到 TH 端电平低于 $U_{CC}/3$ 时,输出翻转为高电平,放电管 VT 截止,电容再次充电。如此周而复始,产生振荡,经分析可得

输出高电平时间为

$$t_{PH} = (R_1 + R_2)C\ln2$$

输出低电平时间为

$$t_{PL} = R_2 C \ln2$$

振荡周期为

$$T = (R_1 + 2R_2)C\ln2$$

3. 555 时基电路构成的汽车转向灯闪光器

利用 555 时基电路接成多谐振荡器可以制作成简易的汽车转向灯闪光器,其电路原理如

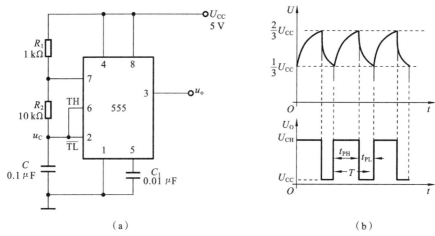

图 6-62 555 时基电路构成的多谐振荡器和工作波形

(a) 555 时基电路构成的多谐振荡器电路 (b) 555 时基电路构成的多谐振荡器工作波形

图 6-63 所示。由 555 时基电路接成多谐振荡器输出的矩形脉冲信号控制继电器 J_1 通断,以控制转向灯亮和灭,转向灯的闪光频率可通过 555 时基电路的外围元件参数进行设置。其振荡周期和输出高、低电平时间为

输出高电平时间为

$$t_{PH}=(R_1+R_2)C_1\ln 2$$

输出低电平时间为

$$t_{PL}=R_2C_1\ln 2$$

振荡周期为

$$T=(R_1+2R_2)C_1\ln 2$$

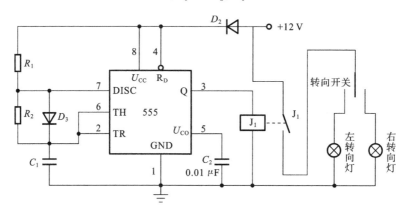

图 6-63 汽车转向灯闪光器电路原理

4. 555 时基电路构成的前照灯自动变光器

图 6-64 所示为前照灯自动变光器的电路,由 555 时基电路构成的多谐振荡器和光敏电阻 R_1、偏置电阻 R_2、三极管 VT 及远光、近光控制继电器组成。其工作原理如下:当汽车在夜间正常行驶时,车灯灯光是处于远光位置,此时光敏电阻 R_1 电阻值比较大,R_2 分压值比较小,三极管 VT 处于截止状态,此时 555 时基电路的两个输入端 2 脚和 6 脚(TR、TH)都为高电平,

输出端 3 脚为低电平,继电器 K_1 不动作,汽车大灯保持远光。当迎面有车过来时,对方汽车大灯照在光敏电阻 R_1 上,R_1 阻值变得小,此时 R_2 的分压高,使三极管 VT 导通,此时 555 时基电路的两个输入端 2 脚和 6 脚(TR、TH)为低电平,输出端 3 脚为高电平,继电器 K_1 得电,K_1 触点动作,汽车大灯由远光变为近光。当对面车辆过去以后,即会车结束后,光敏电阻又恢复到原值,R_2 的分压值比较小,三极管 VT 处于截止状态,此时 555 时基电路两个输入端 2 脚和 6 脚(TR、TH)都为高电平,继电器 K_1 断电,车灯又恢复到远光状态。

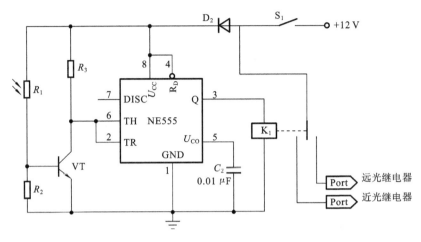

图 6-64 前照灯自动变光器的电路

【任务实施】

任务名称	555 时基电路构成汽车转向闪光器的实验制作		
任务目标	1. 学习 555 时基电路基本功能 2. 掌握由 555 时基电路构成的多谐振荡器 3. 掌握 555 时基电路构成电子闪光的工作原理		
设备器材	数字电路实验板,NE555 芯片一块,二极管 4007 两个,电容 C_1 10 μF 一个,电容 C_2 0.01 μF 一个,R_1 10 kΩ、R_2 10 kΩ 可调电阻各一个,12 V 直流继电器一个,光敏电阻 R_1 一个,三极管 9013 一只		
实操内容、步骤与方法	1. 基本原理 利用 555 时基电路构成的多谐振荡器可以制作成简易的汽车转向灯闪光器,其电路如图 6-63 所示。由 555 时基电路接成多谐振荡器输出的矩形脉冲信号控制继电器 J1 通断,以控制转向灯亮和灭,转向灯的闪光频率可通过 555 时基电路的外围元件参数进行设置。其振荡周期和输出高、低电平时间为 输出高电平时间为 $$t_{PH}=(R_1+R_2)C_1\ln2$$ 输出低电平时间为 $$t_{PL}=R_2C_1\ln2$$	测量结果记录	检查记录

续表

实操内容、步骤与方法	振荡周期为 $T=(R_1+2R_2)C_1\ln2$ 2. 实验步骤说明 按照图 6-63 所示汽车转向灯闪光器电路连接电路,检查无误后,通电、试验、调试。通电后,拨动转向开关,观察转向灯闪烁频率,闪光频率一般在 60~110 Hz,闪光频率可以通过可变电阻 R_1、R_2 调节。本实验是以两个灯作为模拟实验,真正使用时可以将其他转向灯分别并联到左、右转向灯支路中。 3. 实验数据及处理结果 整理并总结 555 时基电路构成的汽车转向灯闪光器电路功能和特点。	
任务总结		

【任务拓展】

1. 想一想

(1) 什么是二进制计数器？什么是十进制计数器？这两种计数器的区别在哪里？

(2) 给你一个现成的计数电路,应采取哪些步骤来进行分析？

2. 做一做

(1) 观察并研究汽车转向闪光灯、雨刮器、防盗报警器等电子装置的结构及工作过程。

(2) 观察企业生产线计数装置的计数原理。

参 考 文 献

[1] 张华.汽车电工电子技术[M].北京:北京理工大学出版社,2012.
[2] 李涵武.车身电气[M].北京:化学工业出版社,2005.
[3] 李春明.汽车电气设备与维修[M].北京:高等教育出版社,2009.
[4] 孙连伟.汽车基本电路和电子器件检测与修复[M].北京:机械工业出版社,2012.
[5] 徐进.电路基础[M].上海:复旦大学出版社,2012.
[6] 徐向阳.汽车电器与电子控制技术[M].北京:机械工业出版社,2004.
[7] 罗庚兴.模拟电路设计与实践[M].北京:北京师范大学出版集团,2012.
[8] 胡斌.图表细说电子元器件[M].北京:电子工业出版社,2009.
[9] 黄培根.Multisim10计算机虚拟仿真实验室[M].北京:电子工业出版社,2008.
[10] 姚杰,田勤.汽车电工电子技术[M].北京:冶金工业出版社,2011.
[11] 薄志霞.汽车电工电子技术[M].北京:化学工业出版社,2012.
[12] 吕玫.汽车电工电子[M].北京:人民邮电出版社,2013.
[13] 凌晨.汽车电气设备构造与维修[M].天津:天津科学技术出版社,2012.
[14] 沈文江,吕慧敏.汽车电工电子基础一体化项目教程[M].上海:上海交通大学出版社,2012.
[15] 胡宴如.模拟电子技术[M].2版.北京:高等教育出版社,2009.
[16] 苏士美.模拟电子技术[M].2版.北京:人民邮电出版社,2010.
[17] 龙治红.数字电子技术[M].北京:北京理工大学出版社,2010.
[18] 刘勇,栾秋平,等.数字电路[M].北京:电子工业出版社,2012.
[19] 焦素敏.数字电子技术基础[M].北京:人民邮电出版社,2012.
[20] 吕爱华.汽车电工电子技术[M].北京:电子工业出版社,2011.